駿台

2024
大学入学共通テスト
実戦問題集

英語 リスニング

駿台文庫編

は　じ　め　に

　2021年度より新しく始まった「共通テスト」の英語のリスニング問題は，従来のセンター試験のリスニング問題の良質な面は受け継ぎつつも，分量・内容・形式はかなり大きく変わりました。「英語の4技能（読む・聞く・書く・話す）をバランス良く育成する」という目標に基づき，リスニングは大幅に問題量が増えて，リーディングと同じ配点となりました。そして，英語の音声・語彙・表現・文法などの知識を，実際のコミュニケーションの場において，目的・場面・状況に応じて適切に活用できることを目指し，「聞く」ことを通してこれらの知識が活用できるかどうかが評価されます（したがって従来と同様に，発音やアクセントを単独で問う問題は出題されません）。

　このように，実際の場面でのリスニング力を重視するという観点から，学校や社会での活動に関わる素材を用いて，その概要や要点を把握する力，必要な情報を聞き取る力が求められます。そして英語が流される回数は，従来のセンター試験ではすべて2回でしたが，共通テストでは，現実の状況を考慮に入れて，1回のみしか流されない問題が含まれます。前半の問題は，短い英語が2回ずつ読まれる形式なので，比較的易しく感じられるでしょう。しかし後半になると，英語が長くなり，読まれる回数も1回になります。確かに長い話を1回だけ聞いて理解するのは大変なことです。周到な準備をして臨まないと高得点を取ることは難しいでしょう。したがって正しい学習を積み重ねていくことが大切です。まず大事なのは，日常の学習において「聞いて即理解する」という姿勢を保ちつつ，リスニングの学習を積み重ねることです。「理解する」というのは，単に流される英語の単語が聞き取れるということではありません。英語の表す事柄が，自分の中でしっかりと「消化」できていることが大事です（共通テストでは，正解となる選択肢の表現が，音声中には無い語句を用いて作られていることが多いのはこのためです）。

　このように，聞き取れた内容を，音声中にはない表現で問われた時に，正しく判断できるかという力が，共通テストでは大きな鍵となります。この点を意識しつつ，日常の学習を積み重ねていってください。また，もう1つ大事なことは，あらかじめ問題の特徴を頭に入れておき，どの程度の分量で，どのような形式の問題が出されるのか，そしてどのように取り組めば効率よく解答できるのかをあらかじめ把握しておくことです。これによって，本番ではあわてることなく，自分の力を最大限に発揮することができるでしょう。本問題集がその一助となれば幸いです。

（編集責任者）　鈴木貴之

本書の特長と利用法

特　長

1　オリジナル予想問題＆過去問を掲載

共通テスト「英語（リスニング）」対策のために，オリジナル予想問題5回分と，3年分の共通テスト過去問題を掲載しています。予想問題は，形式・分量はもちろん，題材・レベルに至るまで，実際の試験と遜色のないよう工夫を凝らしてあります。

2　音声ダウンロード（MP3ファイル）と詳しい解説を用意

問題の音声はすべてデータでダウンロードすることができます。また，各問題に「放送英文のスクリプト」,「全訳」,「設問解説」を掲載しましたので，これらを活用することにより，試験本番同様の問題演習と弱点の補強が可能です。音声は試験1回分の通し音声と，設問ごとに分割した2パターン用意されています（次ページの「リスニング音声データのダウンロードについて」参照）。

3　傾向と対策をわかりやすく解説

「共通テスト英語　攻略のポイント」では，本試験の問題例を具体的に示しながら，リスニングの学習方法や解き方のポイントを簡潔に解説しています。

4　学力の客観的評価が可能

2023・2022年度共通テスト（本試験）および2021年度共通テスト（第1日程）の［解答・解説］の扉には「得点別偏差値表」を掲載していますので，「自分の得点でどの程度のレベルになるのか」が一目でわかります。

5　試験関連情報が満載

① 2024年度大学入学共通テスト出題教科・科目，② 2018 〜 2023年度共通テスト・センター試験の受験者数・平均点の推移，③ 2023年度共通テストのデータネット自己採点集計による得点別人数グラフを掲載しました。

利用法

1　問題は，本番の試験に臨むつもりで，マークシート解答用紙を用いて，必ず制限時間を設けて取り組んでください。マークシート解答用紙は本冊の巻末にありますので，切り取って使用してください。

2　解答したあとは，自己採点をし（結果は解答ページの自己採点欄に記入しておく），ウイークポイントの発見に役立ててください。ウイークポイントがあったら再度解き，わからないところを教科書や辞書で調べるなどして克服しましょう！

リスニング音声データのダウンロードについて

- 音声はデータでのご提供になります。再生にはお持ちのデバイスや音楽ソフトをご利用ください。
- MP3 形式の音声ファイルは Windows Media Player や iTunes などのソフトで再生することができます。モバイル端末でのご利用は，PC でダウンロードしていただいたうえで iTunes 等で取り込んでいただくと便利です。
- zip 圧縮形式ファイルには解凍ソフトが必要です。スマートフォンからダウンロードした場合は，ファイル管理機能の付いた解凍アプリ（一例：「ファイルマネージャー」(Android)，「Documents」(iOS) 等）をご利用ください。
- モバイル端末でダウンロードする際の通信料は利用者負担となります。Wi-Fi 環境下でのご利用を推奨します。

1　下記アドレスまたは QR コードより駿台文庫ダウンロードシステムへアクセスし，認証コードを入力して「サービスを開始する」を押してください。

https://www2.sundai.ac.jp/yobi/sc/dllogin.html?bshcd=B3&loginFlg=2

※駿台文庫サイト内『2024 実戦問題集 英語リスニング』のページにもリンクがあります。

認証コード： B3 － 96164429

2　ダウンロードしたい**コンテンツ**の選択ボタンにチェックを入れ，「ダウンロードを実行」を押してください。ファイルを 1 つずつダウンロードしたい場合は，コンテンツを選択してから「ファイル単位選択・ダウンロード画面へ」を押してください。

コンテンツ名称	収録内容	zip ファイル名
2024 実戦問題集 英語リスニング 通し音声	第 1 ～ 5 回実戦問題　リスニング音声 2023 ～ 2021 共通テスト　リスニング音声	J241020_B3.zip
2024 実戦問題集 英語リスニング 01 ～ 08 （設問別音声）	01：　第 1 回実戦問題　設問別音声	J241021_B3.zip
	02：　第 2 回実戦問題　設問別音声	J241022_B3.zip
	03：　第 3 回実戦問題　設問別音声	J241023_B3.zip
	04：　第 4 回実戦問題　設問別音声	J241024_B3.zip
	05：　第 5 回実戦問題　設問別音声	J241025_B3.zip
	06：　2023 年本試験　　設問別音声	J241026_B3.zip
	07：　2022 年本試験　　設問別音声	J241027_B3.zip
	08：　2021 年第 1 日程　設問別音声	J241028_B3.zip

◎**通し音声について**

試験 1 回分の音声はそれぞれ約 30 分です。英文の読み上げ回数（1 ～ 2 回）やポーズ（無音の解答時間）は，実際の試験と同じように収録してあります。

◎**設問別音声について**

リスニング音声を設問ごとに分けたデータで，試験 1 回分が 35 ファイルに分かれています。**収録内容は通し音声と同一です。**各問題の扉ページに収録内容一覧を掲載してありますので，設問ごとの復習などの際に利用してください。

3　データはお持ちのデバイスや音楽ソフトに取り込んでご利用ください。使用方法はダウンロードページの「**ダウンロードした音声の使い方** ☑」をご参照ください。

2024年度　大学入学共通テスト　出題教科・科目

以下は，大学入試センターが公表している大学入学共通テストの出題教科・科目等の一覧表です。

最新のものについて調べる場合は，下記のところへ原則として志願者本人がお問い合わせください。

●問い合わせ先　大学入試センター

　　　　TEL 03-3465-8600　（土日祝日を除く　9時30分〜17時）　　http://www.dnc.ac.jp

教科	グループ	出題科目	出題方法等	科目選択の方法等	試験時間(配点)
国語		『国　語』	「国語総合」の内容を出題範囲とし，近代以降の文章，古典（古文，漢文）を出題する。		80分 （200点）
地理歴史		「世界史A」 「世界史B」 「日本史A」 「日本史B」 「地理A」 「地理B」	『倫理，政治・経済』は，「倫理」と「政治・経済」を総合した出題範囲とする。	左記出題科目の10科目のうちから最大2科目を選択し，解答する。 　ただし，同一名称を含む科目の組合せで2科目を選択することはできない。 　なお，受験する科目数は出願時に申し出ること。	1科目選択 60分（100点） 2科目選択 130分（うち解答時間120分） （200点）
公民		「現代社会」 「倫　理」 「政治・経済」 『倫理，政治・経済』			
数学	①	「数学I」 『数学I・数学A』	『数学I・数学A』は，「数学I」と「数学A」を総合した出題範囲とする。 　ただし，次に記す「数学A」の3項目の内容のうち，2項目以上を学習した者に対応した出題とし，問題を選択解答させる。 〔場合の数と確率，整数の性質，図形の性質〕	左記出題科目の2科目のうちから1科目を選択し，解答する。	70分 （100点）
	②	「数学II」 『数学II・数学B』 『簿記・会計』 『情報関係基礎』	『数学II・数学B』は，「数学II」と「数学B」を総合した出題範囲とする。 　ただし，次に記す「数学B」の3項目の内容のうち，2項目以上を学習した者に対応した出題とし，問題を選択解答させる。 〔数列，ベクトル，確率分布と統計的な推測〕	左記出題科目の4科目のうちから1科目を選択し，解答する。	60分 （100点）
理科	①	「物理基礎」 「化学基礎」 「生物基礎」 「地学基礎」		左記出題科目の8科目のうちから下記のいずれかの選択方法により科目を選択し，解答する。 A　理科①から2科目 B　理科②から1科目 C　理科①から2科目及び 　　理科②から1科目 D　理科②から2科目 　なお，受験する科目の選択方法は出願時に申し出ること。	2科目選択 60分（100点） 1科目選択 60分（100点） 2科目選択 130分（うち解答時間120分）（200点）
	②	「物　理」 「化　学」 「生　物」 「地　学」			
外国語		『英　語』 『ドイツ語』 『フランス語』 『中国語』 『韓国語』	『英語』は，「コミュニケーション英語I」に加えて「コミュニケーション英語II」及び「英語表現I」を出題範囲とし，【リーディング】と【リスニング】を出題する。 　なお，【リスニング】には，聞き取る英語の音声を2回流す問題と，1回流す問題がある。	左記出題科目の5科目のうちから1科目を選択し，解答する。	『英　語』 【リーディング】 80分（100点） 【リスニング】 60分（うち解答時間30分）（100点） 『ドイツ語』，『フランス語』，『中国語』，『韓国語』 【筆記】 80分（200点）

備考

1. 「　」で記載されている科目は，高等学校学習指導要領上設定されている科目を表し，『　』はそれ以外の科目を表す。
2. 地理歴史及び公民の「科目選択の方法等」欄中の「同一名称を含む科目の組合せ」とは，「世界史A」と「世界史B」，「日本史A」と「日本史B」，「地理A」と「地理B」，「倫理」と『倫理，政治・経済』及び「政治・経済」と『倫理，政治・経済』の組合せをいう。
3. 地理歴史及び公民並びに理科②の試験時間において2科目を選択する場合は，解答順に第1解答科目及び第2解答科目に区分し各60分間で解答を行うが，第1解答科目及び第2解答科目の間に答案回収等を行うために必要な時間を加えた時間を試験時間とする。
4. 理科①については，1科目のみの受験は認めない。
5. 外国語において『英語』を選択する受験者は，原則として，リーディングとリスニングの双方を解答する。
6. リスニングは，音声問題を用い30分間で解答を行うが，解答開始前に受験者に配付したICプレーヤーの作動確認・音量調節を受験者本人が行うために必要な時間を加えた時間を試験時間とする。

2018～2023年度 共通テスト・センター試験 受験者数・平均点の推移（大学入試センター公表）

センター試験←→共通テスト

科目名	2018年度 受験者数	平均点	2019年度 受験者数	平均点	2020年度 受験者数	平均点	2021年度第1日程 受験者数	平均点	2022年度 受験者数	平均点	2023年度 受験者数	平均点
英語 リーディング（筆記）	546,712	123.75	537,663	123.30	518,401	116.31	476,173	58.80	480,762	61.80	463,985	53.81
英語 リスニング	540,388	22.67	531,245	31.42	512,007	28.78	474,483	56.16	479,039	59.45	461,993	62.35
数学Ⅰ・数学A	396,479	61.91	392,486	59.68	382,151	51.88	356,492	57.68	357,357	37.96	346,628	55.65
数学Ⅱ・数学B	353,423	51.07	349,405	53.21	339,925	49.03	319,696	59.93	321,691	43.06	316,728	61.48
国語	524,724	104.68	516,858	121.55	498,200	119.33	457,304	117.51	460,966	110.26	445,358	105.74
物理基礎	20,941	31.32	20,179	30.58	20,437	33.29	19,094	37.55	19,395	30.40	17,978	28.19
化学基礎	114,863	30.42	113,801	31.22	110,955	28.20	103,073	24.65	100,461	27.73	95,515	29.42
生物基礎	140,620	35.62	141,242	30.99	137,469	32.10	127,924	29.17	125,498	23.90	119,730	24.66
地学基礎	48,336	34.13	49,745	29.62	48,758	27.03	44,319	33.52	43,943	35.47	43,070	35.03
物理	157,196	62.42	156,568	56.94	153,140	60.68	146,041	62.36	148,585	60.72	144,914	63.39
化学	204,543	60.57	201,332	54.67	193,476	54.79	182,359	57.59	184,028	47.63	182,224	54.01
生物	71,567	61.36	67,614	62.89	64,623	57.56	57,878	72.64	58,676	48.81	57,895	48.46
地学	2,011	48.58	1,936	46.34	1,684	39.51	1,356	46.65	1,350	52.72	1,659	49.85
世界史B	92,753	67.97	93,230	65.36	91,609	62.97	85,689	63.49	82,985	65.83	78,185	58.43
日本史B	170,673	62.19	169,613	63.54	160,425	65.45	143,363	64.26	147,300	52.81	137,017	59.75
地理B	147,026	67.99	146,229	62.03	143,036	66.35	138,615	60.06	141,375	58.99	139,012	60.46
現代社会	80,407	58.22	75,824	56.76	73,276	57.30	68,983	58.40	63,604	60.84	64,676	59.46
倫理	20,429	67.78	21,585	62.25	21,202	65.37	19,954	71.96	21,843	63.29	19,878	59.02
政治・経済	57,253	56.39	52,977	56.24	50,398	53.75	45,324	57.03	45,722	56.77	44,707	50.96
倫理，政治・経済	49,709	73.08	50,886	64.22	48,341	66.51	42,948	69.26	43,831	69.73	45,578	60.59

（注1）2020年度までのセンター試験『英語』は，筆記200点満点，リスニング50点満点である。
（注2）2021年度以降の共通テスト『英語』は，リーディング及びリスニングともに100点満点である。
（注3）2021年度第1日程及び2023年度の平均点は，得点調整後のものである。

2023年度 共通テスト本試「英語（リーディング）」「英語（リスニング）」データネット（自己採点集計）による得点別人数

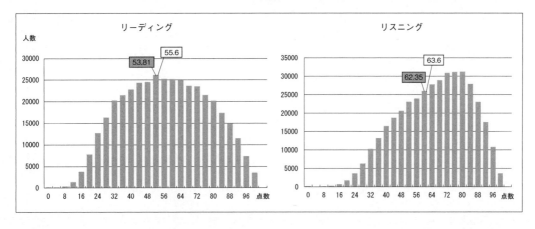

英語

上のグラフは，2023年度センター試験データネット（自己採点集計）に参加したリーディング：392,260名，リスニング：391,270名の得点別人数をグラフ化したものです。
　2023年度データネット集計による平均点はリーディング 55.6 ／リスニング 63.6 ，2023年度大学入試センター公表の本試験平均点はリーディング 53.81 ，リスニング 62.35 です。

共通テスト英語　攻略のポイント

2023年度　本試験：**英語（リスニング）**

1. 英語（リスニング）の概要

2023年度本試験の概要と，各問題の内容は，以下のとおりです：

- **試験時間：30分**
- **配点：100点**
- **平均点：62.35点**（前年度の第1日程の平均点は59.45点）
- **問題数　大問：6題　小問：37題**
- **問題構成：**

大問 （配点）	流される 音声の形式	特徴	流れる音声の 回数	読み上げ 語数	小問数	難易度
第1問 （25点）	短い話	A：イラストなし	2回	49語	4題	易
		B：イラスト付き	2回	31語	3題	易
第2問 （16点）	短い対話	イラスト付き	2回	139語	4題	易
第3問 （18点）	短い対話	イラストなし	1回	294語	6題	標準
第4問 （12点）	やや長い話	A：1人の人物の語り・ 図表付き	1回	159語	8題	標準
		B：複数の人物の語り・ 状況と条件の説明 文付き	1回	170語	1題	標準
第5問 （15点）	長い話（講義）	ワークシート・図表 付き	1回	322語	7題	難
第6問 （14点）	長い対話	A：2人の人物の対話	1回	161語	2題	標準
		B：4人の人物の対話・ 図表付き	1回	223語	2題	標準

　上の表からわかるように，リスニングの問題は，1人の人物が語る話と，複数の人物が語る対話形式の問題からなり，第1問から第6問へと，流される英語の分量は概ね多くなっていきます。そして第2問までは音声が2回流されますが，第3問以降は1回のみとなります。したがって前半（第1・2問）は易しめの問題，中盤（第3・4問）は標準的な問題，後半（第5・6問）は難しめの問題と考えてよいでしょう。

　また，第2問以降では，問題冊子に対話の行われる場面や状況を説明した日本文が添えられるので，音声が流れる前に必ず目を通しておきましょう。設問内容は，すべて内容理解に関するもので，発音やアクセントのみを問う問題は出題されません。以下に各問題の主な特徴を述べていきます。

— 9 —

2. 各問題の特徴

第1問：

1人の人物が語る短い話を素材とする問題で，AとBの2部に分かれます。

Aは短い文を2回流して，「発言の意図」や「（直接表現されていない）事柄」を問う問題です。

Bも基本的な形式は同じですが，選択肢が英文ではなく，イラストになっている点が大きく異なります。いずれも英文は短く，2回流されることから，取り組みやすい平易な問題と言えるでしょう。

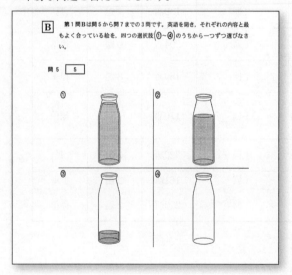

第2問：

流される英語は，男女2人による対話とそれについての問いで，各対話とも男女2回ずつの発言からなっています。問題用紙には，日本語による状況説明文と，選択肢のイラストが与えられますが，問いの文は音声で流れます。設問は，位置，変化，形状・用途などの表現を正しく聞き取ることがポイントとなります。対話と問いは2回流されるので，比較的取り組みやすい問題です。

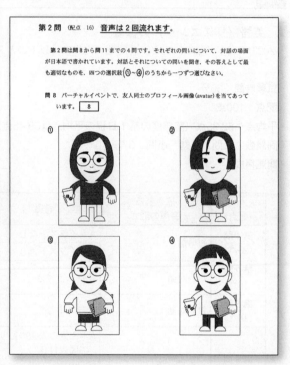

第3問：

第2問と同じように，男女2人による対話で，日本語による状況説明文が与えられていますが，第3問にはイラストは含まれず，この問題から問いの文は問題用紙に書かれます。したがって音声を聞く前に問いの文を読んでおくとよいでしょう。対話の分量は，第2問よりもやや多めです。設問は，英語の問いに合う答えを選択する形式で，問いの内容は，「対話の前後に起こる（と思われる）こと」，「対話を取り巻く状況」，「発言者の気持ち・考え」などに関するものです。極端に難しい問いはなく，難易度は標準的ですが，この問題以降，音声は1回のみしか流されないので，より一層の注意・集中力が必要となります。

> **第3問** (配点 18) 音声は1回流れます。
>
> 　**第3問**は問12から問17までの6問です。それぞれの問いについて，対話の場面が日本語で書かれています。対話を聞き，問いの答えとして最も適切なものを，四つの選択肢（①～④）のうちから一つずつ選びなさい。（問いの英文は書かれています。）
>
> **問12** 地下鉄の駅で，男性が目的地への行き方を質問しています。
>
> 　**Which subway line will the man use first?** 　12
>
> 　① The Blue Line
> 　② The Green Line
> 　③ The Red Line
> 　④ The Yellow Line

第4問：

　第4問はA・Bの2部に分かれ，対話形式ではなく，1人の人物がやや長めの話をします。

　Aはイラストや図表を用いた問題が2題で，いずれも1人の人物が読む話を聞いて，図表中の空欄を埋める形式です。1題目（問18～21）は空欄と選択肢の数が同じですが，2題目（問22～25）は空欄の数よりも選択肢の数が多く，また同じ選択肢を2回以上使ってよいことになっているのが特徴的です。

> **問22～25** あなたは，自宅のパソコンから，ゲームの国際大会にオンラインで参加しています。結果と賞品に関する主催者の話を聞き，次の表の四つの空欄 22 ～ 25 に入れるのに最も適切なものを，六つの選択肢（①～⑥）のうちから一つずつ選びなさい。選択肢は2回以上使ってもかまいません。
>
> **International Game Competition: Summary of the Results**
>
> | Teams | Stage A | Stage B | Final Rank | Prize |
> |---|---|---|---|---|
> | Dark Dragons | 3rd | 3rd | 4th | 22 |
> | Elegant Eagles | 1st | 2nd | 1st | 23 |
> | Shocking Sharks | 4th | 1st | 2nd | 24 |
> | Warrior Wolves | 2nd | 4th | 3rd | 25 |
>
> 　① Game
> 　② Medal
> 　③ Trophy
> 　④ Game, Medal
> 　⑤ Game, Trophy
> 　⑥ Medal, Trophy

　Bは4人が個別に語る話を聞いて，日本文で与えられた3つの条件を満たすものを1つ選ぶという問題です。4人全員が3つの条件に関する手がかりを同じ順序（例えば条件A→B→Cの順序）で読むとは限らないので注意が必要です。条件に明らかに当てはまらないものを除外して，消去法で考えていくと正解を見つけやすいでしょう。第4問は英文の内容と設問は平易なので，標準的な難易度の問題と言えます。

> **B** 　**第4問B**は問26の1問です。話を聞き，示された条件に最も合うものを，四つの選択肢（①～④）のうちから一つ選びなさい。後の表を参考にしてメモを取ってもかまいません。**状況と条件を読む時間が与えられた後，音声が流れます。**
>
> **状況**
> 　あなたは，交換留学先の高校で，生徒会の会長選挙の前に，四人の会長候補者の演説を聞いています。
>
> **あなたが考えている条件**
> 　A. 全校生徒のための行事を増やすこと
> 　B. 学校の食堂にベジタリアン向けのメニューを増やすこと
> 　C. コンピューター室を使える時間を増やすこと
>
> | Candidates | Condition A | Condition B | Condition C |
> |---|---|---|---|
> | ① Charlie | | | |
> | ② Jun | | | |
> | ③ Nancy | | | |
> | ④ Philip | | | |
>
> **問26** 　26 　is the candidate you are most likely to choose.
>
> 　① Charlie
> 　② Jun
> 　③ Nancy
> 　④ Philip

第5問：

　第5問は，長めの講義を聞く問題です。設問としては，まず講義の内容を要約したワークシートの中の空欄を補充する問題が出されます。ワークシートの記述の順序は，原則として講義の話の順序と同じなので，講義を聞きながらワークシート中の空欄を順番通りに埋めていきます。次に，講義の内容と一致する英文を選択するという問題が出されます。その後さらに講義に関連する話（講義の続きやグループ発表など）が音声で流れて，講義及び図表の内容と合う英文を選択する問題が出されます。講義は1回しか読まれず，分量も多く，内容の情報量も多いため，全問正解するには相当な学力が必要となります。

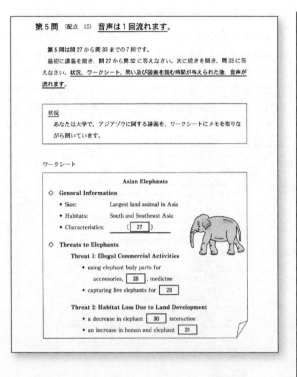

第6問:

長い対話文を聞き取る問題で，あるトピックを巡る討論調の対話が流されます。問題はAとBの2部に分かれます。

Aは，あるトピックに関する男女2人の対話を聞いて，内容に関する2つの問いに答える問題です。それぞれの発言者の「言わんとすること」などが問われます。発言の主旨を的確に掴むことが求められますが，発言者は2人と少ないので，それほど難しい問題ではありません。

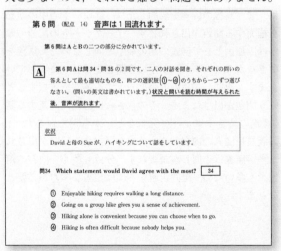

Bもあるトピックに関する会話ですが，Aよりも発言者が多く（4人），かなり長い会話が流されます。設問は，トピックに関する発言者の結論について問うもの（問36）と，1人の発言者の考えの根拠となる図表を選択するもの（問37）の2題です。分量・発言者が多いので，やや難しい問題と言えます。与えられた話題に関して「誰が発言しているか」，「どう考えているか」に注意して聞き取ることが大事で，与えられたメモ欄を有効に活用しましょう。特に問37については，対話を聞きながら，指定された人物の発言の要点をメモしておくのが，効果的な取り組み方です。

3. 学習対策

リスニング問題の全体を通じて言えることの1つに、設問の正解となる選択肢の表現は、音声中には無い語句を用いて作られていることが多い、というのがあります。したがって流される英語の単語が断片的に聞き取れる程度では正解するのは難しく、英語の表す事柄が正しく理解できていることが必要となります。そして第3問以降は英語が1回しか読まれないので、日頃から聴解力を鍛えて、聞いた英語を瞬時に理解できる力を培っておくことが大事です。そのために効果的な学習法を紹介します。大切なのは以下の3点です。

(A) 英語の聞き取りに集中する時間を設ける。

聴解力は一朝一夕に身につくものではありません。毎日の継続が大切です。なるべく1日に1度、英語を集中して聞く時間を設けましょう。時間は短くても、継続することが大切です。聞く英語は、平易な内容のもので構いませんが、音声の英語を書き起こした「スクリプト」が付いているものを利用してください。たとえばテレビやラジオの英会話講座などを利用すれば、良いペースメーカーになってくれるでしょう。また、教科書などに付属するCDなどの音声教材も、格好の学習材料となります。これらを利用して、流される英文を正確に聞き取れるまで、必要に応じてスクリプトを確認しつつ、何度も繰り返し聞く訓練をします。またその際に、自分で発音してみるのもとても効果的な学習法です。自分で正しく発音できる表現は、正しく聞き取ることができるからです。この学習では、「正確に聞き取れるまで繰り返し聞く」ことが大事です。

(B) 耳に入ってくる英語の絶対量を増やす。

聞き取り能力を高めるには、上の(A)で述べたように、気持ちを集中して聞き取りに専念する時間を設けることも大事ですが、これだけでは十分とは言えません。集中して英語を聞ける時間には自ずから限界があるからです。そこで、耳に入る英語の量をさらに増やす必要があります。日常生活の中でも、音としての英語に触れる時間をなるべく増やすように心がけましょう。テレビのニュースを2ヵ国語で放送していたら、英語に切り替えて聞いたり、好きな英語の曲をBGMとして流しておくなど、素材は何でもかまいません。利用できるものは積極的に利用してください。英語を背景音として流しているだけでも、無意識のうちに英語の音に慣れていきます。その間に別のことをしていても構いません。(A)の意識的に聞く作業とは違い、注意して聞く作業ではないの

で、長時間続けることができます。また、テキストなどの英文を読む時には、なるべく音読をするように心がけましょう。自分で「話せる・言える」英語は「聞き取れる」英語になります。読み慣れたテキストをできるだけ速く音読することでも、英語のスピードに耳が慣れていき、聴解力も徐々に高まっていきます。

(C) 実戦問題に取り組む。

上記の(A)、(B)で紹介した訓練を日々繰り返した後、定期的に実戦問題に取り組むと効果的です。高校や予備校の授業などで定期的にリスニングの問題演習が行われれば理想的ですが、予備校などが行う「模擬試験」、そして本問題集などを活用すれば、素材が不足することはないでしょう。これらの問題を本番と同じように、実際の時間どおりにやってみて、現時点でどのくらいできるかを確認しましょう。間違っていた問題に関しては、音声の英語を書き起こした「スクリプト」を見てもう1度やってみるとよいでしょう。スクリプトを見てやれば正解できるのなら、それはリスニング力が不足していたことになりますが、スクリプトを見ても間違える場合は、聴解力よりもむしろ語彙力・文法力・内容理解力などが不足していたことになります。これらを確認し、正しく理解できたら、今度はスクリプトを見ないで問題を聞き、正解できることを確かめてください。そして1週間から1ヵ月程度間を置いてからもう1度やってみてください。また、仮に満点近く取れても、上記の(A)(B)の作業は本番の直前まで続けましょう。リスニング力は絶えず磨いていないと鈍っていくからです。

上記の(A)、(B)、(C)で述べた学習法を続けていけば、必ずやリスニング力は伸びていきます。「継続は力なり」です。がんばってください。

第 1 回　実　戦　問　題

（30分）

（右上）第1回 実戦問題

🔊 **通し音声：第１回リスニング実戦問題（01_2024jissen_listening.mp3）**

設問別音声一覧（コンテンツ名称：2024 実戦問題集 _ 英語リスニング01）

問　題	内　容	ファイル名 冒頭番号*	問　題	内　容	ファイル名 冒頭番号
表題・注意事項		01_01		日本語指示文	01_16
第１問A	日本語指示文	01_02	第3問	問12	01_17
	問1	01_03		問13	01_18
	問2	01_04		問14	01_19
	問3	01_05		問15	01_20
	問4	01_06		問16	01_21
第１問B	日本語指示文	01_07		問17	01_22
	問5	01_08	第4問A	日本語指示文	01_23
	問6	01_09		問18－21	01_24
	問7	01_10		日本語指示文	01_25
第2問	日本語指示文	01_11		問22－25	01_26
	問8	01_12	第4問B	日本語指示文	01_27
	問9	01_13		問26	01_28
	問10	01_14	第5問	日本語指示文	01_29
	問11	01_15		問27－32	01_30
				問33	01_31
			第6問A	日本語指示文	01_32
				問34－35	01_33
			第6問B	日本語指示文	01_34
				問36－37	01_35

＊ファイル名冒頭番号は，各ファイル名の以下の
太字部分を示しています。

01_01_2024jissen_listening.mp3

英　語（リスニング）

$\left(\text{解答番号}\ \boxed{1}\ \sim\ \boxed{37}\ \right)$

第1問　（配点　25）　**音声は2回流れます。**

第1問は **A** と **B** の二つの部分に分かれています。

A　第1問 **A** は問1から問4までの4問です。英語を聞き，それぞれの内容と最もよく合っているものを，四つの選択肢（①～④）のうちから一つずつ選びなさい。

問1　　$\boxed{1}$

① The speaker wants to borrow a chair.
② The speaker wants to change seats.
③ The speaker wants to offer someone her seat.
④ The speaker wants to sit down.

問2　　$\boxed{2}$

① The speaker doesn't really like the mall.
② The speaker has just been to the mall.
③ The speaker has never been to the mall.
④ The speaker suggests going to the mall.

― 2 ―

第1回　英語（リスニング）

問3　3

① Taiga is teaching cooking.

② Taiga must study for entrance tests.

③ Taiga still lives with his family.

④ Taiga will work as a cook for two days.

問4　4

① The speaker is asking how many boxes she can have.

② The speaker is asking which box is the heaviest.

③ The speaker needs to know the number of boxes.

④ The speaker needs to know where the boxes are.

これで第1問Aは終わりです。

－3－

B 第1問Bは問5から問7までの3問です。英語を聞き，それぞれの内容と最もよく合っている絵を，四つの選択肢(①〜④)のうちから一つずつ選びなさい。

問5 | 5 |

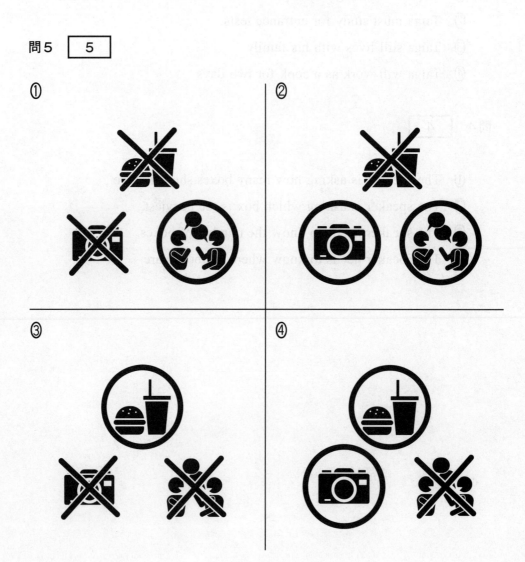

問6　6

問7 7

これで第1問Bは終わりです。

第1回　英語（リスニング）

（下書き用紙）

英語（リスニング）の試験問題は次に続く。

—7—

第2問 (配点 16) 音声は2回流れます。

第2問は問8から問11までの4問です。それぞれの問いについて，対話の場面が日本語で書かれています。対話とそれについての問いを聞き，その答えとして最も適切なものを，四つの選択肢(①〜④)のうちから一つずつ選びなさい。

問8　夫婦が公園を散歩しています。　8

①

②

③

④

— 8 —

第1回　英語（リスニング）

問9　友人同士が，学校で課題に取り組んでいます。　9

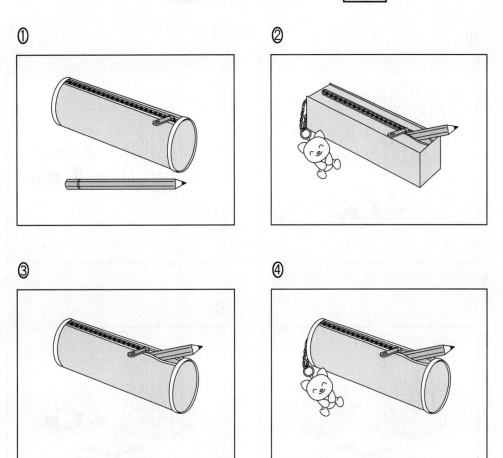

問10 男性と女性が，公園に来ています。 10

①

②

③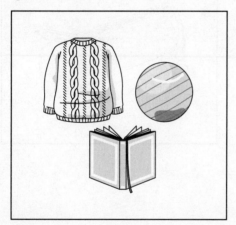

④

第1回　英語（リスニング）

問11 女性が自分の通っている塾を，男性に紹介しています。　11

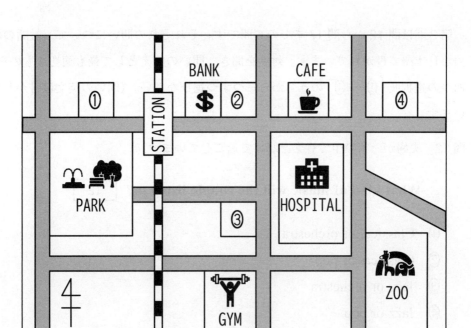

これで第2問は終わりです。

第3問 （配点 18） 音声は1回流れます。

第3問は問12から問17までの6問です。それぞれの問いについて，対話の場面が日本語で書かれています。対話を聞き，問いの答えとして最も適切なものを，四つの選択肢 $\left(\text{①} \sim \text{④}\right)$ のうちから一つずつ選びなさい。（問いの英文は書かれています。）

問12 夫婦が，家の中で音楽を聴いて過ごしています。

What kind of music will the couple listen to? 12

① Classical or orchestra

② Classical or pop

③ Jazz or orchestra

④ Jazz or pop

問13 病院勤務の同僚同士が話をしています。

What does the woman have to do? 13

① Get her uniform

② Take a nap

③ Work all night

④ Write a report

問14 女性が男性と一緒に，レンタルする車を選んでいます。

How does the man like the car? 14

① He's fond of the color.

② He's worried about the engine.

③ It's much too noisy.

④ It's not cold inside.

— 12 —

第1回　英語（リスニング）

問15　友人同士が，旅行の宿泊先を訪れています。

What do the two people disagree about? ⬚15

① The house isn't strong.

② The number of trees.

③ The picture was beautiful.

④ The river seems nice.

問16　同僚同士が話をしています。

What will the man do last on his trip? ⬚16

① Go to the museum

② Have some seafood

③ See the historic area

④ Walk through the garden

問17　同窓会で友人同士が再会しています。

Why did the man decide to change jobs? ⬚17

① Because he really likes helping other people.

② Because he wanted more flexible working hours.

③ Because his boss had a bad temper.

④ Because his old job wasn't challenging enough.

これで第3問は終わりです。

— 13 —

第4問 (配点 12) <u>音声は1回流れます。</u>

第4問は A と B の二つの部分に分かれています。

A 第4問 A は問 18 から問 25 までの 8 問です。話を聞き，それぞれの問いの答えとして最も適切なものを，選択肢から選びなさい。**問題文と図表を読む時間が与えられた後，音声が流れます。**

問 18 ～ 21 あなたは，就職セミナーで配られたワークシートのグラフを完成させようとしています。講師の説明を聞き，四つの空欄 18 ～ 21 に入れるのに最も適切なものを，四つの選択肢 (① ～ ④) のうちから一つずつ選びなさい。

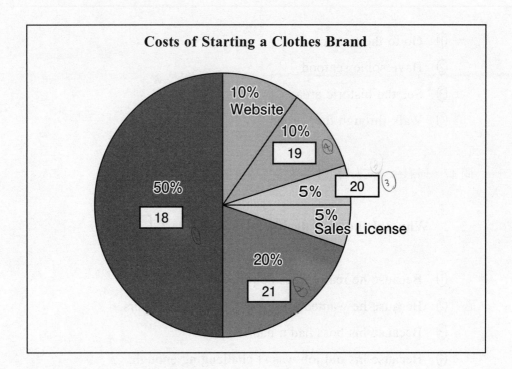

① Clothing Materials
② Extra/For Emergencies
③ Machines and Tools
④ Photography

— 14 —

第1回　英語（リスニング）

問22～25　あなたは，友人に誘われてオンラインゲームをしています。ゲームに出てくるアイテムについての友人の説明を聞き，次の表の四つの空欄　22　～　25　に入れるのに最も適切なものを，六つの選択肢（①～⑥）のうちから一つずつ選びなさい。選択肢は2回以上使ってもかまいません。

Perfect Game Plan

Game Area (Level 5)		Object	Outcome
Area 1)		Snake	
Area 2)	☆	Turtle	22
Area 3)		Spider	23
Area 4)	☆	Yellow Leaf	
Area 5)		Purple Hat	24
Area 6)		Spotted Mushroom	25

① 10 points

② 20 points

③ 30 points

④ 40 points

⑤ Game Over

⑥ Next Level

これで第4問Aは終わりです。

― 15 ―

B　第4問 **B** は問 26 の 1 問です。話を聞き，示された条件に最も合うものを，四つの選択肢（①～④）のうちから一つ選びなさい。後の表を参考にしてメモを取ってもかまいません。**状況と条件を読む時間が与えられた後，音声が流れます。**

状況

あなたはロンドンに滞在中で，韓国人であるルームメイトを観光に連れて行くために，四つの名所の案内を聞いています。

あなたが考えている条件

A．歴史的建造物

B．韓国語での音声ガイド

C．3時間未満で観光できる

	Sightseeing Spot	Condition A	Condition B	Condition C
①	British Museum			
②	Buckingham Palace			
③	London Eye			
④	Tower of London			

問 26　You are most likely to visit ☐ 26 ☐ .

① British Museum

② Buckingham Palace

③ London Eye

④ Tower of London

これで第4問 **B** は終わりです。

— 16 —

第 1 回　英語（リスニング）

（下 書 き 用 紙）

英語（リスニング）の試験問題は次に続く。

— 17 —

第5問 (配点 15) 音声は1回流れます。

第5問は問27から問33までの7問です。

最初に講義を聞き，問27から問32に答えなさい。次に続きを聞き，問33に答えなさい。状況，ワークシート，問い及び図表を読む時間が与えられた後，音声が流れます。

<u>状況</u>
あなたは大学で，フェアトレードに関する講義を，ワークシートにメモを取りながら聞いています。

ワークシート

Cocoa Farming

◇ **Some facts**

- What: The main ingredient for chocolate
- Where: Often in developing regions such as West Africa
- Farming Process: 〔 **27** 〕

◇ **Life for farmers in Ghana**

For farmers using traditional methods

- living without **28** due to low earnings
- being cheated by the government checking **29**

For members of Kuapa Kokoo

- an increase in the amount of **30** time they receive
- less responsibility for completing **31**

第1回　英語（リスニング）

問27 ワークシートの空欄 　27　 に入れるのに最も適切なものを，四つの選択肢 (① ～ ④) のうちから一つ選びなさい。

① Challenging and wet

② Exhausting and mechanical

③ Focused and physical

④ Frustrating and hot

問28 ～ 31 ワークシートの空欄 　28　 ～ 　31　 に入れるのに最も適切なものを，六つの選択肢 (① ～ ⑥) のうちから一つずつ選びなさい。<u>選択肢は2回以上使ってもかまいません。</u>

① break　　　　② merchandise　　　③ paperwork

④ payment　　　⑤ satisfaction　　　⑥ travel

問32 講義の内容と一致するものはどれか。最も適切なものを，四つの選択肢 (① ～ ④) のうちから一つ選びなさい。 　32　

① As cocoa farmers succeed, their relatives are quitting jobs to join them.

② Because the cost of supplying cocoa has rapidly risen, profits are low.

③ Despite Ghana's dependence on cocoa exports, this industry's future is uncertain there.

④ More female politicians in Ghana is resulting in more equal employment rights for women.

第5問はさらに続きます。

— 19 —

問33 グループの発表を聞き，次の図から読み取れる情報と講義全体の内容からどのようなことが言えるか，最も適切なものを，四つの選択肢（①〜④）のうちから一つ選びなさい。 33

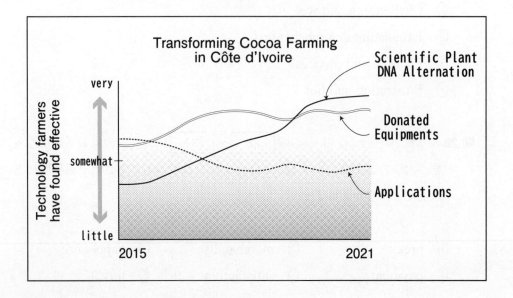

① A lack of simple equipment in Côte d'Ivoire has been the main reason for unsuccessful production.
② Climate change and safety regulations in Côte d'Ivoire are less severe than in Ghana.
③ Farmers in Ghana have adapted to using technology much better than those in Côte d'Ivoire.
④ Technology has made cocoa farming more efficient in Côte d'Ivoire but in a different way to that of Ghana.

これで第5問は終わりです。

第 1 回　英語（リスニング）

（下 書 き 用 紙）

英語（リスニング）の試験問題は次に続く。

— 21 —

第6問 （配点 14） 音声は1回流れます。

第6問はAとBの二つの部分に分かれています。

A 第6問Aは問34・問35の2問です。二人の対話を聞き，それぞれの問いの答えとして最も適切なものを，四つの選択肢 $\left(①\sim④\right)$ のうちから一つずつ選びなさい。（問いの英文は書かれています。）**状況と問いを読む時間が与えられた後，音声が流れます。**

状況

Billy と Corrine が，太陽エネルギーについて話をしています。

問34 **Which statement best describes Billy's opinion about solar power?** 34

① Most rich people already use solar power.

② Solar panels are not necessarily practical.

③ Solar panels cost a lot to transport.

④ Weather is too unreliable for solar power.

問35 **Which of the following statements would Corrine agree with?** 35

① Even during long periods of rain, solar power works.

② People with solar panels pay less for electricity.

③ Though common power sources are dangerous, they are popular.

④ We already rely on nature in times of disaster.

これで第6問Aは終わりです。

— 22 —

第1回　英語（リスニング）

（下書き用紙）

英語（リスニング）の試験問題は次に続く。

B 第6問 **B** は問36・問37の2問です。会話を聞き，それぞれの問いの答えとして最も適切なものを，選択肢のうちから一つずつ選びなさい。後の表を参考にしてメモを取ってもかまいません。**状況と問いを読む時間が与えられた後，音声が流れます。**

状況

四人の大学新入生（Jacob, Molly, Harry, Reina）が，寮から大学までどのように行くかについて話し合っています。

Jacob	〇
Molly	××
Harry	×
Reina	〇 〇

問36　会話が終わった時点で，**自転車で通学すると考えられる人**を，四つの選択肢（①〜④）のうちから一つ選びなさい。　　 36

① Jacob

② Reina

③ Harry, Molly

④ Jacob, Reina

— 24 —

問37 会話を踏まえて，Mollyの考えの根拠となる図表を，四つの選択肢(①〜④)のうちから一つ選びなさい。 37

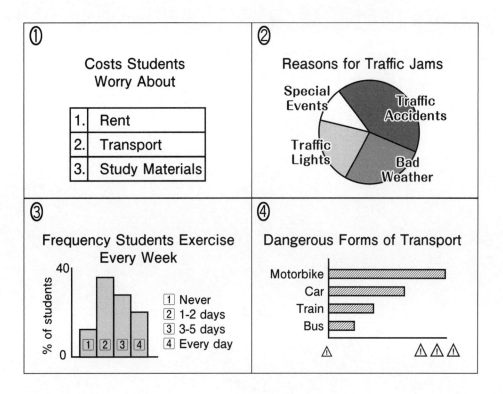

これで第6問Bは終わりです。

第 2 回　実 戦 問 題

（30分）

第2回　実戦問題

🔊 通し音声：第２回リスニング実戦問題 （02_2024jissen_listening.mp3）

設問別音声一覧 （コンテンツ名称：2024 実戦問題集 _ 英語リスニング 02）

問　題	内　容	ファイル名冒頭番号*	問　題	内　容	ファイル名冒頭番号
表題・注意事項		02_01		日本語指示文	02_16
第１問A	日本語指示文	02_02	第３問	問12	02_17
	問1	02_03		問13	02_18
	問2	02_04		問14	02_19
	問3	02_05		問15	02_20
	問4	02_06		問16	02_21
第１問B	日本語指示文	02_07		問17	02_22
	問5	02_08	第４問A	日本語指示文	02_23
	問6	02_09		問18 － 21	02_24
	問7	02_10		日本語指示文	02_25
第２問	日本語指示文	02_11		問22 － 25	02_26
	問8	02_12	第４問B	日本語指示文	02_27
	問9	02_13		問26	02_28
	問10	02_14	第５問	日本語指示文	02_29
	問11	02_15		問27 － 32	02_30
				問33	02_31
			第６問A	日本語指示文	02_32
				問34 － 35	02_33
			第６問B	日本語指示文	02_34
				問36 － 37	02_35

＊ファイル名冒頭番号は，各ファイル名の以下の
太字部分を示しています。

02_01_2024jissen_listening.mp3

英　　語(リスニング)

$$\left(解答番号 \boxed{1} \sim \boxed{37}\right)$$

第1問　(配点　25)　音声は2回流れます。

第1問は**A**と**B**の二つの部分に分かれています。

A　　第1問**A**は問1から問4までの4問です。英語を聞き，それぞれの内容と最もよく合っているものを，四つの選択肢(①〜④)のうちから一つずつ選びなさい。

問1　　$\boxed{1}$

①　The speaker is about to go to a pizza place.
②　The speaker is thinking about cooking pizza.
③　The speaker is waiting for pizza to be delivered.
④　The speaker likes pizza without any cheese.

問2　　$\boxed{2}$

①　The speaker is going to take the bus alone.
②　The speaker is not sure where they are.
③　The speaker needs some information about buses.
④　The speaker will get off at the next bus stop.

— 2 —

第2回　英語（リスニング）

問3　3

① The speaker has a stomachache.
② The speaker has eaten too much.
③ The speaker hasn't had breakfast yet.
④ The speaker is on a diet.

問4　4

① Sarah hasn't got the results of the contest.
② Sarah is glad she has won the contest.
③ Sarah is looking forward to the contest.
④ Sarah received the results of the contest this Tuesday.

これで第1問Aは終わりです。

—3—

B 第1問Bは問5から問7までの3問です。英語を聞き，それぞれの内容と最もよく合っている絵を，四つの選択肢(①〜④)のうちから一つずつ選びなさい。

問5 ⬜5

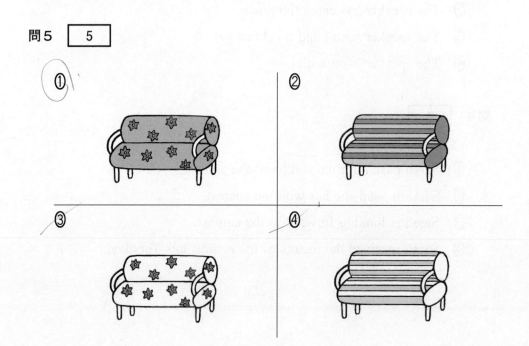

第2回 英語（リスニング）

問6 6

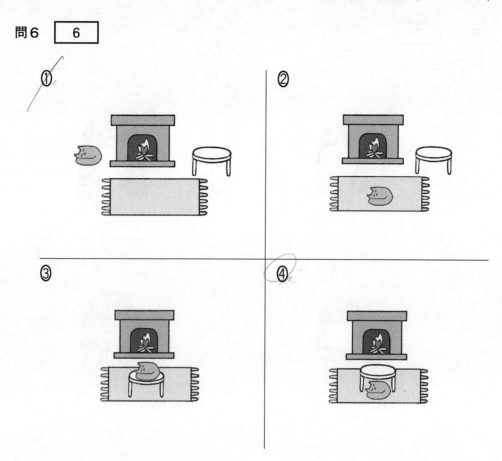

問7 7

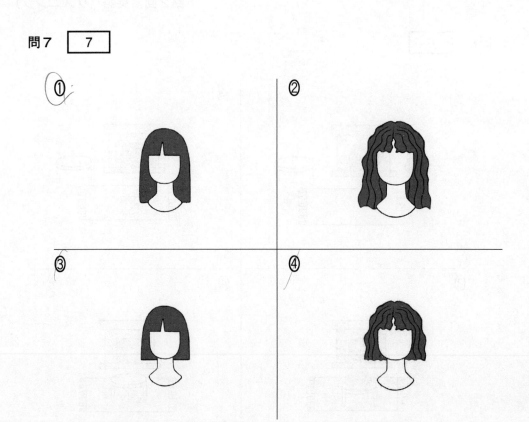

第2回　英語（リスニング）

（下 書 き 用 紙）

英語（リスニング）の試験問題は次に続く。

第2問 (配点 16) 音声は2回流れます。

　第2問は問8から問11までの4問です。それぞれの問いについて、対話の場面が日本語で書かれています。対話とそれについての問いを聞き、その答えとして最も適切なものを、四つの選択肢(①～④)のうちから一つずつ選びなさい。

問8　ペットの餌を探しています。　8

— 8 —

問9 店で店員が注文を受けています。 9

問10　夫婦が猫の里親募集サイトで写真を見ています。　10

第2回　英語（リスニング）

問11　講堂の入り口で，座る場所について話し合っています。　11

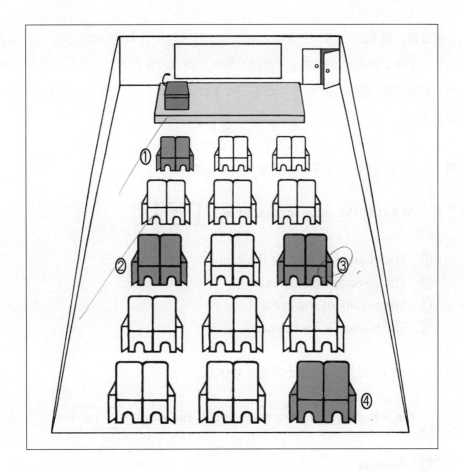

これで第2問は終わりです。

第3問 （配点 18） 音声は1回流れます。

第3問は問12から問17までの6問です。それぞれの問いについて，対話の場面が日本語で書かれています。対話を聞き，問いの答えとして最も適切なものを，四つの選択肢 $\left(\text{①} \sim \text{④}\right)$ のうちから一つずつ選びなさい。（問いの英文は書かれています。）

問12 カフェで，大学生二人が話をしています。

What is the man surprised at? 　12

　① The change of date of the exam
　② The coverage of the exam
　③ The results of the exam
　④ The woman's confidence

問13 女性が時計店の店員と話をしています。

On what day will the woman call the shop? 　13

　① Tuesday
　② Wednesday
　③ Thursday
　④ Friday

問14 孫がおばあさんと話をしています。

What is the woman likely to buy? 　14

　① A phone which has many functions
　② A phone which is inexpensive
　③ A phone which is simple to use
　④ The same phone that her grandson has

— 12 —

第2回　英語（リスニング）

問15　映画館の受付で，男性が質問をしています。

What is the man likely to do today? 　15

① Buy a ticket for tomorrow's late show
② Get a refund on his ticket
③ Watch another film during the day
④ Watch the film at a different time than he had planned

問16　英会話の先生がオンラインレッスンをしています。

What is the woman's problem? 　16

① She can't hear what the teacher is saying.
② She doesn't have a camera on her computer.
③ She is not familiar with the computer.
④ She is not good at speaking English.

問17　女性が男性と話をしています。

Why did the man begin to feel he should change his plans? 　17

① The food at the restaurant may be too expensive.
② The food at the restaurant may not be delicious.
③ The restaurant may be closed tomorrow.
④ The restaurant may be too crowded.

これで第3問は終わりです。

— 13 —

第4問 （配点 12） 音声は1回流れます。

第4問はAとBの二つの部分に分かれています。

A 第4問Aは問18から問25の8問です。話を聞き，それぞれの問いの答えとして最も適切なものを，選択肢から選びなさい。**問題文と図表を読む時間が与えられた後，音声が流れます。**

問18～21 海外からの留学生が，日本の友人（Yuri）との昨日の出来事について話しています。話を聞き，その内容を表した四つのイラスト（①～④）を，出来事が起きた順番に並べなさい。 | 18 | → | 19 | → | 20 | → | 21 |

① ②

③  ④

— 14 —

第2回　英語（リスニング）

問22～25　あなたは，留学先で，子どもたちのキャンプツアーをサポートする
ボランティア活動に参加しています。話を聞き，次の表の四つの空欄
22 ～ 25 に入れるのに最も適切なものを，五つの選択肢（①～⑤）
のうちから一つずつ選びなさい。選択肢は2回以上使ってもかまいません。

Camp Participants

ID number	Sex	Age	Group number
0001	Girl	11 years old	22
0002	Boy	5 years old	23
0003	Boy	9 years old	24
0004	Girl	6 years old	25
0005	Boy	13 years old	
0006	Boy	7 years old	

① Group 1
② Group 2
③ Group 3
④ Group 4
⑤ Group 5

これで第4問Aは終わりです。

― 15 ―

B 　第4問 **B** は問 26 の1問です。話を聞き，示された条件に最も合うものを，四つの選択肢 (**①**～**④**) のうちから一つ選びなさい。後の表を参考にしてメモを取ってもかまいません。**状況と条件を読む時間が与えられた後，音声が流れます。**

状況

　あなたは，留学先のアメリカの町で，一人暮らしをするアパートを決めるために，四人の不動産仲介業者が推薦するアパートの説明を聞いています。

あなたが考えている条件

　A．駅から徒歩10分以内
　B．2階以上
　C．家賃が月800ドル以内

Apartment Number	Condition A	Condition B	Condition C
① No. 1	? ○	○	○
② No. 2	×	?	○
③ No. 3	○	○	×
④ No. 4	○	○	○

問 26 　 26 　 is the apartment you are most likely to choose.

① 　No. 1
② 　No. 2
③ 　No. 3
④ 　No. 4

これで第4問 **B** は終わりです。

— 16 —

第2回　英語（リスニング）

（下書き用紙）

英語（リスニング）の試験問題は次に続く。

第5問 （配点 15） 音声は1回流れます。

第5問は問 27 から問 33 までの7問です。

最初に講義を聞き，問 27 から問 32 に答えなさい。次に続きを聞き，問 33 に答えなさい。**状況，ワークシート，問い及び図表を読む時間が与えられた後，音声が流れます。**

状況
　あなたは大学で，日本人の英語の習熟度(proficiency)についての講義を，ワークシートにメモを取りながら聞いています。

ワークシート

○ **English proficiency level of Japanese people**

According to a 2019 survey, Japan's English proficiency ranking was ⬚27⬚ .

○ **Reasons why Japanese people are not good at English**

School education	Schools focus more on grammar and ⬚28⬚ (b) than on actual ⬚29⬚ (5)
Disadvantage	Japanese has fewer kinds of ⬚30⬚ than English. (4)
Particular characteristic of Japanese	Japanese (3) ⬚31⬚ have a very different structure from English ones.

— 18 —

第2回　英語（リスニング）

問27　ワークシートの空欄 | 27 | に入れるのに最も適切なものを，四つの選択肢 (① ~ ④) のうちから一つずつ選びなさい。

① above that of South Korea
② below that of any other country
③ below that of South Korea and that of China
④ between that of South Korea and that of China

問28 ~ 31　ワークシートの空欄 | 28 | ~ | 31 | に入れるのに最も適切なものを，六つの選択肢 (① ~ ⑥) のうちから一つずつ選びなさい。選択肢は2回以上使ってもかまいません。

① idioms　　② letters　　③ sentences
④ sounds　　⑤ usage　　⑥ vocabulary

問32　講義の内容と一致するものはどれか。最も適切なものを，四つの選択肢 (① ~ ④) のうちから一つ選びなさい。 | 32 |

① Japanese people get severely criticized because of their poor English ability.
② Japanese people try to compensate for their poor English skills with kindness.
③ The Japanese have biological disadvantages in learning foreign languages.
④ There is no other language that has a grammatical structure similar to Japanese.

第5問はさらに続きます。

— 19 —

問33 講義の続きを聞き，次の図から読み取れる情報と講義全体の内容からどのようなことが言えるか，最も適切なものを，四つの選択肢(①〜④)のうちから一つ選びなさい。 33

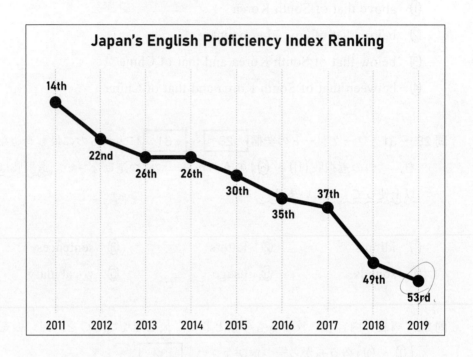

① Government policies are to blame for Japan's low English proficiency.
② In 2019, Japan was categorized as being in the "low proficiency" level for the fourth successive year.
③ Japan's English proficiency level will continue to decline.
④ Many English teachers in Japan don't use textbooks in class.

これで第5問は終わりです。

第2回　英語（リスニング）

（下 書 き 用 紙）

英語（リスニング）の試験問題は次に続く。

第6問 （配点 14） 音声は１回流れます。

第6問はＡとＢの二つの部分に分かれています。

A　第6問Ａは問34・問35の２問です。二人の対話を聞き，それぞれの問いの答えとして最も適切なものを，四つの選択肢（①～④）のうちから一つずつ選びなさい。（問いの英文は書かれています。）**状況と問いを読む時間が与えられた後，音声が流れます。**

状況
　Jane が，Takeshi と日本社会の高齢化について話をしています。

問34　**What does Takeshi suggest?**　34

① More nurses should be employed in child-care facilities.
② Older people and women should be utilized more as human resources.
③ Robots should replace human beings in the workplace.
④ The government should encourage people to have more children.

問35　**What does Jane think about utilizing robots?**　35

① Automation will deprive people of their jobs.
② Japan needs more robots to help retired people go back to work.
③ Robots will be of great help in an aging society.
④ Robots will help create a better working environment for women.

これで第6問Ａは終わりです。

― 22 ―

第2回　英語（リスニング）

（下書き用紙）

英語（リスニング）の試験問題は次に続く。

B　第6問 B は問 36・問 37 の 2 問です。会話を聞き，それぞれの問いの答え
として最も適切なものを，選択肢のうちから一つずつ選びなさい。後の表を
参考にしてメモを取ってもかまいません。**状況と問いを読む時間が与えられ
た後，音声が流れます。**

状況
　四人のアメリカの高校教師（John, Naomi, Mike, Lisa）が，来年度の修学
旅行先について相談しています。

John	〇
Naomi	△✕
Mike	〇
Lisa	✕

問36　四人のうち修学旅行先を**変えることに反対している**のは何人ですか。四つ
　　の選択肢（① ～ ④）のうちから一つ選びなさい。　36

　　① 　1人
　　② 　2人
　　③ 　3人
　　④ 　4人

― 24 ―

問37 会話を踏まえて，Lisa の考えの根拠となる図表を，四つの選択肢 (① 〜 ④) のうちから一つ選びなさい。 37

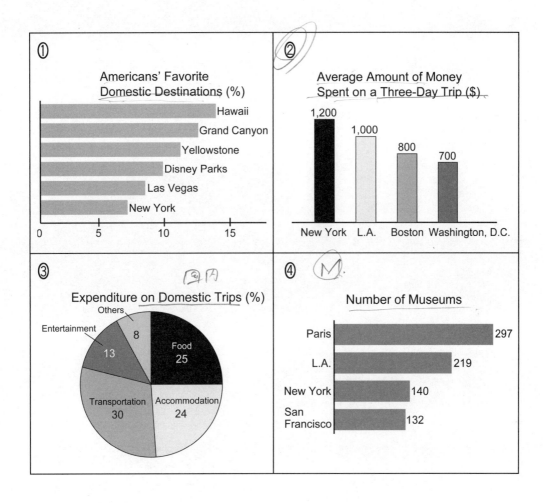

第 3 回　実 戦 問 題

（30分）

第3回　実戦問題

🔊 **通し音声：第3回リスニング実戦問題（03_2024jissen_listening.mp3）**

設問別音声一覧（コンテンツ名称：2024 実戦問題集 _ 英語リスニング 03）

問　題	内　容	ファイル名冒頭番号*	問　題	内　容	ファイル名冒頭番号
表題・注意事項		03_01	第3問	日本語指示文	03_16
第1問A	日本語指示文	03_02		問12	03_17
	問1	03_03		問13	03_18
	問2	03_04		問14	03_19
	問3	03_05		問15	03_20
	問4	03_06		問16	03_21
第1問B	日本語指示文	03_07		問17	03_22
	問5	03_08	第4問A	日本語指示文	03_23
	問6	03_09		問18 － 21	03_24
	問7	03_10		日本語指示文	03_25
第2問	日本語指示文	03_11		問22 － 25	03_26
	問8	03_12	第4問B	日本語指示文	03_27
	問9	03_13		問26	03_28
	問10	03_14	第5問	日本語指示文	03_29
	問11	03_15		問27 － 32	03_30
				問33	03_31
			第6問A	日本語指示文	03_32
				問34 － 35	03_33
			第6問B	日本語指示文	03_34
				問36 － 37	03_35

＊ファイル名冒頭番号は，各ファイル名の以下の太字部分を示しています。

03_01_2024jissen_listening.mp3

英　語（リスニング）

$\left(\text{解答番号}\ \boxed{1}\ \sim\ \boxed{37}\ \right)$

第1問 （配点 25） 音声は2回流れます。

第1問は **A** と **B** の二つの部分に分かれています。

A　第1問 **A** は問1から問4までの4問です。英語を聞き，それぞれの内容と最もよく合っているものを，四つの選択肢 $\left(\text{①}\sim\text{④}\right)$ のうちから一つずつ選びなさい。

問1　　$\boxed{1}$

① The speaker wants to know the name of his club.

② The speaker wants to know the place of the meeting.

③ The speaker wants to know what music his club will play.

④ The speaker wants to know where the music room is.

問2　　$\boxed{2}$

① The speaker doesn't have any orange T-shirts.

② The speaker doesn't have any white T-shirts.

③ The speaker has only one orange T-shirt.

④ The speaker has only one white T-shirt.

— 2 —

第3回　英語（リスニング）

問3　3

① The speaker can tell you where you are.

② The speaker can tell you where you should go.

③ The speaker wants to know where they are.

④ The speaker wants you to know where they are.

問4　4

① The speaker will ask Takeshi to go fishing.

② The speaker will change his plan.

③ The speaker will enjoy fishing in the rain.

④ The speaker will go fishing alone today.

これで第1問 A は終わりです。

B 第1問Bは問5から問7までの3問です。英語を聞き，それぞれの内容と最もよく合っている絵を，四つの選択肢（①〜④）のうちから一つずつ選びなさい。

問5 ⬜5

問6 　6

①

②

③

④

問7 7

これで第1問Bは終わりです。

第 3 回　英語（リスニング）

（下 書 き 用 紙）

英語（リスニング）の試験問題は次に続く。

第2問 (配点 16) 音声は2回流れます。

第2問は問8から問11までの4問です。それぞれの問いについて、対話の場面が日本語で書かれています。対話とそれについての問いを聞き、その答えとして最も適切なものを、四つの選択肢（①～④）のうちから一つずつ選びなさい。

問8 レストランで食事をしています。　8

問9　男性が道を尋ねています。　9

問10　男性が料理をしています。　10

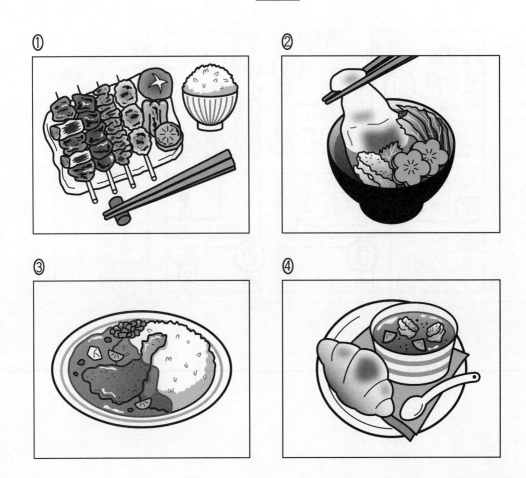

第3回　英語（リスニング）

問11　男性が Greenfield 駅で，目的地への行き方を尋ねています。　11

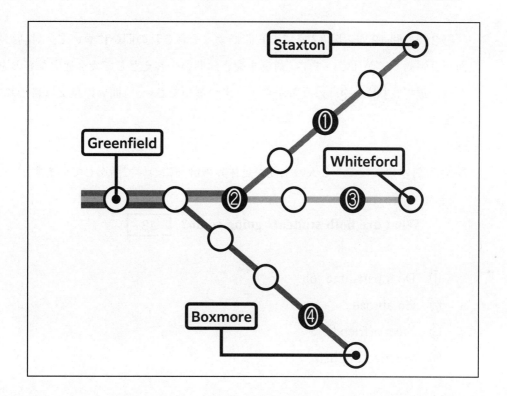

これで第2問は終わりです。

第3問 （配点 18） 音声は1回流れます。

第3問は問12から問17までの6問です。それぞれの問いについて，対話の場面が日本語で書かれています。対話を聞き，問いの答えとして最も適切なものを，四つの選択肢（① 〜 ④）のうちから一つずつ選びなさい。（問いの英文は書かれています。）

問12　日本の高校で，2人の生徒が夏休みの計画について話をしています。

What are both students going to do?　12

① Do a part-time job

② Go abroad

③ Meet a friend

④ Practice English

問13　教室でKeikoと留学生のJohnが話をしています。

Why did John say "Remember how hard you've practiced"?　13

① To encourage Keiko to work harder

② To improve Keiko's English

③ To make Keiko feel better

④ To remind Keiko of the contest

— 12 —

第3回　英語（リスニング）

問 14　夫婦が服売り場で，妻の着るコートを選んでいます。

Which coat is the woman going to buy?　14

① The black one
② The gray one
③ The light gray one
④ The white one

問 15　アメリカ行きの飛行機の中で Hiroshi が客室乗務員と話をしています。

Which is true according to the conversation?　15

① Hiroshi was confident in his English before talking with the flight attendant.
② Hiroshi's confidence in his English impressed the flight attendant.
③ The flight attendant was impressed with Hiroshi's English.
④ The flight attendant was worried about Hiroshi's English.

問 16　夕食時，母親と息子が話をしています。

What will the son do after this?　16

① Eat the cake as a dessert
② Give up his diet after the dinner
③ Have some more potatoes
④ Skip the dessert and finish his dinner

— 13 —

問17　アメリカでホームステイ中の Yukari とホストファザーが話をしています。

What did Yukari do?　17

① Closed the door of the bathroom after using it

② Followed the custom of the family she stayed with

③ Left the door open after using the bathroom

④ Missed the sign that somebody was in the bathroom

これで第３問は終わりです。

第3回　英語（リスニング）

（下 書 き 用 紙）

英語（リスニング）の試験問題は次に続く。

第4問 （配点 12） 音声は1回流れます。

第4問はAとBの二つの部分に分かれています。

A 　第4問Aは問18から問25までの8問です。話を聞き，それぞれの問いの答えとして最も適切なものを，選択肢から選びなさい。**問題文と図表を読む時間が与えられた後，音声が流れます。**

問18～21　あなたは座ったままで簡単にできるリラックス運動の動画を見ています。説明を聞き，その内容を表した四つのイラスト (①～④) を，教えられている順番に並べなさい。 18 → 19 → 20 → 21

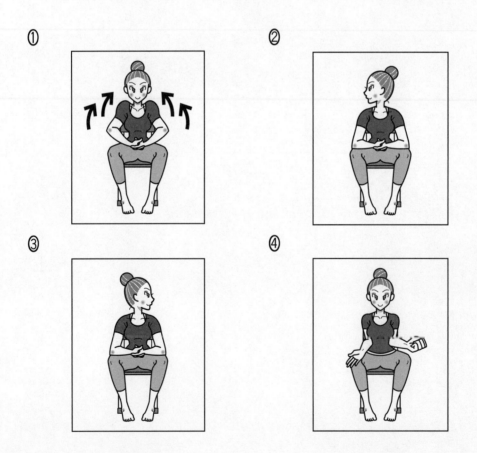

— 16 —

第3回　英語（リスニング）

問 22 ～ 25　あなたは，留学先で，地域の球技クラブの設立準備を手伝っています。参加希望者が集まってきたので，曜日ごとの振り分けを考えています。話を聞き，次の表の四つの空欄 | 22 | ～ | 25 | に入れるのに最も適切なものを，五つの選択肢 (① ～ ⑤) のうちから一つずつ選びなさい。選択肢は2回以上使ってもかまいません。

New Club Members

Member number	Sex / Age	Favorite ball games	Day of week
001	Male / 73	volleyball	22
002	Male / 35	basketball	23
003	Male / 8	badminton	24
004	Female / 40	basketball	25
005	Female / 5	badminton	
006	Male / 55	volleyball	

① Monday
② Tuesday
③ Wednesday
④ Thursday
⑤ Friday

これで第4問 A は終わりです。

B 第4問 **B** は問 26 の1問です。話を聞き，示された条件に最も合うものを，四つの選択肢 (①〜④) のうちから一つ選びなさい。後の表を参考にしてメモを取ってもかまいません。**状況と条件を読む時間が与えられた後，音声が流れます。**

状況

あなたは吹奏楽部に所属しています。秋の特別演奏会 (special concert) の会場を一つ決めるために，四人の係員の説明を聞いています。

あなたが考えている条件

A．座席数が300席以上あること

B．リハーサルルームが無料であること

C．駅から徒歩15分以内で行けること

		Condition A	Condition B	Condition C
①	Alpha Hall			
②	First Space			
③	Music Paradise			
④	Omega Center			

問 26 **You are most likely to choose** ⬚26⬚ **for the special concert.**

① Alpha Hall

② First Space

③ Music Paradise

④ Omega Center

これで第4問 B は終わりです。

— 18 —

第3回　英語（リスニング）

（下書き用紙）

英語（リスニング）の試験問題は次に続く。

第5問 (配点 15) 音声は1回流れます。

第5問は問27から問33までの7問です。

最初に講義を聞き，問27から問32に答えなさい。次に続きを聞き，問33に答えなさい。状況，ワークシート，問い及び図表を読む時間が与えられた後，音声が流れます。

> 状況
> あなたはアメリカの大学で，ロボットの開発についての講義を，ワークシートにメモを取りながら聞いています。

ワークシート

An Experiment carried out by MIT

○ **Aim**
  ・To develop a system where robots can 〔 27 〕

○ **Product**
  ・A robot learning system for self-driving vehicles
    → The cars with the system improved the ability to predict what other drivers would do by 25 percent.

○ **The Test Results of the Self-Driving Car**

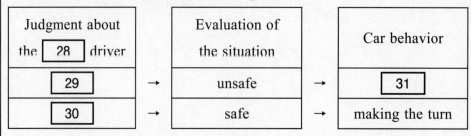

○ **Comment of the Lecturer**
  ・One worry: Human workers could be replaced by robots.

第3回　英語（リスニング）

問27 ワークシートの空欄 27 に入れるのに最も適切なものを，四つの選択肢 (① 〜 ④) のうちから一つ選びなさい。

① interact socially with humans

② learn human characteristics

③ react to the unexpected

④ rescue those injured in an accident

問28 〜 31 ワークシートの空欄 28 〜 31 に入れるのに最も適切なものを，六つの選択肢 (① 〜 ⑥) のうちから一つずつ選びなさい。選択肢は2回以上使ってもかまいません。

① oncoming   ② passing   ③ selfish

④ selfless   ⑤ slowing down   ⑥ waiting

問32 講義の内容と一致するものはどれか。最も適切なものを，四つの選択肢 (① 〜 ④) のうちから一つ選びなさい。 32

① A robot needs to perform with the aim of improving humans' understanding of their interaction with it.

② A robot operating around humans should be able to correct mistakes made by humans.

③ A robot should be programmed to encourage humans not to repeat the same mistakes again.

④ A robot working for humans will become more helpful if it can predict humans' behavior.

第5問はさらに続きます。

問33 講義の続きを聞き，次の図から読み取れる情報と講義全体の内容からどのようなことが言えるか，最も適切なものを，四つの選択肢（①〜④）のうちから一つ選びなさい。 33

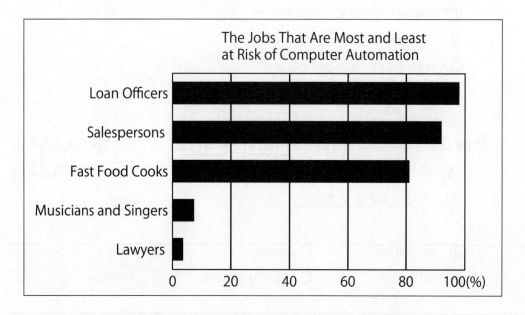

① Fast-food cooks are the most likely to be automated by robots.
② More and more robots will be used to let employees work more easily and efficiently.
③ More than 700 kinds of jobs, including those of lawyers, will remain unaffected by computer automation.
④ Nearly 50% of American workers might be replaced by robots in the near future.

これで第５問は終わりです。

第3回　英語（リスニング）

（下書き用紙）

英語（リスニング）の試験問題は次に続く。

— 23 —

第6問 （配点 14） 音声は1回流れます。

第6問はAとBの二つの部分に分かれています。

A 第6問Aは問34・問35の2問です。二人の対話を聞き，それぞれの問いの答えとして最も適切なものを，四つの選択肢(①〜④)のうちから一つずつ選びなさい。（問いの英文は書かれています。）**状況と問いを読む時間が与えられた後，音声が流れます。**

状況
Davidが，Susieと愛について話をしています。

問34 **What is Susie's main point?** [34]

① Everything begins with loving somebody.
② First impressions are important in understanding people.
③ It isn't easy to fall in love.
④ True love needs time to grow.

問35 **Which of the following statements would David agree with?** [35]

① A romantic view of love is helpful if you want to get married.
② It is necessary to find a partner for life quickly.
③ It's not easy to understand what "true love" is.
④ The high percentage of divorces is a problem.

これで第6問Aは終わりです。

第3回　英語（リスニング）

（下 書 き 用 紙）

英語（リスニング）の試験問題は次に続く。

B 　第6問 **B** は問 36・問 37 の 2 問です。会話を聞き，それぞれの問いの答え
として最も適切なものを，選択肢のうちから一つずつ選びなさい。後の表を
参考にしてメモを取ってもかまいません。**状況と問いを読む時間が与えられ
た後，音声が流れます。**

状況
　四人の学生 (Paul, Yuta, Betty, Joan) が，日本の柔道場に通うことについ
て話しています。

Paul	
Yuta	
Betty	
Joan	

問 36　四人のうち柔道場に通うことに**決めなかった**のは何人ですか。四つの選択
　　　肢（①〜④）のうちから一つ選びなさい。　　**36**

① 　1人
② 　2人
③ 　3人
④ 　4人

— 26 —

第3回 英語（リスニング）

問37 会話を踏まえて，Joan の考えの根拠となる図表を，四つの選択肢（①〜④）のうちから一つ選びなさい。　37

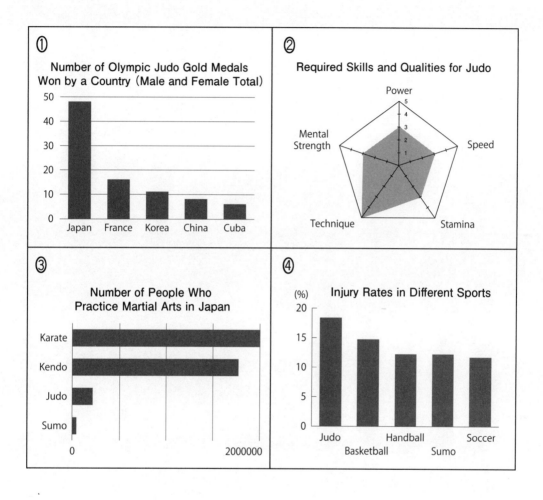

これで第6問Bは終わりです。

第 4 回　実 戦 問 題

（30分）

🔊 **通し音声：第４回リスニング実戦問題（04_2024jissen_listening.mp3）**

設問別音声一覧（コンテンツ名称：2024 実戦問題集 _ 英語リスニング 04）

問　題	内　容	ファイル名 冒頭番号*	問　題	内　容	ファイル名 冒頭番号
表題・注意事項		04_01	第3問	日本語指示文	04_16
第1問A	日本語指示文	04_02		問12	04_17
	問1	04_03		問13	04_18
	問2	04_04		問14	04_19
	問3	04_05		問15	04_20
	問4	04_06		問16	04_21
第1問B	日本語指示文	04_07		問17	04_22
	問5	04_08	第4問A	日本語指示文	04_23
	問6	04_09		問18 − 21	04_24
	問7	04_10		日本語指示文	04_25
第2問	日本語指示文	04_11		問22 − 25	04_26
	問8	04_12	第4問B	日本語指示文	04_27
	問9	04_13		問26	04_28
	問10	04_14	第5問	日本語指示文	04_29
	問11	04_15		問27 − 32	04_30
				問33	04_31
			第6問A	日本語指示文	04_32
				問34 − 35	04_33
			第6問B	日本語指示文	04_34
				問36 − 37	04_35

＊ファイル名冒頭番号は，各ファイル名の以下の
太字部分を示しています。

04_01_2024jissen_listening.mp3

英　語（リスニング）

$\left(\text{解答番号} \boxed{1} \sim \boxed{37}\right)$

第1問　（配点　25）　音声は2回流れます。

第1問は **A** と **B** の二つの部分に分かれています。

A　第1問 **A** は**問1**から**問4**までの4問です。英語を聞き，それぞれの内容と最もよく合っているものを，四つの選択肢 $\left(①\sim④\right)$ のうちから一つずつ選びなさい。

問1 $\boxed{1}$

① They have been running for fifteen minutes.

② They have to walk a little faster.

③ They need not hurry now.

④ They need to wait for fifteen minutes.

問2 $\boxed{2}$

① The speaker canceled the scheduled meeting.

② The speaker forgot to attend the meeting.

③ The speaker has forgotten today is Thursday.

④ The speaker will attend a meeting on Thursday.

—2—

第4回　英語（リスニング）

問3　3

① Kenta has been in Sapporo for ten years.

② Kenta was born and raised in Tokyo.

③ Kenta will return to his hometown in ten years.

④ Kenta worked in Tokyo for ten years.

問4　4

① Miki is too busy to attend the party.

② Miki must have worked very hard.

③ Miki prefers to work rather than to attend the party.

④ Miki will finish the work before the party.

これで第1問Aは終わりです。

B 　第1問Bは問5から問7までの3問です。英語を聞き，それぞれの内容と最もよく合っている絵を，四つの選択肢(①〜④)のうちから一つずつ選びなさい。

問5　| 5 |

①

②

③

④

第４回　英語（リスニング）

問6　6

①

②

③

④

問7 [7]

①

②

③

④

これで第1問Bは終わりです。

第4回　英語（リスニング）

（下 書 き 用 紙）

英語（リスニング）の試験問題は次に続く。

第2問 (配点 16) 音声は2回流れます。

第2問は問8から問11までの4問です。それぞれの問いについて、対話の場面が日本語で書かれています。対話とそれについての問いを聞き、その答えとして最も適切なものを、四つの選択肢（①〜④）のうちから一つずつ選びなさい。

問8 女性が友人と店でバッグを選んでいます。　8

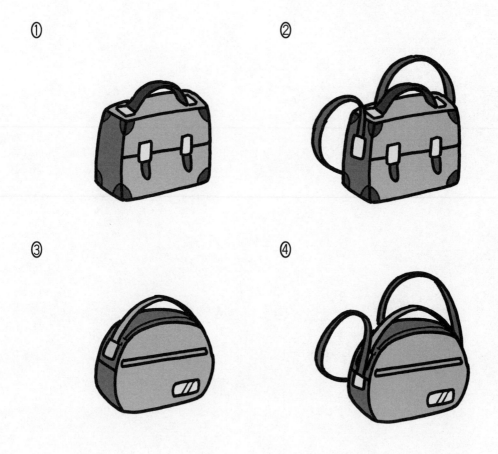

第４回　英語（リスニング）

問９　ファストフード店で注文するものを選んでいます。　9

①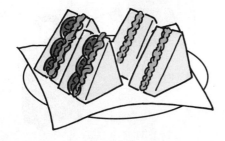

②

③

④

問10　Adam が旅行に行くために準備をしています。　10

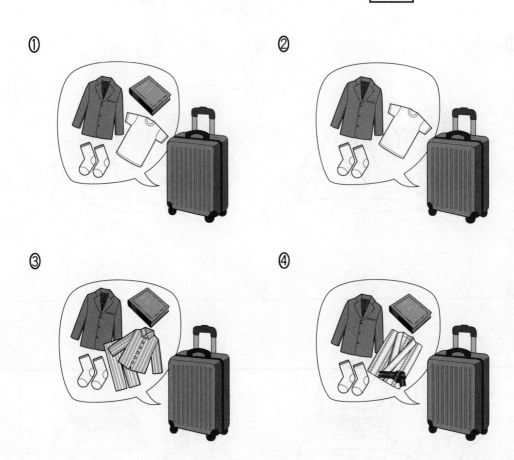

第4回　英語（リスニング）

問11　新入生である男性がキャンパス内で道を尋ねています。　| 11 |

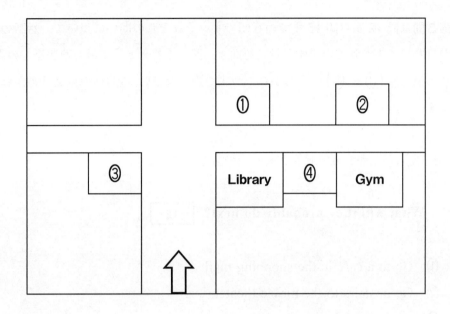

これで第2問は終わりです。

第3問 （配点 18） 音声は1回流れます。

第3問は問 12 から問 17 までの 6 問です。それぞれの問いについて，対話の場面が日本語で書かれています。対話を聞き，問いの答えとして最も適切なものを，四つの選択肢 (①〜④) のうちから一つずつ選びなさい。（問いの英文は書かれています。）

問 12　友人同士がショッピングモールで話をしています。

What will they probably do next? 　12

① Go to a café in the shopping mall.
② Go upstairs to the movie theater.
③ Keep browsing in the mall.
④ Keep talking as before.

問 13　夫婦が電気機器について話をしています。

What will the couple probably buy first? 　13

① A microwave oven
② A printer
③ A refrigerator
④ A washing machine

— 12 —

第4回　英語（リスニング）

問14　遊園地のアトラクションの前で会話をしています。

Which is true according to the conversation? 　14

① The man doesn't have enough coupons to cover the charge.

② The man's coupons are not valid anymore.

③ Visitors cannot ride this attraction using coupons.

④ Visitors cannot use the coupons on weekends.

問15　サークルのメンバー同士が会話をしています。

What will the man probably do tomorrow? 　15

① Attend the meeting as usual.

② Go and buy a surprise gift for Kevin.

③ Skip the meeting and go shopping.

④ Work part-time at a convenience store.

問16　友人同士が宿題のことで話をしています。

What is probably true of the woman? 　16

① She finished the essay with her friend's help.

② She needs to meet her friend to return a book.

③ She often helps her friends with their homework.

④ She usually finishes an assignment well before it is due.

問 17 友人同士が電話で話をしています。

Which is probably true according to the conversation? 17

① The woman is not so interested in dinosaurs.

② They will meet at a station on Saturday morning.

③ They will meet at the entrance of the museum.

④ You can see dinosaur exhibits at the Natural History Museum anytime.

これで第3問は終わりです。

— 14 —

第4回　英語（リスニング）

（下 書 き 用 紙）

英語（リスニング）の試験問題は次に続く。

— 15 —

第4問 (配点 12) 音声は1回流れます。

第4問はAとBの二つの部分に分かれています。

A 　第4問Aは問18から問25の8問です。話を聞き，それぞれの問いの答えとして最も適切なものを，選択肢から選びなさい。**問題文と図表を読む時間が与えられた後，音声が流れます。**

問18〜21　あなたは，授業で配られたワークシートのグラフを完成させようとしています。先生の説明を聞き，四つの空欄 18 〜 21 に入れるのに最も適切なものを，四つの選択肢 (①〜④) のうちから一つずつ選びなさい。

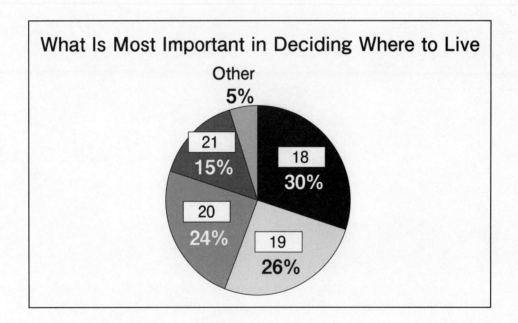

① Cost of living
② Crime rate
③ Ease of transportation
④ Weather

— 16 —

第4回　英語（リスニング）

問22～25　あなたは，海外にある日系のホテルチェーンでアルバイトをしていて，予約者ごとの宿泊代金の総額を計算するように頼まれました。部屋のタイプおよび人数と宿泊料の計算方法についての説明を聞き，下の表の四つの空欄 22 ～ 25 に入れるのに最も適切なものを，五つの選択肢 (① ～ ⑤) のうちから一つずつ選びなさい。選択肢は2回以上使ってもかまいません。

reserved by	room type	number of guests	total accommodation cost
Mr. Williams	twin	1	22 ①
Ms. Chen	suite	2	23 ⑤
Mr. Hoshino	triple	3	24 ③
Ms. Green	suite	4	
Mr. Koike	suite	3	
Ms. Bannon	twin	2	25 ②

① 200 dollars

② 300 dollars

③ 400 dollars

④ 500 dollars

⑤ 600 dollars

これで第4問 A は終わりです。

B　第4問**B**は問26の1問です。話を聞き，示された条件に最も合うものを，四つの選択肢 $\left(① \sim ④ \right)$ のうちから一つ選びなさい。下の表を参考にしてメモを取ってもかまいません。**状況と条件を読む時間が与えられた後，音声が流れます。**

状況

　あなたの友人の留学生 Julia が，コミュニティーセンター主催の日本文化講座の一つを選ぶために，四人のコーディネーターの説明を聞いています。

Julia が考えている条件

　A．日本の伝統を理解する助けになること

　B．多くの日本人と一緒に学べること

　C．開講日が土曜・日曜以外であること

	Course titles	Condition A	Condition B	Condition C
①	Enjoy Cooking & Parties!	◦	◦	◦
②	Learn Japanese Through Literature!	◦	✕	◦
③	Train Your Body & Mind!			
④	Wear Authentic Japan!	◦	◦	◦

問26　"　26　" is the course Julia is most likely to choose.

① Enjoy Cooking & Parties!

② Learn Japanese Through Literature!

③ Train Your Body & Mind!

④ Wear Authentic Japan!

これで第4問**B**は終わりです。

第4回　英語（リスニング）

（下 書 き 用 紙）

英語（リスニング）の試験問題は次に続く。

第5問 （配点 15） 音声は1回流れます。

第5問は問27から問33の7問です。

最初に講義を聞き，問27から問32に答えなさい。次に続きを聞き，問33に答えなさい。**状況・ワークシート，問い及び図表を読む時間が与えられた後，音声が流れます。**

状況

あなたはアメリカの大学で，野生生物の違法な利用についての講義を，ワークシートにメモを取りながら聞いています。

ワークシート

○ **Decrease in wildlife numbers: 52% over the world these 40 years**

  Why problematic?　　⇨　　threat against biodiversity

  Possible causes?　　⇨　　| 27 | / illegal exploitation, etc.

  ⇩

Exploits what?	fish / 28 / animals
Affects who?	People in 29 countries
Affects what?	wildlife 30 / eco-system / local 31

　　　　　　　　　　　　　　　　　　　　⇧

　　　　　　　　　　　　loss of legal profits and taxes

— 20 —

第4回 英語（リスニング）

問27 ワークシートの空欄 27 に入れるのに最も適切なものを，四つの選択肢（① ～ ④）のうちから一つ選びなさい。

① diseases prevailing

② economy collapsed

③ habitats threatened

④ less money from taxes

問28～31 ワークシートの空欄 28 ～ 31 に入れるのに最も適切なものを，六つの選択肢（① ～ ⑥）のうちから一つずつ選びなさい。選択肢は２回以上使ってもかまいません。

① developed　　② developing　　③ economy

④ humans　　　⑤ plants　　　　⑥ welfare

問32 講義の内容と一致するものはどれか。最も適切なものを，四つの選択肢（① ～ ④）のうちから一つ選びなさい。 32

① Illegal logging makes up more than half of the logging production in Indonesia.

② Legal use of wildlife will probably be increasing.

③ Steady economic development will help to maintain local ecology.

④ With stricter regulation, some governments would lose some of their tax money.

第５問はさらに続きます。

— 21 —

問33 講義の続きを聞き，下の図から読み取れる情報と講義全体の内容からどのようなことが言えるか，最も適切なものを，四つの選択肢(①〜④)のうちから一つ選びなさい。 33

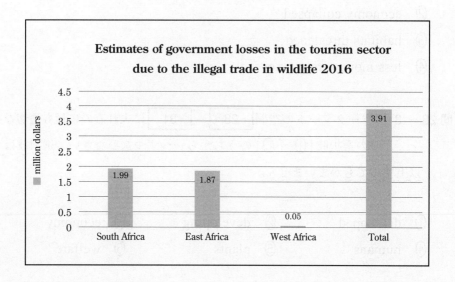

① Biodiversity is important not only for ecology but also for the economy.
② Developing countries should collect more taxes in order to maintain biodiversity.
③ In spite of decreasing biodiversity, Africa remains an attractive tourist destination.
④ Maintaining biodiversity costs developing countries too much money.

これで第5問は終わりです。

第4回　英語（リスニング）

（下 書 き 用 紙）

英語（リスニング）の試験問題は次に続く。

— 23 —

第6問 （配点 14） 音声は1回流れます。

第6問はAとBの二つの部分に分かれています。

A 　第6問Aは問34・問35の2問です。二人の対話を聞き，それぞれの問いの答えとして最も適切なものを，四つの選択肢（①〜④）のうちから一つずつ選びなさい。（問いの英文は書かれています。）**状況と問いを読む時間が与えられた後，音声が流れます。**

状況

Lucy と Jun が就職に関する調査について話をしています。

問34　**What is Lucy's main point?**　　34

① You can find the best job for you by volunteering.

② You can usually help others whatever job you choose.

③ You should consider whether your job will help many people.

④ You should think of people's happiness before your own.

問35　**What will Jun probably consider when filling out the form?**　　35

① What type of job can be profitable.

② What type of job can help a lot of people.

③ What type of job he can enjoy.

④ What type of job will make him feel proud of himself.

これで第6問Aは終わりです。

— 24 —

第4回　英語（リスニング）

（下 書 き 用 紙）

英語（リスニング）の試験問題は次に続く。

— 25 —

B　第6問 **B** は問 36・問 37 の 2 問です。会話を聞き，それぞれの問いの答え
として最も適切なものを，選択肢のうちから一つずつ選びなさい。下の表を
参考にしてメモを取ってもかまいません。**状況と問いを読む時間が与えられ**
た後，音声が流れます。

状況
　四人の学生（Machiko，Ryan，George，Emily）がオンライン授業について
意見交換をしています。

Machiko	✗	
Ryan	○	
George	✗	
Emily	○	

問 36　会話が終わった時点で，**対面授業の方がよいと思っている人**は四人のうち
　　　何人でしたか。四つの選択肢（① 〜 ④）のうちから一つ選びなさい。　　36

①　1人
②　2人
③　3人
④　4人

— 26 —

第4回 英語（リスニング）

問37 会話を踏まえて，Machikoの意見を最もよく表している図表を，四つの選択肢(①〜④)のうちから一つ選びなさい。　37

①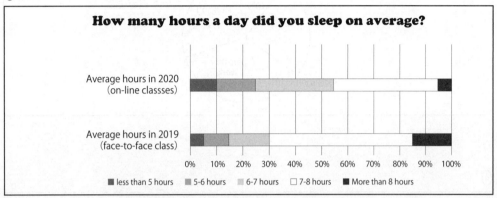

②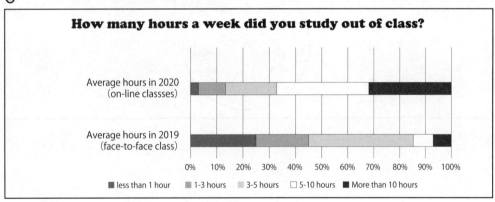

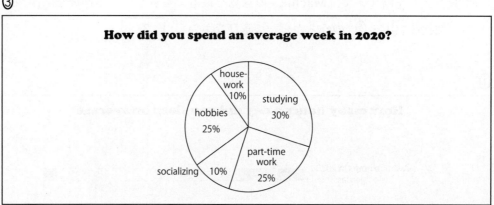

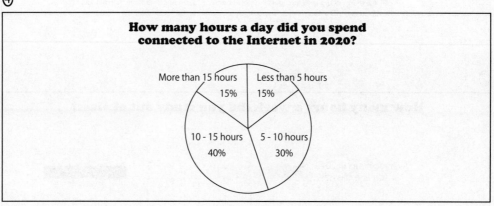

これで第６問Ｂは終わりです。

第4回　英語（リスニング）

（下 書 き 用 紙）

第 5 回　実 戦 問 題

(30分)

🔊 **通し音声：第5回リスニング実戦問題（05_2024jissen_listening.mp3）**

設問別音声一覧（コンテンツ名称：2024 実戦問題集 _ 英語リスニング 05）

問　題	内　容	ファイル名 冒頭番号*	問　題	内　容	ファイル名 冒頭番号
表題・注意事項		05_01		日本語指示文	05_16
第1問A	日本語指示文	05_02	第3問	問12	05_17
	問1	05_03		問13	05_18
	問2	05_04		問14	05_19
	問3	05_05		問15	05_20
	問4	05_06		問16	05_21
第1問B	日本語指示文	05_07		問17	05_22
	問5	05_08	第4問A	日本語指示文	05_23
	問6	05_09		問18－21	05_24
	問7	05_10		日本語指示文	05_25
第2問	日本語指示文	05_11		問22－25	05_26
	問8	05_12	第4問B	日本語指示文	05_27
	問9	05_13		問26	05_28
	問10	05_14	第5問	日本語指示文	05_29
	問11	05_15		問27－32	05_30
				問33	05_31
			第6問A	日本語指示文	05_32
				問34－35	05_33
			第6問B	日本語指示文	05_34
				問36－37	05_35

＊ファイル名冒頭番号は，各ファイル名の以下の
太字部分を示しています。

05_01_2024jissen_listening.mp3

第５回　実戦問題

英　語（リスニング）

$$\left(\text{解答番号}\ \boxed{1}\ \sim\ \boxed{37}\ \right)$$

第1問 （配点 25）**音声は2回流れます。**

第1問は **A** と **B** の二つの部分に分かれています。

A 　第1問 **A** は問1から問4までの4問です。英語を聞き，それぞれの内容と最もよく合っているものを，四つの選択肢 $\left(\text{①}\sim\text{④}\right)$ のうちから一つずつ選びなさい。

問1 　 **1**

① The speaker is at home.
② The speaker is at the store.
③ The speaker is going to the store.
④ The speaker is not home yet.

問2 　 **2**

① The speaker doesn't know the answer.
② The speaker doesn't like the question.
③ The speaker doesn't want to answer the question.
④ The speaker finds the question easy.

— 2 —

第5回　英語（リスニング）

問3　3

① Peter didn't go anywhere.

② Peter only went to the park.

③ Peter only went to the temple.

④ Peter went to the temple and the park.

問4　4

① The speaker gave a presentation on Tuesday.

② The speaker has just talked with Kate.

③ The speaker is going to see Kate.

④ The speaker is with Kate now.

これで第1問Aは終わりです。

— 3 —

B 第1問Bは問5から問7までの3問です。英語を聞き，それぞれの内容と最も合っている絵を，四つの選択肢(①〜④)のうちから一つずつ選びなさい。

問5 ⎡5⎤

第5回　英語（リスニング）

問6　6

①

②

③

④

問7 7

①    ②

③    ④

これで第１問Ｂは終わりです。

第5回　英語（リスニング）

（下書き用紙）

英語（リスニング）の試験問題は次に続く。

第２問 （配点 16） 音声は２回流れます。

　第２問は問８から問11までの４問です。それぞれの問いについて，対話の場面が日本語で書かれています。対話とそれについての問いを聞き，その答えとして最も適切なものを，四つの選択肢（①〜④）のうちから一つずつ選びなさい。

問８　観光中の二人が，ビルを見て話をしています。 8

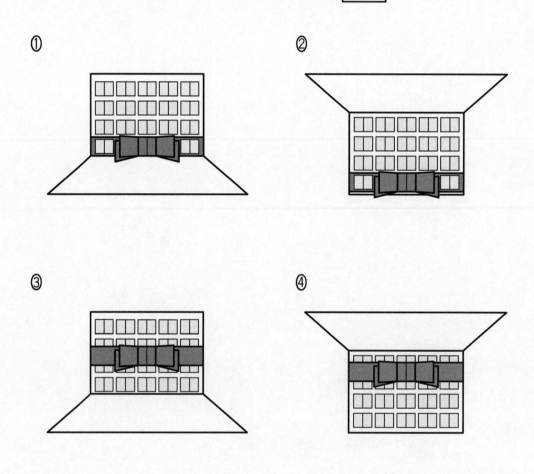

第5回　英語（リスニング）

問9　部屋で机の置き場所について話をしています。　9

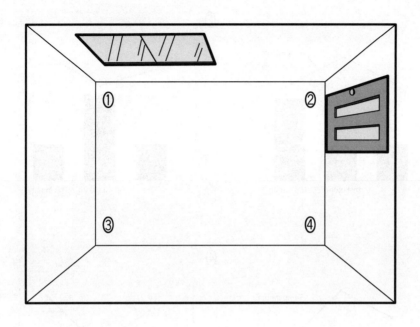

問10　今年の雨量や気温について話をしています。　10

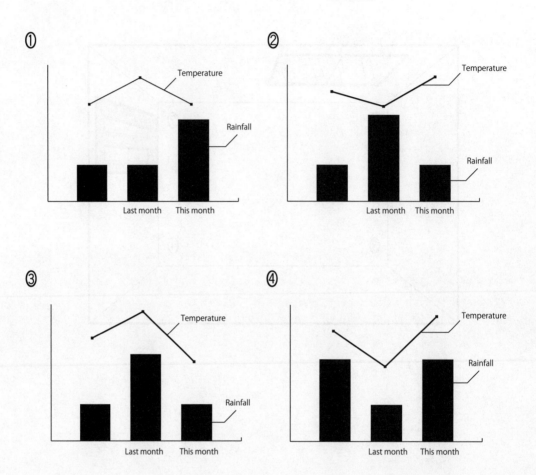

第5回　英語（リスニング）

問11　旅行先でどのアクティビティに参加するか話をしています。　11

①

②

③

④

これで第2問は終わりです。

第3問 (配点 18) 音声は1回流れます。

第3問は問12から問17までの6問です。それぞれの問いについて，対話の場面が日本語で書かれています。対話を聞き，問いの答えとして最も適切なものを，四つの選択肢 (① ～ ④) のうちから一つずつ選びなさい。(問いの英文は書かれています。)

問12 友人同士がロゴデザインについて話をしています。

What color are the speakers going to use for their logo? 12

① Black
② Orange
③ Red
④ Yellow

問13 飛行機で乗客同士が話をしています。

What will the man probably do? 13

① He'll go find his new seat.
② He'll sit next to the woman.
③ He'll switch to another topic.
④ He'll take another flight.

問14 日曜日の朝，起きて来たばかりの妻が夫に話しかけています。

What will the woman probably do next? 14

① Call the man a taxi.
② Get dressed.
③ Give a friend a ride.
④ Go to the airport.

— 12 —

第5回　英語（リスニング）

問15　男性が図書館のスタッフと話をしています。

What will the man do next?　15

① Borrow the same book.
② Make a library card.
③ Renew his student ID.
④ Return a book.

問16　教室で先生と George が話をしています。

What happened to George last Wednesday?　16

① He took the wrong train.
② He was absent from the class.
③ He was late for the class.
④ His bus was delayed.

問17　夫婦が見たい映画について話をしています。

Why does the woman NOT want to see Star Wars?　17

① She doesn't like it very much.
② She is too tired to watch a DVD.
③ She wants to go to the movies.
④ She watched it very recently.

これで第3問は終わりです。

— 13 —

第4問 （配点 12） 音声は1回流れます。

第4問はAとBの二つの部分に分かれています。

A　第4問Aは問18から問25の8問です。話を聞き，それぞれの問いの答えとして最も適切なものを，選択肢から選びなさい。**問題文と図表を読む時間が与えられた後，音声が流れます。**

問18～21　授業であなたにワークシートが配られました。グラフについて，先生の説明を聞き，四つの空欄 18 ～ 21 に入れるのに最も適切なものを，四つの選択肢（①～④）のうちから一つずつ選びなさい。

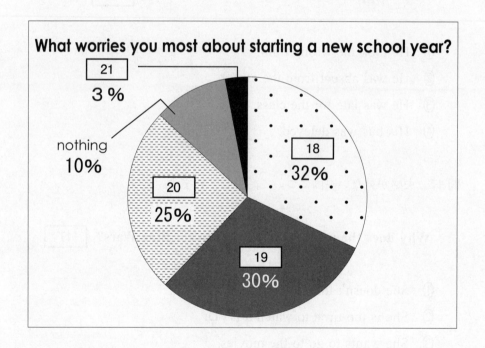

① Appearance
② Club activities
③ Making friends
④ Schoolwork

— 14 —

第5回　英語（リスニング）

問22〜25　あなたは，レンタルドレスのお店でアルバイトをしていて，レンタル料金についての説明を聞いています。話を聞き，下の表の四つの空欄 22 〜 25 に入れるのに最も適切なものを，五つの選択肢（① 〜 ⑤）のうちから一つずつ選びなさい。選択肢は2回以上使ってもかまいません。

		Options	Fee
Dress		Dress only	22
		Plus Bag + Shoes + Necklace	23
Dress + Hairstyling		Dress + Hairstyling only	24
		Plus Hair Accessory	25

① $200

② $250

③ $260

④ $300

⑤ $320

これで第4問Aは終わりです。

— 15 —

B 　第4問 **B** は問26の1問です。話を聞き，示された条件に最も合うものを，四つの選択肢 (① 〜 ④) のうちから一つ選びなさい。下の表を参考にしてメモを取ってもかまいません。**状況と条件を読む時間が与えられた後，音声が流れます。**

状況

あなたは，夏休みに短期留学をするための国を選ぶために，四人の留学担当者から説明を聞いています。

あなたが考えている条件

A．その国の伝統文化に広く触れられること

B．その国の学生と交流ができること

C．一か月以上の滞在が可能であること

	Countries	Condition A	Condition B	Condition C
①	Scotland			
②	United States			
③	Australia			
④	Canada			

問26 　[26] is the country you are most likely to choose.

① Scotland

② United States

③ Australia

④ Canada

これで第4問 **B** は終わりです。

— 16 —

第5回　英語（リスニング）

（下 書 き 用 紙）

英語（リスニング）の試験問題は次に続く。

— 17 —

第５問 （配点 15）音声は１回流れます。

第５問は問 27 から問 33 の７問です。

最初に講義を聞き，問 27 から問 32 に答えなさい。次に続きを聞き，問 33 に答えなさい。**状況・ワークシート，問い及び図表を読む時間が与えられた後，音声が流れます。**

状況

あなたはアメリカの大学で，自然災害と人間社会の関わりについての講義を，ワークシートにメモを取りながら聞いています。

ワークシート

○ **Change in the percentage of people affected by natural disasters**

in 1994: □ % of the population

| Number of people affected | = Overall result: | 27 |

in 2013: □ % of the population

○ **The effect of poverty on natural disasters**

Countries compared	Kind of disaster	Number of victims
Haiti vs. Chile	28	Haiti = 400 times 29 than Chile
Haiti vs. Dominican Republic	30	Haiti = 10 times 31 than D. Republic
Peru 1982 ～ & 1997 ～ vs. Peru 2014 ～	climate-related disasters	2014 ～ = far less than 1982 ～ & 1997 ～

— 18 —

第5回　英語（リスニング）

問27　ワークシートの空欄　27　に入れるのに最も適切なものを，六つの選択肢（①〜⑥）のうちから一つ選びなさい。

① an increase of 0.7 percent　　② a decrease of 0.7 percent

③ an increase of 1.7 percent　　④ a decrease of 1.7 percent

⑤ an increase of 2.7 percent　　⑥ a decrease of 2.7 percent

問28〜31　ワークシートの空欄　28　〜　31　に入れるのに最も適切なものを，四つの選択肢（①〜④）のうちから一つずつ選びなさい。選択肢は2回以上使ってもかまいません。

① climate-related disasters　　② earthquake

③ less　　④ more

問32　講義の内容と一致するものはどれか。最も適切なものを，四つの選択肢（①〜④）のうちから一つ選びなさい。　32

① Advancing technology will enable us to conquer natural disasters in the near future.

② Climate-related disasters are less serious than other natural disasters.

③ Human activities have mainly done damage to nature.

④ Humans have succeeded in reducing the damage caused by some natural disasters.

第5問はさらに続きます。

— 19 —

問33 講義の続きを聞き，下の図から読み取れる情報と講義全体の内容からどのようなことが言えるか，最も適切なものを，四つの選択肢（①〜④）のうちから一つ選びなさい。 33

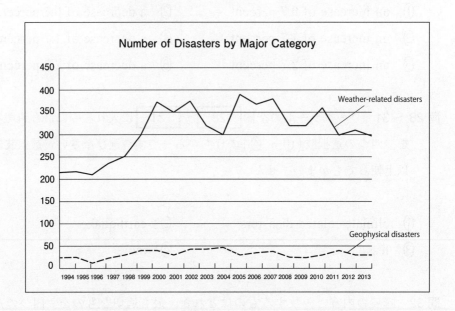

① Climate-related disasters will account for a larger number of natural disasters.
② More money should be spent on reducing the damage caused by natural disasters.
③ The number of geophysical disasters will surely decrease.
④ The number of victims of climate-related disasters will surely increase.

これで第5問は終わりです。

第5回　英語（リスニング）

（下書き用紙）

英語（リスニング）の試験問題は次に続く。

— 21 —

第6問 （配点 14） 音声は1回流れます。

第6問は **A** と **B** の二つの部分に分かれています。

A 　第6問 A は問34・問35 の2問です。二人の対話を聞き，それぞれの問いの答えとして最も適切なものを，四つの選択肢（①〜④）のうちから一つずつ選びなさい。（問いの英文は書かれています。）**状況と問いを読む時間が与えられた後，音声が流れます。**

状況

　Emily が Takeshi と就職活動の面接について話をしています。

問34　**What is Emily's main point?**　　34

① Nobody can tell if it's worth looking for a good job.

② Nobody knows how to improve their talking skills.

③ We all say things that aren't perfectly accurate.

④ We all tend to believe the things others say to us.

問35　**What does Takeshi believe everyone should do?**　　35

① Describe things accurately in job interviews.

② Have as many job interviews as possible.

③ Speak slowly and clearly in job interviews.

④ Spend enough time preparing for job interviews.

これで第6問 A は終わりです。

第5回　英語（リスニング）

（下 書 き 用 紙）

英語（リスニング）の試験問題は次に続く。

B 　第6問 **B** は問 36・問 37 の 2 問です。会話を聞き，それぞれの問いの答え
として最も適切なものを，選択肢のうちから一つずつ選びなさい。下の表を
参考にしてメモを取ってもかまいません。**状況と問いを読む時間が与えられ**
た後，音声が流れます。

状況

　四人の学生（Dominic，Kylie，George，Ella）が将来，すべての車が電気
自動車になるかどうかについて意見交換をしています。

Dominic	
Kylie	
George	
Ella	

問 36　会話が終わった時点で，すべての車が電気自動車になるだろうと**感じた人**
　　　は四人のうち何人でしたか。四つの選択肢 $\left(\text{①} \sim \text{④}\right)$ のうちから一つ選びな
　　　さい。　36

　　① 　1人
　　② 　2人
　　③ 　3人
　　④ 　4人

― 24 ―

第5回　英語（リスニング）

問37　会話を踏まえて，Kylieの意見を最もよく表している図表を，四つの選択肢（①〜④）のうちから一つ選びなさい。 37

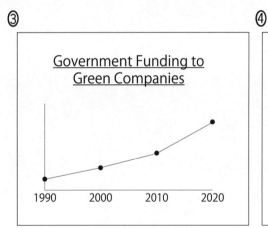

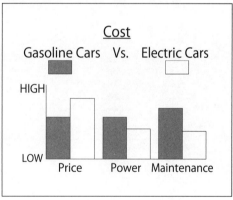

これで第6問Bは終わりです。

'23
本試験問題

2023年度
大学入学共通テスト
本試験

英語(リスニング)

(100点　30分)

🔊 通し音声：2023 本試験リスニング問題 （06_2024jissen_listening.mp3）

設問別音声一覧（コンテンツ名称：2024 実戦問題集 _ 英語リスニング 06）

問　題	内　容	ファイル名 冒頭番号*	問　題	内　容	ファイル名 冒頭番号
表題・注意事項		06_01		日本語指示文	06_16
第1問A	日本語指示文	06_02	第3問	問12	06_17
	問1	06_03		問13	06_18
	問2	06_04		問14	06_19
	問3	06_05		問15	06_20
	問4	06_06		問16	06_21
第1問B	日本語指示文	06_07		問17	06_22
	問5	06_08	第4問A	日本語指示文	06_23
	問6	06_09		問18 － 21	06_24
	問7	06_10		日本語指示文	06_25
第2問	日本語指示文	06_11		問22 － 25	06_26
	問8	06_12	第4問B	日本語指示文	06_27
	問9	06_13		問26	06_28
	問10	06_14	第5問	日本語指示文	06_29
	問11	06_15		問27 － 32	06_30
				問33	06_31
			第6問A	日本語指示文	06_32
				問34 － 35	06_33
			第6問B	日本語指示文	06_34
				問36 － 37	06_35

＊ファイル名冒頭番号は，各ファイル名の以下の
　太字部分を示しています。

06_01_2024jissen_listening.mp3

英　　語（リスニング）

$\left(\text{解答番号}\ \boxed{1}\ \sim\ \boxed{37}\ \right)$

第1問　（配点　25）　音声は2回流れます。

第1問はAとBの二つの部分に分かれています。

A　　第1問Aは問1から問4までの4問です。英語を聞き，それぞれの内容と最もよく合っているものを，四つの選択肢（①〜④）のうちから一つずつ選びなさい。

問1　　$\boxed{1}$

① The speaker is asking Sam to shut the door.

② The speaker is asking Sam to turn on the TV.

③ The speaker is going to open the door right now.

④ The speaker is going to watch TV while working.

問2　　$\boxed{2}$

① The speaker finished cleaning the bowl.

② The speaker finished washing the pan.

③ The speaker is cleaning the pan now.

④ The speaker is washing the bowl now.

—2—

2023 本試 英語 (リスニング)

問 3　　3

① The speaker received a postcard from her uncle.

② The speaker sent the postcard to her uncle in Canada.

③ The speaker's uncle forgot to send the postcard.

④ The speaker's uncle got a postcard from Canada.

問 4　　4

① There are fewer than 20 students in the classroom right now.

② There are 22 students in the classroom right now.

③ There will be just 18 students in the classroom later.

④ There will be more than 20 students in the classroom later.

これで第1問Aは終わりです。

B 第1問Bは問5から問7までの3問です。英語を聞き，それぞれの内容と最もよく合っている絵を，四つの選択肢(①〜④)のうちから一つずつ選びなさい。

問5 5

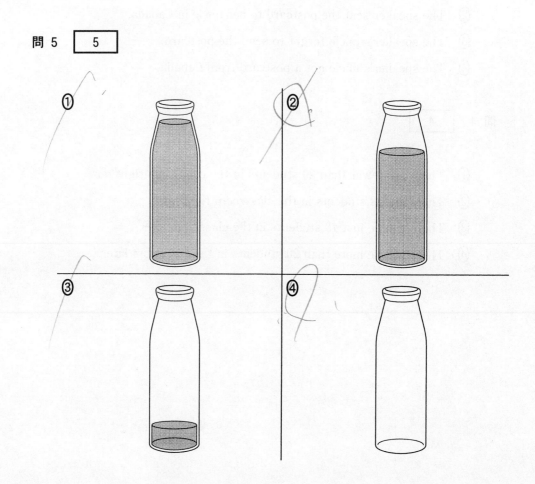

2023 本試 英語（リスニング）

問6 ☐ 6 ☐

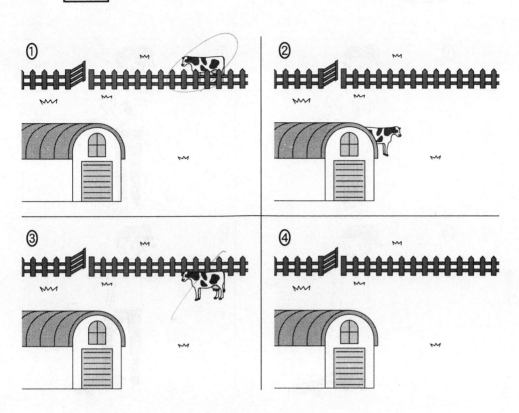

問7 7

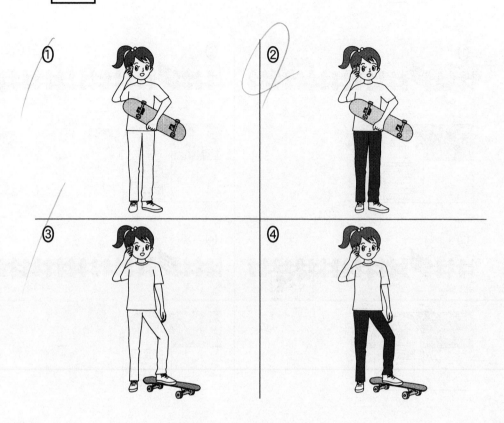

これで第1問Bは終わりです。

2023 本試 英語（リスニング）

（下書き用紙）

英語（リスニング）の試験問題は次に続く。

第2問 (配点 16) **音声は2回流れます。**

第2問は問8から問11までの4問です。それぞれの問いについて，対話の場面が日本語で書かれています。対話とそれについての問いを聞き，その答えとして最も適切なものを，四つの選択肢（①〜④）のうちから一つずつ選びなさい。

問 8　バーチャルイベントで，友人同士のプロフィール画像（avatar）を当てあっています。　8

問 9 ホームパーティーの後で，ゴミの分別をしています。 9

問10　靴屋で，店員と客が会話をしています。　10

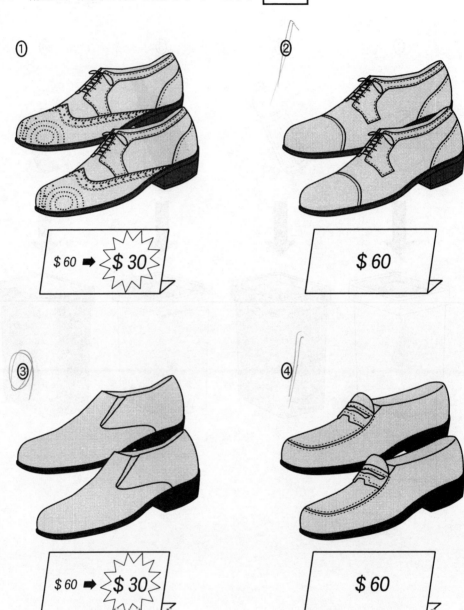

問11 友人同士が，野球場の案内図を見ながら，待ち合わせ場所を決めています。
11

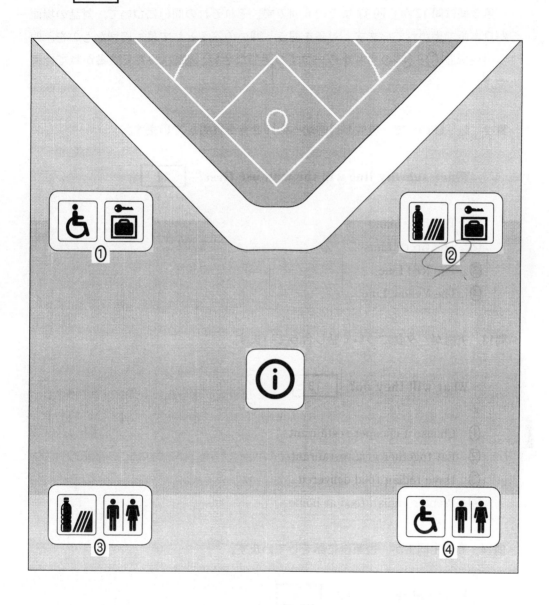

これで第2問は終わりです。

第 3 問 (配点 18) 音声は 1 回流れます。

第 3 問は問 12 から問 17 までの 6 問です。それぞれの問いについて，対話の場面が日本語で書かれています。対話を聞き，問いの答えとして最も適切なものを，四つの選択肢 ①～④ のうちから一つずつ選びなさい。(問いの英文は書かれています。)

問12 地下鉄の駅で，男性が目的地への行き方を質問しています。

Which subway line will the man use first? 　12

① The Blue Line
② The Green Line
③ The Red Line
④ The Yellow Line

問13 夫婦が，夕食について話し合っています。

What will they do? 　13

① Choose a cheaper restaurant
② Eat together at a restaurant
③ Have Indian food delivered
④ Prepare Indian food at home

問14 高校生同士が，授業後に話をしています。

What did the boy do? 　14

① He checked his dictionary in class.
② He left his backpack at his home.
③ He took his backpack to the office.
④ He used his dictionary on the bus.

— 12 —

2023 本試 英語 (リスニング)

問15 寮のパーティーで，先輩と新入生が話をしています。

What is true about the new student? 15

① He grew up in England.
② He is just visiting London.
③ He is studying in Germany.
④ He was born in the UK.

問16 同僚同士が話をしています。

What will the man do? 16

① Buy some medicine at the drugstore
② Drop by the clinic on his way home
③ Keep working and take some medicine
④ Take the allergy pills he already has

問17 友人同士が，ペットについて話をしています。

What is the man going to do? 17

① Adopt a cat
② Adopt a dog
③ Buy a cat
④ Buy a dog

これで第3問は終わりです。

— 13 —

第4問 (配点 12) 音声は1回流れます。

第4問はAとBの二つの部分に分かれています。

A 　第4問Aは問18から問25までの8問です。話を聞き，それぞれの問いの答えとして最も適切なものを，選択肢から選びなさい。**問題文と図表を読む時間が与えられた後，音声が流れます。**

問18～21　あなたは，大学の授業で配られたワークシートのグラフを完成させようとしています。先生の説明を聞き，四つの空欄 18 ～ 21 に入れるのに最も適切なものを，四つの選択肢 (①～④) のうちから一つずつ選びなさい。

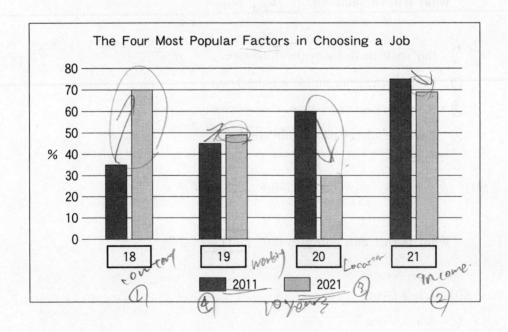

① Content of work
② Income
③ Location
④ Working hours

— 14 —

2023 本試 英語 (リスニング)

問22〜25　あなたは，自宅のパソコンから，ゲームの国際大会にオンラインで参加

しています。結果と賞品に関する主催者の話を聞き，次の表の四つの空欄

22 〜 25 に入れるのに最も適切なものを，六つの選択肢(①〜⑥)の

うちから一つずつ選びなさい。選択肢は2回以上使ってもかまいません。

International Game Competition: Summary of the Results

Teams	Stage A	Stage B	Final Rank	Prize
Dark Dragons	3rd	3rd	4th	22
Elegant Eagles	1st	2nd	1st	23
Shocking Sharks	4th	1st	2nd	24
Warrior Wolves	2nd	4th	3rd	25

① Game

② Medal

③ Trophy

④ Game, Medal

⑤ Game, Trophy

⑥ Medal, Trophy

これで第4問Aは終わりです。

— 15 —

B 　第4問**B**は問26の1問です。話を聞き，示された条件に最も合うものを，四つの選択肢(①~④)のうちから一つ選びなさい。後の表を参考にしてメモを取ってもかまいません。**状況と条件を読む時間が与えられた後，音声が流れます。**

状況

あなたは，交換留学先の高校で，生徒会の会長選挙の前に，四人の会長候補者の演説を聞いています。

あなたが考えている条件

A. 全校生徒のための行事を増やすこと

B. 学校の食堂にベジタリアン向けのメニューを増やすこと

C. コンピューター室を使える時間を増やすこと

Candidates	Condition A	Condition B	Condition C
① Charlie	O	X	O
② Jun	X	O	O
③ Nancy	O	X	O
④ Philip	O	O	O

問26　| 26 |　is the candidate you are most likely to choose.

① Charlie

② Jun

③ Nancy

④ Philip

これで第4問Bは終わりです。

2023 本試 英語 (リスニング)

（下 書 き 用 紙）

英語（リスニング）の試験問題は次に続く。

第5問 (配点 15) 音声は1回流れます。

第5問は問27から問33までの7問です。

最初に講義を聞き，問27から問32に答えなさい。次に続きを聞き，問33に答えなさい。状況，ワークシート，問い及び図表を読む時間が与えられた後，音声が流れます。

状況

あなたは大学で，アジアゾウに関する講義を，ワークシートにメモを取りながら聞いています。

ワークシート

Asian Elephants

◇ **General Information**

- Size:　　　　　　　Largest land animal in Asia
- Habitats:　　　　　South and Southeast Asia
- Characteristics:　　〔　**27**　〕

◇ **Threats to Elephants**

Threat 1: Illegal Commercial Activities

- using elephant body parts for

　accessories, 　**28**　, medicine
- capturing live elephants for 　**29**

Threat 2: Habitat Loss Due to Land Development

- a decrease in elephant 　**30**　 interaction
- an increase in human and elephant 　**31**

— 18 —

2023 本試 英語（リスニング）

問27 ワークシートの空欄 27 に入れるのに最も適切なものを，四つの選択肢
（①～④）のうちから一つ選びなさい。

① Aggressive and strong
② Cooperative and smart
③ Friendly and calm
④ Independent and intelligent

問28～31 ワークシートの空欄 28 ～ 31 に入れるのに最も適切なもの
を，六つの選択肢（①～⑥）のうちから一つずつ選びなさい。選択肢は2回以上
使ってもかまいません。

① clothing   ② cosmetics   ③ deaths
④ friendship   ⑤ group   ⑥ performances

問32 講義の内容と一致するものはどれか。最も適切なものを，四つの選択肢
（①～④）のうちから一つ選びなさい。 32

① Efforts to stop illegal activities are effective in allowing humans to
   expand their housing projects.
② Encounters between different elephant groups are responsible for the
   decrease in agricultural development.
③ Helping humans and Asian elephants live together is a key to preserving
   elephants' lives and habitats.
④ Listing the Asian elephant as an endangered species is a way to solve
   environmental problems.

第5問はさらに続きます。

— 19 —

問33 グループの発表を聞き，次の図から読み取れる情報と講義全体の内容からどのようなことが言えるか，最も適切なものを，四つの選択肢(①〜④)のうちから一つ選びなさい。 33

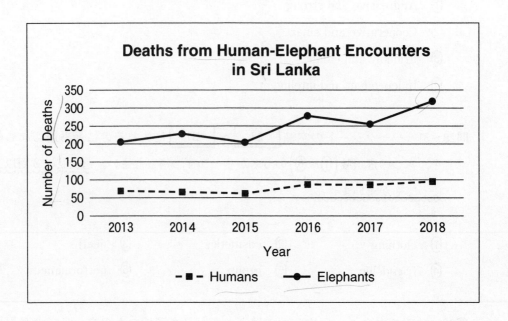

① Efforts to protect endangered animals have increased the number of elephants in Sri Lanka.
② Monitoring illegal activities in Sri Lanka has been effective in eliminating elephant deaths.
③ Sri Lanka has not seen an increase in the number of elephants that have died due to human-elephant encounters.
④ Steps taken to protect elephants have not produced the desired results in Sri Lanka yet.

これで第5問は終わりです。

2023 本試 英語（リスニング）

（下書き用紙）

英語（リスニング）の試験問題は次に続く。

第6問 (配点 14) 音声は1回流れます。

第6問はAとBの二つの部分に分かれています。

A 第6問Aは問34・問35の2問です。二人の対話を聞き，それぞれの問いの答えとして最も適切なものを，四つの選択肢(①~④)のうちから一つずつ選びなさい。（問いの英文は書かれています。）状況と問いを読む時間が与えられた後，音声が流れます。

状況

David と母の Sue が，ハイキングについて話をしています。

問34 **Which statement would David agree with the most?** 34

① Enjoyable hiking requires walking a long distance.
② Going on a group hike gives you a sense of achievement.
③ Hiking alone is convenient because you can choose when to go.
④ Hiking is often difficult because nobody helps you.

問35 **Which statement best describes Sue's opinion about hiking alone by the end of the conversation?** 35

① It is acceptable.
② It is creative.
③ It is fantastic.
④ It is ridiculous.

これで第6問Aは終わりです。

— 22 —

2023 本試 英語 (リスニング)

（下 書 き 用 紙）

英語（リスニング）の試験問題は次に続く。

B 　第6問Bは問36・問37の2問です。会話を聞き，それぞれの問いの答えとして最も適切なものを，選択肢のうちから一つずつ選びなさい。後の表を参考にしてメモを取ってもかまいません。**状況と問いを読む時間が与えられた後，音声が流れます。**

状況

寮に住む四人の学生(Mary, Jimmy, Lisa, Kota)が，就職後に住む場所について話し合っています。

Mary	9
Jimmy	0
Lisa	X
Kota	X

問36　会話が終わった時点で，**街の中心部に住むことに決めた人**を，四つの選択肢(①~④)のうちから一つ選びなさい。　36

① Jimmy
② Lisa
③ Jimmy, Mary
④ Kota, Mary

— 24 —

問37 会話を踏まえて，Lisa の考えの根拠となる図表を，四つの選択肢(①~④)のうちから一つ選びなさい。 37

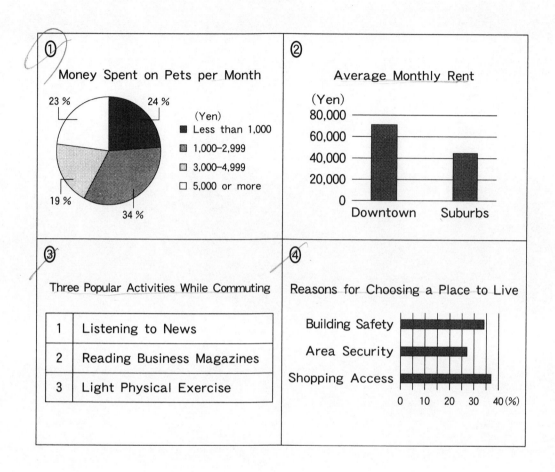

2022年度

大学入学共通テスト

本試験

'22
本試験問題

英語(リスニング)

（100点　30分）

🔊 通し音声：2022 本試験リスニング問題　（07_2024jissen_listening.mp3）

設問別音声一覧（コンテンツ名称：2024 実戦問題集 _ 英語リスニング 07）

問　題	内　容	ファイル名 冒頭番号*	問　題	内　容	ファイル名 冒頭番号
表題・注意事項		07_01		日本語指示文	07_16
第1問A	日本語指示文	07_02	第3問	問12	07_17
	問1	07_03		問13	07_18
	問2	07_04		問14	07_19
	問3	07_05		問15	07_20
	問4	07_06		問16	07_21
第1問B	日本語指示文	07_07		問17	07_22
	問5	07_08	第4問A	日本語指示文	07_23
	問6	07_09		問18－21	07_24
	問7	07_10		日本語指示文	07_25
第2問	日本語指示文	07_11		問22－25	07_26
	問8	07_12	第4問B	日本語指示文	07_27
	問9	07_13		問26	07_28
	問10	07_14	第5問	日本語指示文	07_29
	問11	07_15		問27－32	07_30
				問33	07_31
			第6問A	日本語指示文	07_32
				問34－35	07_33
			第6問B	日本語指示文	07_34
				問36－37	07_35

＊ファイル名冒頭番号は，各ファイル名の以下の
太字部分を示しています。

07_01_2024jissen_listening.mp3

英　語（リスニング）

（解答番号　1 ～ 37 ）

第 1 問 （配点　25）　音声は 2 回流れます。

第 1 問は**A**と**B**の二つの部分に分かれています。

A　第 1 問**A**は問 1 から問 4 までの 4 問です。英語を聞き，それぞれの内容と最もよく合っているものを，四つの選択肢（①~④）のうちから一つずつ選びなさい。

問 1　1

① The speaker couldn't find a seat on the bus.

② The speaker didn't see anybody on the bus.

③ The speaker got a seat on the bus.

④ The speaker saw many people on the bus.

問 2　2

① The speaker will ask Susan to go back.

② The speaker will go and get his phone.

③ The speaker will leave his phone.

④ The speaker will wait for Susan.

—2—

2022 本試 英語（リスニング）

問 3　　3

① The speaker found his suitcase in London.

② The speaker has a map of London.

③ The speaker lost his suitcase in London.

④ The speaker needs to buy a map of London.

問 4　　4

① Claire cannot meet Thomas for lunch this Friday.

② Claire hardly ever has lunch with Thomas on Fridays.

③ Claire usually doesn't see Thomas on Fridays.

④ Claire will eat lunch with Thomas this Friday.

これで第1問Aは終わりです。

B 第1問Bは問5から問7までの3問です。英語を聞き，それぞれの内容と最もよく合っている絵を，四つの選択肢(①~④)のうちから一つずつ選びなさい。

問5 5

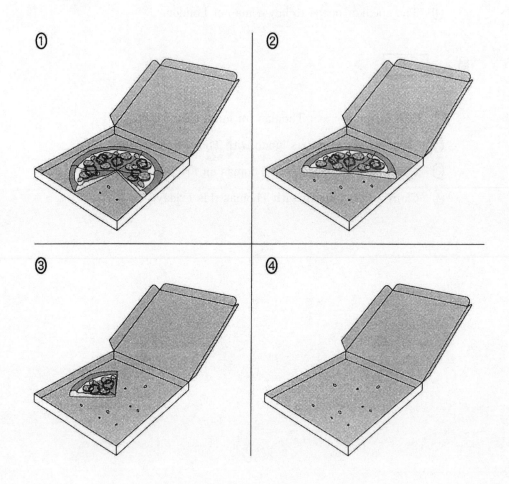

問 6　　6

問7 7

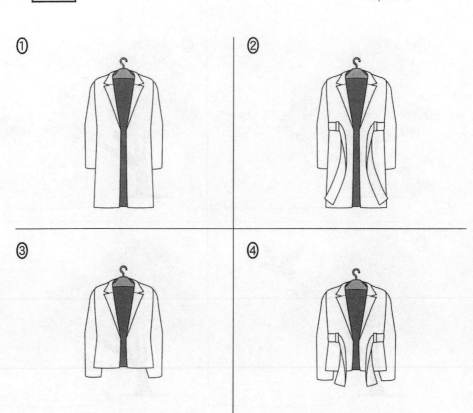

これで第1問Bは終わりです。

2022 本試 英語（リスニング）

（下 書 き 用 紙）

英語（リスニング）の試験問題は次に続く。

第2問 (配点 16) 音声は2回流れます。

　第2問は問8から問11までの4問です。それぞれの問いについて，対話の場面が日本語で書かれています。対話とそれについての問いを聞き，その答えとして最も適切なものを，四つの選択肢(①〜④)のうちから一つずつ選びなさい。

問8　部屋の片づけをしています。　8

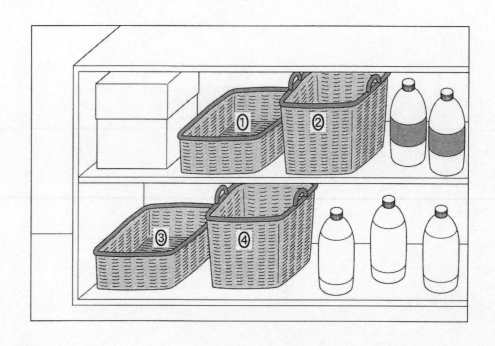

— 8 —

2022 本試 英語（リスニング）

問 9　店員が，客から注文を受けています。　　9

①

②

③

④

— 9 —

問10 息子が，母親にシャツの取り扱い表示について尋ねています。　10

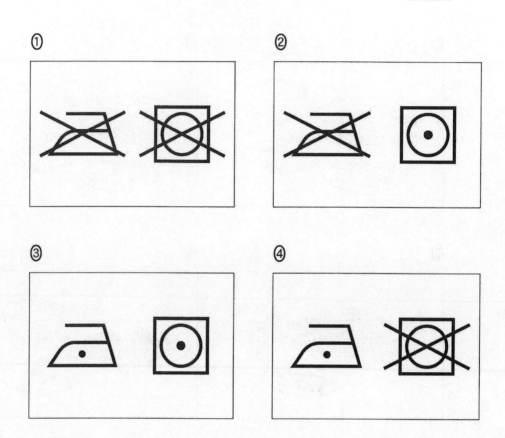

問11 映画館のシートマップを見ながら座席を決めています。 11

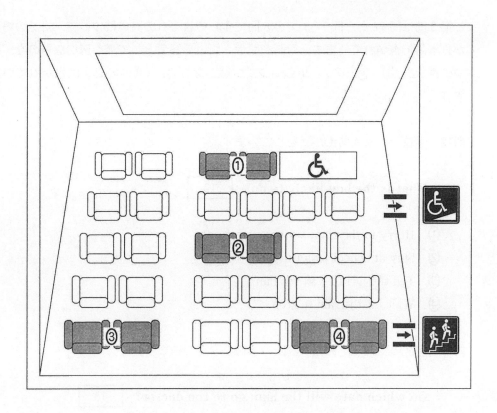

これで第2問は終わりです。

第3問 (配点 18) 音声は1回流れます。

第3問は問12から問17までの6問です。それぞれの問いについて，対話の場面が日本語で書かれています。対話を聞き，問いの答えとして最も適切なものを，四つの選択肢(①~④)のうちから一つずつ選びなさい。(問いの英文は書かれています。)

問12 学校で，友人同士が話をしています。

What is the boy likely to do? ☐ 12

① Hurry to the train station
② Stay at school with the girl
③ Tell the girl to wait for him
④ Wait for the rain to stop

問13 病院の受付で，男性が次回の予約を取っています。

On which date will the man go to the doctor? ☐ 13

① March 1st
② March 2nd
③ March 3rd
④ March 4th

問14 男性が女性と話をしています。

What is the man likely to do? ☐ 14

① Buy a shoulder bag with his sister
② Choose a birthday gift for his aunt
③ Find a store with his mother
④ Get a handbag for his mother

— 12 —

2022 本試 英語（リスニング）

問15　観光案内所で，観光客が質問をしています。

Why is the woman disappointed?　15

① American art is not on display.

② Asian art is not exhibited today.

③ The museum is now closed permanently.

④ The website is temporarily not working.

問16　コンピューターの前で，生徒同士が話をしています。

Why is the boy having a problem?　16

① He didn't enter a username.

② He didn't use the right password.

③ He forgot his password.

④ He mistyped his username.

問17　女性が男性と話をしています。

What does the man think about the concert?　17

① It should have lasted longer.

② It was as long as he expected.

③ The performance was rather poor.

④ The price could have been higher.

これで第3問は終わりです。

— 13 —

第４問 （配点 12） 音声は１回流れます。

第４問はＡとＢの二つの部分に分かれています。

A 第４問Ａは問18から問25までの８問です。話を聞き，それぞれの問いの答えとして最も適切なものを，選択肢から選びなさい。**問題文と図表を読む時間が与えられた後，音声が流れます。**

問18～21 友人が，子どもの頃のクリスマスの思い出について話しています。話を聞き，その内容を表した四つのイラスト（①～④）を，出来事が起きた順番に並べなさい。 18 → 19 → 20 → 21

①

②

③

④

— 14 —

2022 本試 英語 (リスニング)

問22〜25　あなたは，留学先で，集めた衣類などを整理して福祉施設に送るボランティア活動に参加しています。話を聞き，次の表の四つの空欄 | 22 | 〜 | 25 | に入れるのに最も適切なものを，五つの選択肢 (①〜⑤) のうちから一つずつ選びなさい。選択肢は 2 回以上使ってもかまいません。

Collected Items

Item number	Category	Item	Box number
0001	Men's	down jacket	22
0002	Men's	belt	23
0003	Women's	ski wear	24
0004	Boys'	ski wear	25
0005	Girls'	coat	
0006	Men's	cotton sweater	

① Box 1
② Box 2
③ Box 3
④ Box 4
⑤ Box 5

これで第 4 問 A は終わりです。

— 15 —

B　第4問Bは問26の1問です。話を聞き，示された条件に最も合うものを，四つの選択肢(①〜④)のうちから一つ選びなさい。後の表を参考にしてメモを取ってもかまいません。**状況と条件を読む時間が与えられた後，音声が流れます。**

状況

あなたは，来月の読書会で読む本を一冊決めるために，四人のメンバーが推薦する本の説明を聞いています。

あなたが考えている条件

　A．長さが250ページを超えないこと

　B．過去1年以内に出版されていること

　C．ノンフィクションで，実在の人物を扱っていること

	Book titles	Condition A	Condition B	Condition C
①	*Exploring Space and Beyond*			
②	*Farming as a Family*			
③	*My Life as a Pop Star*			
④	*Winning at the Olympics*			

問26　| 26 |　is the book you are most likely to choose.

① *Exploring Space and Beyond*

② *Farming as a Family*

③ *My Life as a Pop Star*

④ *Winning at the Olympics*

これで第4問Bは終わりです。

— 16 —

2022 本試 英語（リスニング）

（下 書 き 用 紙）

英語（リスニング）の試験問題は次に続く。

— 17 —

第5問 (配点 15) 音声は1回流れます。

第5問は問27から問33までの7問です。

最初に講義を聞き，問27から問32に答えなさい。次に続きを聞き，問33に答えなさい。<u>状況，ワークシート，問い及び図表を読む時間が与えられた後，音声が流れます。</u>

<u>状況</u>
あなたは大学で，働き方についての講義を，ワークシートにメモを取りながら聞いています。

ワークシート

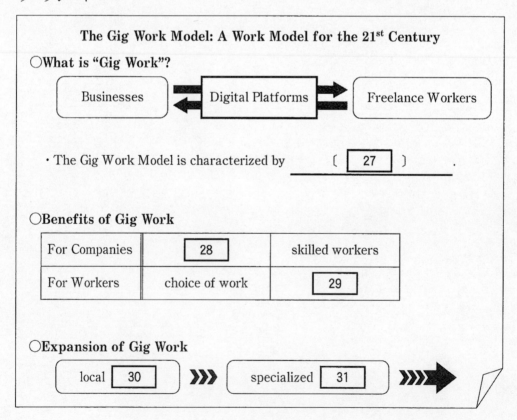

2022 本試 英語（リスニング）

問27　ワークシートの空欄　27　に入れるのに最も適切なものを，四つの選択肢
(①~④)のうちから一つ選びなさい。

① individual tasks that must be completed for a regular salary

② job opportunities that are open for digital platform developers

③ temporary work that is done by independent workers

④ work styles that are not determined by the period of contract

問28~31　ワークシートの空欄　28　~　31　に入れるのに最も適切なもの
を，六つの選択肢(①~⑥)のうちから一つずつ選びなさい。選択肢は2回以上
使ってもかまいません。

① advertising　　　② flexible hours　　　③ lower expenses

④ project work　　　⑤ service jobs　　　⑥ stable income

問32　講義の内容と一致するものはどれか。最も適切なものを，四つの選択肢
(①~④)のうちから一つ選びなさい。　32

① Companies can develop more skilled workers through permanent employment.

② Gig workers sacrifice their work-life balance to guarantee additional income.

③ Lack of contracts is the main obstacle in connecting companies and workers.

④ The gig work model is driving new discussion on how society views jobs.

第5問はさらに続きます。

— 19 —

問33 講義の続きを聞き，**次の図から読み取れる情報と講義全体の内容から**どのようなことが言えるか，最も適切なものを，四つの選択肢(①〜④)のうちから一つ選びなさい。 33

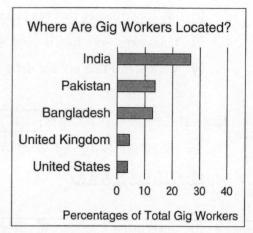

① A majority of gig workers in South Asian countries are highly specialized.

② Canada and the United States are competing for online platform services.

③ Global demand for gig work is greater than the number of employees available.

④ The ease of hiring workers across international borders is a benefit of gig work.

これで第5問は終わりです。

2022 本試 英語（リスニング）

（下 書 き 用 紙）

英語（リスニング）の試験問題は次に続く。

第6問 (配点 14) **音声は1回流れます。**

第6問はAとBの二つの部分に分かれています。

A 第6問Aは問34・問35の2問です。二人の対話を聞き，それぞれの問いの答えとして最も適切なものを，四つの選択肢(①~④)のうちから一つずつ選びなさい。(問いの英文は書かれています。) **状況と問いを読む時間が与えられた後，音声が流れます。**

状況

Julia が，Tom と料理について話をしています。

問34 **What is Tom's main point?** 34

① Certain dishes are difficult to make.

② Imagination is an important part of cooking.

③ Some ingredients are essential for flavor.

④ Successful recipes include many steps.

問35 **What does Julia think about cooking?** 35

① Cooking creatively is more fun than following a recipe.

② Cooking with feeling is the highest priority.

③ It is easy to make a mistake with measurements.

④ Preparing food requires clear directions.

これで第6問Aは終わりです。

— 22 —

2022 本試 英語（リスニング）

（下 書 き 用 紙）

英語（リスニング）の試験問題は次に続く。

B 　第6問Bは問36・問37の2問です。会話を聞き，それぞれの問いの答えとして最も適切なものを，選択肢のうちから一つずつ選びなさい。後の表を参考にしてメモを取ってもかまいません。**状況と問いを読む時間が与えられた後，音声が流れます。**

状況

　旅先で，四人の学生 (Anne, Brian, Donna, Hiro) が，通りかかった店の前で話しています。

Anne	
Brian	
Donna	
Hiro	

問36　四人のうちエコツーリズムに**賛成している**のは何人ですか。四つの選択肢(①～④)のうちから一つ選びなさい。　| 36 |

① 1人
② 2人
③ 3人
④ 4人

— 24 —

問37 会話を踏まえて，Brian の考えの根拠となる図表を，四つの選択肢(①〜④)のうちから一つ選びなさい。 37

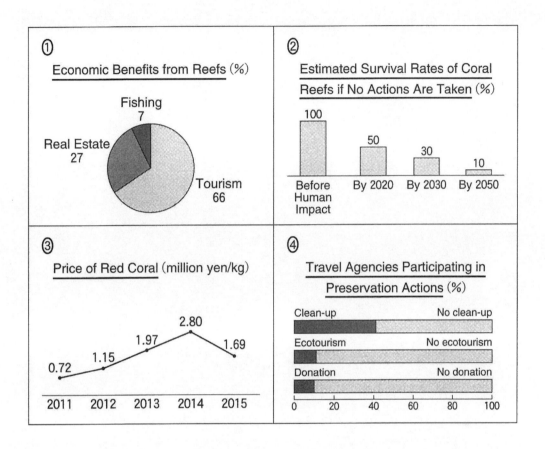

2021年度

大学入学共通テスト

第1日程

英語(リスニング)

(100点　30分)

'21
第
1
日
程
問
題

🔊 通し音声：2021 第1日程リスニング問題（08_2024jissen_listening.mp3）

設問別音声一覧（コンテンツ名称：2024 実戦問題集 _ 英語リスニング 08）

問　題	内　容	ファイル名 冒頭番号*	問　題	内　容	ファイル名 冒頭番号
表題・注意事項		08_01		日本語指示文	08_16
第1問A	日本語指示文	08_02	第3問	問12	08_17
	問1	08_03		問13	08_18
	問2	08_04		問14	08_19
	問3	08_05		問15	08_20
	問4	08_06		問16	08_21
第1問B	日本語指示文	08_07		問17	08_22
	問5	08_08	第4問A	日本語指示文	08_23
	問6	08_09		問18－21	08_24
	問7	08_10		日本語指示文	08_25
第2問	日本語指示文	08_11		問22－25	08_26
	問8	08_12	第4問B	日本語指示文	08_27
	問9	08_13		問26	08_28
	問10	08_14	第5問	日本語指示文	08_29
	問11	08_15		問27－32	08_30
				問33	08_31
			第6問A	日本語指示文	08_32
				問34－35	08_33
			第6問B	日本語指示文	08_34
				問36－37	08_35

＊ファイル名冒頭番号は，各ファイル名の以下の
太字部分を示しています。

08_01_2024jissen_listening.mp3

英　語（リスニング）

（解答番号 1 ～ 37 ）

第1問 （配点 25） 音声は2回流れます。

第1問はAとBの二つの部分に分かれています。

A 　第1問Aは問1から問4までの4問です。英語を聞き，それぞれの内容と最もよく合っているものを，四つの選択肢(①～④)のうちから一つずつ選びなさい。

問1 1

① The speaker does not want any juice.

② The speaker is asking for some juice.

③ The speaker is serving some juice.

④ The speaker will not drink any juice.

問2 2

① The speaker wants to find the beach.

② The speaker wants to know about the beach.

③ The speaker wants to see a map of the beach.

④ The speaker wants to visit the beach.

— 2 —

2021 第 1 日程 英語 (リスニング)

問 3 　3

　① Yuji is living in Chiba.

　② Yuji is studying in Chiba.

　③ Yuji will begin his job next week.

　④ Yuji will graduate next week.

問 4 　4

　① David gave the speaker ice cream today.

　② David got ice cream from the speaker today.

　③ David will get ice cream from the speaker today.

　④ David will give the speaker ice cream today.

これで第 1 問 A は終わりです。

B 第1問Bは問5から問7までの3問です。英語を聞き，それぞれの内容と最もよく合っている絵を，四つの選択肢(①〜④)のうちから一つずつ選びなさい。

問5　　5

問 6 6

①

②

③

④

問 7　7

①

②

③

④

これで第1問Bは終わりです。

2021 第 1 日程 英語（リスニング）

（下 書 き 用 紙）

リスニングの試験問題は次に続く。

第2問 (配点 16) 音声は2回流れます。

第2問は問8から問11までの4問です。それぞれの問いについて，対話の場面が日本語で書かれています。対話とそれについての問いを聞き，その答えとして最も適切なものを，四つの選択肢(①~④)のうちから一つずつ選びなさい。

問8 Mariaの水筒について話をしています。　8

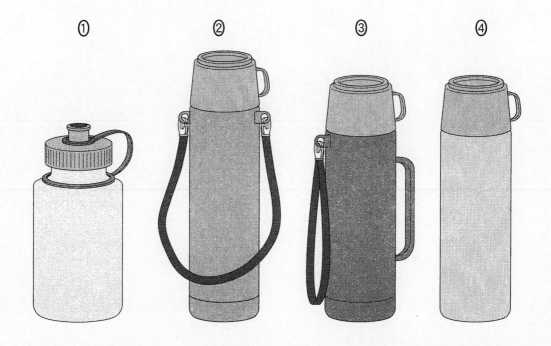

問 9 コンテストでどのロボットに投票するべきか，話をしています。 9

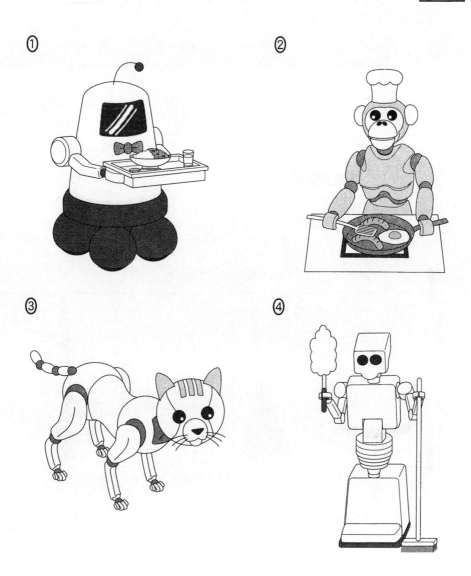

問10 父親が，夏の地域清掃に出かける娘と話をしています。 10

問11　車いすを使用している男性が駅員に質問をしています。　11

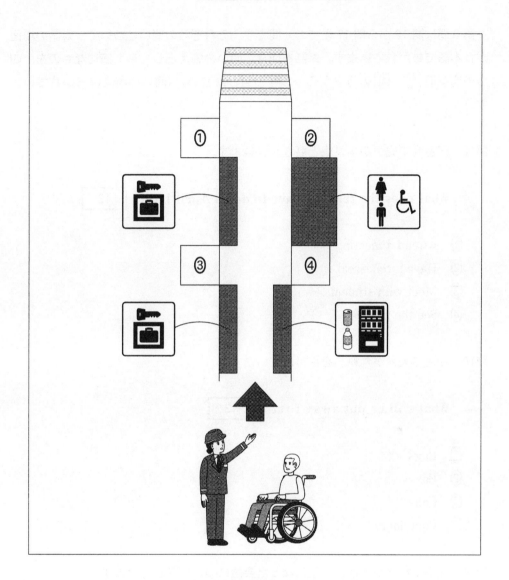

これで第2問は終わりです。

第3問 (配点 18) 音声は1回流れます。

第3問は問12から問17までの6問です。それぞれの問いについて，対話の場面が日本語で書かれています。対話を聞き，問いの答えとして最も適切なものを，四つの選択肢（①〜④）のうちから一つずつ選びなさい。（問いの英文は書かれています。）

問12 同窓会で先生が卒業生と話をしています。

What does the teacher have to do on April 14th? 　12

① Attend a meeting
② Have a rehearsal
③ Meet with students
④ See the musical

問13 台所で夫婦が食料品を片付けています。

What will be put away first? 　13

① Bags
② Boxes
③ Cans
④ Containers

問14 職場で女性が男性に中止になった会議について尋ねています。

Which is true according to the conversation? 　14

① The man didn't make a mistake with the email.
② The man sent the woman an email.
③ The woman didn't get an email from the man.
④ The woman received the wrong email.

— 12 —

2021 第 1 日程 英語（リスニング）

問15 イギリスにいる弟が，東京に住んでいる姉と電話で話をしています。

What does the woman think about her brother's plan? 　15

① He doesn't have to decide the time of his visit.

② He should come earlier for the cherry blossoms.

③ The cherry trees will be blooming when he comes.

④ The weather won't be so cold when he comes.

問16 友人同士が野球の試合のチケットについて話をしています。

Why is the man in a bad mood? 　16

① He couldn't get a ticket.

② He got a ticket too early.

③ The woman didn't get a ticket for him.

④ The woman got a ticket before he did.

問17 友人同士が通りを歩きながら話をしています。

What did the woman do? 　17

① She forgot the prime minister's name.

② She mistook a man for someone else.

③ She told the man the actor's name.

④ She watched an old movie recently.

これで第 3 問は終わりです。

— 13 —

第4問 (配点 12) 音声は1回流れます。

第4問はAとBの二つの部分に分かれています。

A 　第4問Aは問18から問25の8問です。話を聞き，それぞれの問いの答えとして最も適切なものを，選択肢から選びなさい。**問題文と図表を読む時間が与えられた後，音声が流れます。**

問18〜21　あなたは，授業で配られたワークシートのグラフを完成させようとしています。先生の説明を聞き，四つの空欄 18 〜 21 に入れるのに最も適切なものを，四つの選択肢 (①〜④) のうちから一つずつ選びなさい。

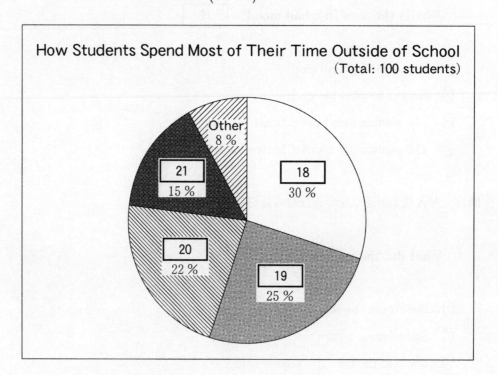

① Going out with friends
② Playing online games
③ Studying
④ Working part-time

— 14 —

2021 第 1 日程 英語 (リスニング)

問22〜25　あなたは，留学先のホストファミリーが経営している DVD ショップで手伝いをしていて，DVD の値下げについての説明を聞いています。話を聞き，下の表の四つの空欄 22 〜 25 に入れるのに最も適切なものを，五つの選択肢(①〜⑤)のうちから一つずつ選びなさい。選択肢は 2 回以上使ってもかまいません。

	Titles	Release date	Discount
	Gilbert's Year to Remember	1985	
★	Two Dogs and a Boy	1997	22
	Don't Forget Me in the Meantime	2003	23
★	A Monkey in My Garden	2007	24
	A Journey to Another World	2016	
	A Moment Frozen in a Memory	2019	25

① 10 %

② 20 %

③ 30 %

④ 40 %

⑤ no discount

これで第 4 問 A は終わりです。

— 15 —

B　第4問Bは問26の1問です。話を聞き，示された条件に最も合うものを，四つの選択肢 (①〜④) のうちから一つ選びなさい。下の表を参考にしてメモを取ってもかまいません。**状況と条件を読む時間が与えられた後，音声が流れます。**

状況

　あなたは，旅行先のニューヨークで見るミュージカルを一つ決めるために，四人の友人のアドバイスを聞いています。

あなたが考えている条件

　A．楽しく笑えるコメディーであること

　B．人気があること

　C．平日に公演があること

Musical titles	Condition A	Condition B	Condition C
① It's Really Funny You Should Say That!			
② My Darling, Don't Make Me Laugh			
③ Sam and Keith's Laugh Out Loud Adventure			
④ You Put the 'Fun' in Funny			

問26　"｜　26　｜" is the musical you are most likely to choose.

①　It's Really Funny You Should Say That!

②　My Darling, Don't Make Me Laugh

③　Sam and Keith's Laugh Out Loud Adventure

④　You Put the 'Fun' in Funny

これで第4問Bは終わりです。

2021 第 1 日程 英語（リスニング）

（下 書 き 用 紙）

リスニングの試験問題は次に続く。

— 17 —

第5問 (配点 15) 音声は1回流れます。

第5問は問27から問33の7問です。

最初に講義を聞き，問27から問32に答えなさい。次に続きを聞き，問33に答えなさい。状況・ワークシート，問い及び図表を読む時間が与えられた後，音声が流れます。

状況

あなたはアメリカの大学で，幸福観についての講義を，ワークシートにメモを取りながら聞いています。

ワークシート

○ **World Happiness Report**

・Purpose: To promote 〔 27 〕 happiness and well-being

・Scandinavian countries: Consistently happiest in the world (since 2012)

Why? ⇒ **"Hygge"** lifestyle in Denmark

⬇ spread around the world in 2016

○ **Interpretations of Hygge**

	Popular Image of Hygge	Real Hygge in Denmark
What	28	29
Where	30	31
How	special	ordinary

— 18 —

2021 第 1 日程 英語 (リスニング)

問27 ワークシートの空欄 | 27 | に入れるのに最も適切なものを，四つの選択肢
(①～④)のうちから一つ選びなさい。

① a sustainable development goal beyond

② a sustainable economy supporting

③ a sustainable natural environment for

④ a sustainable society challenging

問28～31 ワークシートの空欄 | 28 | ～ | 31 | に入れるのに最も適切なもの
を，六つの選択肢(①～⑥)のうちから一つずつ選びなさい。選択肢は2回以上
使ってもかまいません。

① goods   ② relationships   ③ tasks

④ everywhere   ⑤ indoors   ⑥ outdoors

問32 講義の内容と一致するものはどれか。最も適切なものを，四つの選択肢
(①～④)のうちから一つ選びなさい。 | 32 |

① Danish people are against high taxes to maintain a standard of living.

② Danish people spend less money on basic needs than on socializing.

③ Danish people's income is large enough to encourage a life of luxury.

④ Danish people's welfare system allows them to live meaningful lives.

第5問はさらに続きます。

— 19 —

問33 講義の続きを聞き，**下の図から読み取れる情報と講義全体の内容から**どのようなことが言えるか，最も適切なものを，四つの選択肢(①〜④)のうちから一つ選びなさい。 33

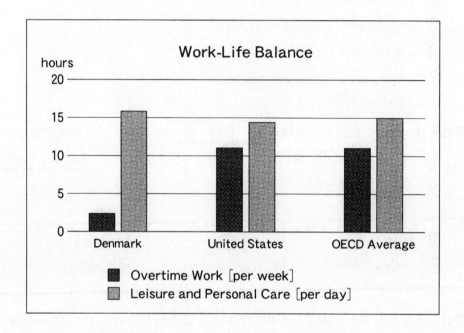

① People in Denmark do less overtime work while maintaining their productivity.
② People in Denmark enjoy working more, even though their income is guaranteed.
③ People in OECD countries are more productive because they work more overtime.
④ People in the US have an expensive lifestyle but the most time for leisure.

これで第5問は終わりです。

2021 第 1 日程 英語 (リスニング)

(下 書 き 用 紙)

リスニングの試験問題は次に続く。

— 21 —

第6問 （配点 14） 音声は1回流れます。

第6問はAとBの二つの部分に分かれています。

A 第6問Aは問34・問35の2問です。二人の対話を聞き，それぞれの問いの答えとして最も適切なものを，四つの選択肢（①～④）のうちから一つずつ選びなさい。（問いの英文は書かれています。）**状況と問いを読む時間が与えられた後，音声が流れます。**

状況

Jane が Sho とフランス留学について話をしています。

問34 **What is Jane's main point?** | 34 |

① A native French-speaking host family offers the best experience.

② Having a non-native dormitory roommate is more educational.

③ Living with a native speaker shouldn't be a priority.

④ The dormitory offers the best language experience.

問35 **What choice does Sho need to make?** | 35 |

① Whether to choose a language program or a culture program

② Whether to choose the study abroad program or not

③ Whether to stay with a host family or at the dormitory

④ Whether to stay with a native French-speaking family or not

---

これで第6問Aは終わりです。

2021 第 1 日程 英語 (リスニング)

(下 書 き 用 紙)

リスニングの試験問題は次に続く。

B 　第6問Bは問36・問37の2問です。会話を聞き，それぞれの問いの答えとして最も適切なものを，選択肢のうちから一つずつ選びなさい。下の表を参考にしてメモを取ってもかまいません。**状況と問いを読む時間が与えられた後，音声が流れます。**

状況

　四人の学生(Yasuko, Kate, Luke, Michael)が，店でもらうレシートについて意見交換をしています。

Yasuko	
Kate	
Luke	
Michael	

問36　会話が終わった時点で，レシートの電子化に**賛成した人**は四人のうち何人でしたか。四つの選択肢(①〜④)のうちから一つ選びなさい。　　36

① 1人
② 2人
③ 3人
④ 4人

— 24 —

問37 会話を踏まえて，Luke の意見を最もよく表している図表を，四つの選択肢（①〜④）のうちから一つ選びなさい。 37

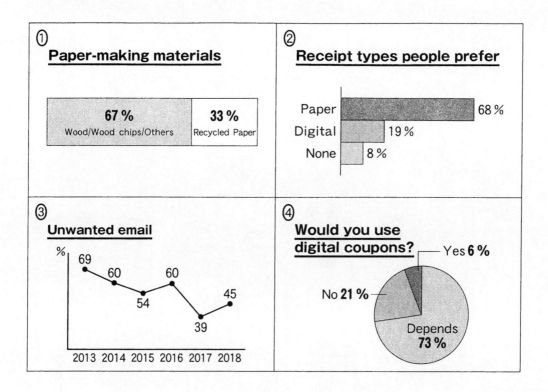

これで第６問Ｂは終わりです。

駿台文庫の共通テスト対策

過去問演習から本番直前総仕上げまで駿台文庫が共通テスト対策を強力サポート

2024共通テスト対策 実戦問題集

共通テストを徹底分析
「予想問題」+「過去問」をこの1冊で!

◆駿台オリジナル予想問題5回
◆2023年度共通テスト本試験問題
◆2022年度共通テスト本試験問題
◆2021年度共通テスト本試験問題(第1日程)
　　　　　　　　　　　　　　計8回収録

科目 <全19点>
- 英語リーディング
- 英語リスニング
- 数学Ⅰ・A
- 数学Ⅱ・B
- 国語
- 物理基礎
- 物理
- 化学基礎
- 化学
- 生物基礎
- 生物
- 地学基礎
- 世界史B
- 日本史B
- 地理B
- 現代社会
- 倫理
- 政治・経済
- 倫理,政治・経済

B5判／税込 各1,485円
※物理基礎・化学基礎・生物基礎・地学基礎は税込各1,100円

- ●駿台講師陣が総力をあげて作成。
- ●詳細な解答・解説は使いやすい別冊挿み込み。
- ●仕上げは、「直前チェック総整理」で弱点補強。
　（英語リスニングにはついておりません）
- ●『英語リスニング』の音声はダウンロード式(MP3ファイル)。
- ●『現代社会』は『政治・経済』『倫理,政治・経済』の一部と重複しています。

2024共通テスト 実戦パッケージ問題『青パック』

6教科全19点各1回分を、1パックに収録。

収録科目
- 英語リーディング
- 英語リスニング
- 数学Ⅰ・A
- 数学Ⅱ・B
- 国語
- 物理基礎
- 物理
- 化学基礎
- 化学
- 生物基礎
- 生物
- 地学基礎
- 世界史B
- 日本史B
- 地理B
- 現代社会
- 倫理
- 政治・経済
- 倫理,政治・経済

B5判／箱入り　税込1,540円

- ●共通テストのオリジナル予想問題。
- ●『英語リスニング』の音声はダウンロード式(MP3ファイル)。
- ●マークシート解答用紙・自己採点集計用紙付。
- ●わかりやすい詳細な解答・解説。

【短期攻略共通テスト対策シリーズ】

共通テスト対策の短期完成型問題集。
1ヵ月で完全攻略。　　　　※年度版ではありません。

●英語リーディング<改訂版>	2023年秋刊行予定	価格未定
●英語リスニング<改訂版>	刀祢雅彦編著	1,320円
●数学Ⅰ・A基礎編	吉川浩之・榎明夫共著	1,100円
●数学Ⅱ・B基礎編	吉川浩之・榎明夫共著	1,100円
●数学Ⅰ・A実戦編	榎明夫・吉川浩之共著	880円
●数学Ⅱ・B実戦編	榎明夫・吉川浩之共著	880円
●現代文	奥村・松本・小坂共著	1,100円
●古文	菅野三恵・柳田縁共著	935円
●漢文	久我昌則・水野正明共著	935円
●物理基礎	溝口真己著	935円
●物理	溝口真己著	1,100円
●化学基礎	三門恒雄著	770円
●化学	三門恒雄著	1,100円
●生物基礎	佐野(恵)・布施・佐野(芳)・指田・橋本共著	880円
●生物	佐野(恵)・布施・佐野(芳)・指田・橋本共著	1,100円
●地学基礎	小野雄一著	1,045円
●地学	小野雄一著	1,320円
●日本史B	福井紳一著	1,100円
●世界史B	川西・今西・小林共著	1,100円
●地理B	阿部恵伯・大久保史子共著	1,100円
●現代社会	清水雅博著	1,155円
●政治・経済	清水雅博著	1,155円
●倫理	村中和之著	1,155円
●倫理,政治・経済	村中和之・清水雅博共著	1,320円

A5判／税込価格は、上記の通りです。

駿台文庫株式会社

〒101-0062 東京都千代田区神田駿河台1-7-4　小畑ビル6階
TEL 03-5259-3301　FAX 03-5259-3006

https://www.sundaibunko.jp

駿台文庫のお薦め書籍

多くの受験生を合格へと導き，先輩から後輩へと受け継がれている駿台文庫の名著の数々。

システム英単語〈5訂版〉
システム英単語Basic〈5訂版〉
霜 康司・刀祢雅彦 共著
システム英単語 B6判 税込1,100円
システム英単語Basic B6判 税込1,100円

入試数学「実力強化」問題集
杉山義明 著 B5判 税込2,200円

英語 ドリルシリーズ
英作文基礎10題ドリル 竹岡広信 著 B5判 税込990円
英文法入門10題ドリル 田中健一 著 B5判 税込913円
英文法基礎10題ドリル 田中健一 著 B5判 税込990円
英文読解入門10題ドリル 田中健一 著 B5判 税込935円

国語 ドリルシリーズ
現代文読解基礎ドリル〈改訂版〉 池尻俊也 著 B5判 税込935円
現代文読解標準ドリル 池尻俊也 著 B5判 税込990円
古典文法10題ドリル〈古文基礎編〉 菅野三恵 著 B5判 税込935円
古典文法10題ドリル〈古文実戦編〉〈三訂版〉
　菅野三恵・福沢健・下屋敷雅暁 共著 B5判 税込990円
古典文法10題ドリル〈漢文編〉 斉京宣己・三宅崇広 共著 B5判 税込880円
漢字・語彙力ドリル 霜 栄 著 B5判 税込1,023円

生きる シリーズ
霜 栄 著
生きる漢字・語彙力〈三訂版〉 B6判 税込1,023円
生きる現代文キーワード〈増補改訂版〉 B6判 税込1,023円
共通テスト対応 生きる現代文 随筆・小説語句 B6判 税込770円

開発講座シリーズ
霜 栄 著
現代文 解答力の開発講座 NEW A5判 税込1,320円
現代文 読解力の開発講座〈新装版〉 A5判 税込1,100円
現代文 読解力の開発講座〈新装版〉オーディオブック 税込2,200円

国公立標準問題集CanPass（キャンパス）シリーズ
英語 山口玲児・高橋康弘 共著 A5判 税込990円
数学・I・A・II・B〈改訂版〉 桑畑信泰・古梶裕之 共著 A5判 税込1,210円
数学III〈改訂版〉 桑畑信泰・古梶裕之 共著 A5判 税込1,100円
現代文 清水正史・多田圭主朗 共著 A5判 税込990円
古典 白鳥永興・福田忍 共著 A5判 税込924円
物理基礎＋物理 溝口真己・椎名泰司 共著 A5判 税込1,210円
化学基礎＋化学 犬塚壮志 著 A5判 税込1,210円
生物基礎＋生物 波多野善崇 著 A5判 税込1,210円

東大入試詳解シリーズ〈第2版〉
25年 英語　25年 現代文　25年 化学　25年 世界史
20年 英語リスニング　25年 古典　25年 生物　25年 地理
25年 数学〈文科〉　20年 物理・上　25年 日本史
25年 数学〈理科〉　20年 物理・下

A5判（物理のみB5判） 全て税込2,530円
※2023年秋〈第3版〉刊行予定（物理・下は除く）

京大入試詳解シリーズ〈第2版〉
25年 英語　25年 現代文　25年 化学　20年 日本史
25年 数学〈文系〉　25年 古典　15年 生物　20年 世界史
25年 数学〈理系〉　25年 物理

A5判　各税込2,750円　生物は税込2,530円
※生物は第2版ではありません

2024- 駿台 大学入試完全対策シリーズ
大学・学部別

A5判／税込2,750～6,050円

【国立】
■北海道大学〈文系〉 前期
■北海道大学〈理系〉 前期
■東北大学〈文系〉 前期
■東北大学〈理系〉 前期
■東京大学〈文科〉 前期※
■東京大学〈理科〉 前期※
■一橋大学 前期
■東京工業大学 前期
■名古屋大学〈文系〉 前期
■名古屋大学〈理系〉 前期
■京都大学〈文系〉 前期
■京都大学〈理系〉 前期
■大阪大学〈文系〉 前期
■大阪大学〈理系〉 前期
■神戸大学〈文系〉 前期
■神戸大学〈理系〉 前期
■九州大学〈文系〉 前期
■九州大学〈理系〉 前期

【私立】
■早稲田大学 法学部
■早稲田大学 文化構想学部
■早稲田大学 文学部
■早稲田大学 教育学部-文系
■早稲田大学 商学部
■早稲田大学 社会科学部
■早稲田大学 基幹・創造・先進理工学部
■慶應義塾大学 法学部
■慶應義塾大学 経済学部
■慶應義塾大学 理工学部
■慶應義塾大学 医学部

※リスニングの音声はダウンロード式（MP3ファイル）

2024- 駿台 大学入試完全対策シリーズ
実戦模試演習

B5判／税込1,980～2,530円

■東京大学への英語※
■東京大学への数学
■東京大学への国語
■東京大学への理科(物理・化学・生物)
■東京大学への地理歴史
　(世界史B・日本史B・地理B)

■京都大学への英語
■京都大学への数学
■京都大学への国語
■京都大学への理科(物理・化学・生物)
■京都大学への地理歴史
　(世界史B・日本史B・地理B)
■大阪大学への英語※
■大阪大学への数学
■大阪大学への国語
■大阪大学への理科(物理・化学・生物)

※リスニングの音声はダウンロード式
　(MP3ファイル)

駿台文庫株式会社
〒101-0062 東京都千代田区神田駿河台1-7-4 小畑ビル6階
TEL 03-5259-3301　FAX 03-5259-3006
https://www.sundaibunko.jp

2024－駿台　大学入試完全対策シリーズ
大学入学共通テスト実戦問題集　英語リスニング

2023 年 7 月 6 日　2024 年版発行

編　　者　　　駿　台　文　庫
発　行　者　　　山　崎　良　子
印刷・製本　　　日経印刷株式会社

発　行　所　　　駿台文庫株式会社
〒 101-0062　東京都千代田区神田駿河台 1-7-4
小畑ビル内
TEL. 編集 03（5259）3302
販売 03（5259）3301
《共通テスト実戦・英語リスニング 456pp.》

Ⓒ Sundaibunko 2023
許可なく本書の一部または全部を，複製，複写，
デジタル化する等の行為を禁じます。
落丁・乱丁がございましたら，送料小社負担にて
お取り替えいたします。
ISBN978-4-7961-6442-9　Printed in Japan

駿台文庫 Web サイト
https://www.sundaibunko.jp

英語（リスニング）解答用紙

注意事項

1 訂正は、消しゴムできれいに消し、消しくずを残してはいけません。
2 所定欄以外にはマークしたり、記入したりしてはいけません。
3 汚したり、折りまげたりしてはいけません。

解答番号	1	2	3	4	5	6
1	①	②	③	④	⑤	⑥
2	①	②	③	④	⑤	⑥
3	①	②	③	④	⑤	⑥
4	①	②	③	④	⑤	⑥
5	①	②	③	④	⑤	⑥
6	①	②	③	④	⑤	⑥
7	①	②	③	④	⑤	⑥
8	①	②	③	④	⑤	⑥
9	①	②	③	④	⑤	⑥
10	①	②	③	④	⑤	⑥
11	①	②	③	④	⑤	⑥
12	①	②	③	④	⑤	⑥
13	①	②	③	④	⑤	⑥
14	①	②	③	④	⑤	⑥
15	①	②	③	④	⑤	⑥
16	①	②	③	④	⑤	⑥
17	①	②	③	④	⑤	⑥
18	①	②	③	④	⑤	⑥
19	①	②	③	④	⑤	⑥
20	①	②	③	④	⑤	⑥

解答番号	1	2	3	4	5	6
21	①	②	③	④	⑤	⑥
22	①	②	③	④	⑤	⑥
23	①	②	③	④	⑤	⑥
24	①	②	③	④	⑤	⑥
25	①	②	③	④	⑤	⑥
26	①	②	③	④	⑤	⑥
27	①	②	③	④	⑤	⑥
28	①	②	③	④	⑤	⑥
29	①	②	③	④	⑤	⑥
30	①	②	③	④	⑤	⑥
31	①	②	③	④	⑤	⑥
32	①	②	③	④	⑤	⑥
33	①	②	③	④	⑤	⑥
34	①	②	③	④	⑤	⑥
35	①	②	③	④	⑤	⑥
36	①	②	③	④	⑤	⑥
37	①	②	③	④	⑤	⑥

マーク例

良い例	悪い例
●	○ ⊘ ⊗ ◐ ○

① 受験番号を記入し、その下のマーク欄にマークしなさい。

受験番号欄	英字
千位 百位 十位 一位	英字

② 氏名・フリガナ、試験場コードを記入しなさい。

フリガナ	
氏 名	
試験場コード	十万位 万位 千位 百位 十位 一位

駿 台 文 庫

英語 (リスニング) 解答用紙

マーク例
良い例 ●
悪い例 ◑ ⊗ ◓ ◐ ○

① 受験番号を記入し、その下のマーク欄にマークしなさい。

受験番号欄

千位	百位	十位	一位	英字
	①	①	①	Ⓐ
②	②	②	②	Ⓑ
③	③	③	③	Ⓒ
④	④	④	④	Ⓗ
⑤	⑤	⑤	⑤	Ⓚ
⑥	⑥	⑥	⑥	Ⓜ
⑦	⑦	⑦	⑦	Ⓡ
⑧	⑧	⑧	⑧	Ⓤ
⑨	⑨	⑨	⑨	Ⓧ
	⓪	⓪	⓪	Ⓨ
				Ⓩ

② 氏名・フリガナ、試験場コードを記入しなさい。

フリガナ						
氏 名						
試験場コード	十万位	万位	千位	百位	十位	一位

注意事項

1 訂正は、消しゴムできれいに消し、消しくずを残してはいけません。

2 所定欄以外にはマークしたり、記入したりしてはいけません。

3 汚したり、折りまげたりしてはいけません。

解答欄

解答番号	解答欄
1	① ② ③ ④ ⑤ ⑥
2	① ② ③ ④ ⑤ ⑥
3	① ② ③ ④ ⑤ ⑥
4	① ② ③ ④ ⑤ ⑥
5	① ② ③ ④ ⑤ ⑥
6	① ② ③ ④ ⑤ ⑥
7	① ② ③ ④ ⑤ ⑥
8	① ② ③ ④ ⑤ ⑥
9	① ② ③ ④ ⑤ ⑥
10	① ② ③ ④ ⑤ ⑥
11	① ② ③ ④ ⑤ ⑥
12	① ② ③ ④ ⑤ ⑥
13	① ② ③ ④ ⑤ ⑥
14	① ② ③ ④ ⑤ ⑥
15	① ② ③ ④ ⑤ ⑥
16	① ② ③ ④ ⑤ ⑥
17	① ② ③ ④ ⑤ ⑥
18	① ② ③ ④ ⑤ ⑥
19	① ② ③ ④ ⑤ ⑥
20	① ② ③ ④ ⑤ ⑥

解答番号	解答欄
21	① ② ③ ④ ⑤ ⑥
22	① ② ③ ④ ⑤ ⑥
23	① ② ③ ④ ⑤ ⑥
24	① ② ③ ④ ⑤ ⑥
25	① ② ③ ④ ⑤ ⑥
26	① ② ③ ④ ⑤ ⑥
27	① ② ③ ④ ⑤ ⑥
28	① ② ③ ④ ⑤ ⑥
29	① ② ③ ④ ⑤ ⑥
30	① ② ③ ④ ⑤ ⑥
31	① ② ③ ④ ⑤ ⑥
32	① ② ③ ④ ⑤ ⑥
33	① ② ③ ④ ⑤ ⑥
34	① ② ③ ④ ⑤ ⑥
35	① ② ③ ④ ⑤ ⑥
36	① ② ③ ④ ⑤ ⑥
37	① ② ③ ④ ⑤ ⑥

駿台文庫

英語（リスニング）　解答用紙

注意事項

1　訂正は、消しゴムできれいに消し、消しくずを残してはいけません。
2　所定欄以外にはマークしたり、記入したりしてはいけません。
3　汚したり、折りまげたりしてはいけません。

解答欄

解答番号	解答欄 1	2	3	4	5	6
1	①	②	③	④	⑤	⑥
2	①	②	③	④	⑤	⑥
3	①	②	③	④	⑤	⑥
4	①	②	③	④	⑤	⑥
5	①	②	③	④	⑤	⑥
6	①	②	③	④	⑤	⑥
7	①	②	③	④	⑤	⑥
8	①	②	③	④	⑤	⑥
9	①	②	③	④	⑤	⑥
10	①	②	③	④	⑤	⑥
11	①	②	③	④	⑤	⑥
12	①	②	③	④	⑤	⑥
13	①	②	③	④	⑤	⑥
14	①	②	③	④	⑤	⑥
15	①	②	③	④	⑤	⑥
16	①	②	③	④	⑤	⑥
17	①	②	③	④	⑤	⑥
18	①	②	③	④	⑤	⑥
19	①	②	③	④	⑤	⑥
20	①	②	③	④	⑤	⑥

解答番号	解答欄 1	2	3	4	5	6
21	①	②	③	④	⑤	⑥
22	①	②	③	④	⑤	⑥
23	①	②	③	④	⑤	⑥
24	①	②	③	④	⑤	⑥
25	①	②	③	④	⑤	⑥
26	①	②	③	④	⑤	⑥
27	①	②	③	④	⑤	⑥
28	①	②	③	④	⑤	⑥
29	①	②	③	④	⑤	⑥
30	①	②	③	④	⑤	⑥
31	①	②	③	④	⑤	⑥
32	①	②	③	④	⑤	⑥
33	①	②	③	④	⑤	⑥
34	①	②	③	④	⑤	⑥
35	①	②	③	④	⑤	⑥
36	①	②	③	④	⑤	⑥
37	①	②	③	④	⑤	⑥

マーク例

良い例	悪い例
●	⊙ ⊗ ◖ ○

① 受験番号を記入し、その下のマーク欄にマークしなさい。

受験番号欄

千位	百位	十位	一位	英字
－	⓪	⓪	⓪	Ⓐ
①	①	①	①	Ⓑ
②	②	②	②	Ⓒ
③	③	③	③	Ⓗ
④	④	④	④	Ⓚ
⑤	⑤	⑤	⑤	Ⓜ
⑥	⑥	⑥	⑥	Ⓡ
⑦	⑦	⑦	⑦	Ⓤ
⑧	⑧	⑧	⑧	Ⓧ
⑨	⑨	⑨	⑨	Ⓨ
－	－	－	－	Ⓩ

② 氏名・フリガナ、試験場コードを記入しなさい。

フリガナ				
氏　名				
試験場コード	十万位	万位	千位	百位	十位	一位

駿台文庫

英語（リスニング）解答用紙

注意事項

1 訂正は、消しゴムできれいに消し、消しくずを残してはいけません。

2 所定欄以外にはマークしたり、記入したりしてはいけません。

3 汚したり、折りまげたりしてはいけません。

マーク例

良い例	悪い例
●	⊗ ⊘ ◑

① 受験番号を記入し、その下のマーク欄にマークしなさい。

受験番号欄

千位	百位	十位	一位	英字
—	⓪	⓪	⓪	Ⓐ
①	①	①	①	Ⓑ
②	②	②	②	Ⓒ
③	③	③	③	Ⓗ
④	④	④	④	Ⓚ
⑤	⑤	⑤	⑤	Ⓜ
⑥	⑥	⑥	⑥	Ⓡ
⑦	⑦	⑦	⑦	Ⓤ
⑧	⑧	⑧	⑧	Ⓧ
⑨	⑨	⑨	⑨	Ⓨ
—	—	—	—	Ⓩ

② 氏名・フリガナ、試験場コードを記入しなさい。

フリガナ

氏名

試験場コード

十万位	万位	千位	百位	十位	一位

解答番号	1	2	3	4	5	6
1	①	②	③	④	⑤	⑥
2	①	②	③	④	⑤	⑥
3	①	②	③	④	⑤	⑥
4	①	②	③	④	⑤	⑥
5	①	②	③	④	⑤	⑥
6	①	②	③	④	⑤	⑥
7	①	②	③	④	⑤	⑥
8	①	②	③	④	⑤	⑥
9	①	②	③	④	⑤	⑥
10	①	②	③	④	⑤	⑥
11	①	②	③	④	⑤	⑥
12	①	②	③	④	⑤	⑥
13	①	②	③	④	⑤	⑥
14	①	②	③	④	⑤	⑥
15	①	②	③	④	⑤	⑥
16	①	②	③	④	⑤	⑥
17	①	②	③	④	⑤	⑥
18	①	②	③	④	⑤	⑥
19	①	②	③	④	⑤	⑥
20	①	②	③	④	⑤	⑥

解答番号	1	2	3	4	5	6
21	①	②	③	④	⑤	⑥
22	①	②	③	④	⑤	⑥
23	①	②	③	④	⑤	⑥
24	①	②	③	④	⑤	⑥
25	①	②	③	④	⑤	⑥
26	①	②	③	④	⑤	⑥
27	①	②	③	④	⑤	⑥
28	①	②	③	④	⑤	⑥
29	①	②	③	④	⑤	⑥
30	①	②	③	④	⑤	⑥
31	①	②	③	④	⑤	⑥
32	①	②	③	④	⑤	⑥
33	①	②	③	④	⑤	⑥
34	①	②	③	④	⑤	⑥
35	①	②	③	④	⑤	⑥
36	①	②	③	④	⑤	⑥
37	①	②	③	④	⑤	⑥

駿台文庫

英語（リスニング）解答用紙

注意事項

1 訂正は、消しゴムできれいに消し、消しくずを残してはいけません。
2 所定欄以外にはマークしたり、記入したりしてはいけません。
3 汚したり、折りまげたりしてはいけません。

マーク例

良い例	悪い例
●	◒ ⊗ ◓ ◐

① 受験番号を記入し、その下のマーク欄にマークしなさい。

受験番号欄

	千位	百位	十位	一位	英字
	—	⓪	⓪	⓪	Ⓐ
	①	①	①	①	Ⓑ
	②	②	②	②	Ⓒ
	③	③	③	③	Ⓗ
	④	④	④	④	Ⓚ
	⑤	⑤	⑤	⑤	Ⓜ
	⑥	⑥	⑥	⑥	Ⓡ
	⑦	⑦	⑦	⑦	Ⓤ
	⑧	⑧	⑧	⑧	Ⓧ
	⑨	⑨	⑨	⑨	Ⓨ
		—	—	—	Ⓩ

② 氏名・フリガナ、試験場コードを記入しなさい。

フリガナ	
氏　名	

試験場コード	十万位	万位	千位	百位	十位	一位

解答欄

解答番号	1	2	3	4	5	6
1	①	②	③	④	⑤	⑥
2	①	②	③	④	⑤	⑥
3	①	②	③	④	⑤	⑥
4	①	②	③	④	⑤	⑥
5	①	②	③	④	⑤	⑥
6	①	②	③	④	⑤	⑥
7	①	②	③	④	⑤	⑥
8	①	②	③	④	⑤	⑥
9	①	②	③	④	⑤	⑥
10	①	②	③	④	⑤	⑥
11	①	②	③	④	⑤	⑥
12	①	②	③	④	⑤	⑥
13	①	②	③	④	⑤	⑥
14	①	②	③	④	⑤	⑥
15	①	②	③	④	⑤	⑥
16	①	②	③	④	⑤	⑥
17	①	②	③	④	⑤	⑥
18	①	②	③	④	⑤	⑥
19	①	②	③	④	⑤	⑥
20	①	②	③	④	⑤	⑥

解答欄

解答番号	1	2	3	4	5	6
21	①	②	③	④	⑤	⑥
22	①	②	③	④	⑤	⑥
23	①	②	③	④	⑤	⑥
24	①	②	③	④	⑤	⑥
25	①	②	③	④	⑤	⑥
26	①	②	③	④	⑤	⑥
27	①	②	③	④	⑤	⑥
28	①	②	③	④	⑤	⑥
29	①	②	③	④	⑤	⑥
30	①	②	③	④	⑤	⑥
31	①	②	③	④	⑤	⑥
32	①	②	③	④	⑤	⑥
33	①	②	③	④	⑤	⑥
34	①	②	③	④	⑤	⑥
35	①	②	③	④	⑤	⑥
36	①	②	③	④	⑤	⑥
37	①	②	③	④	⑤	⑥

駿　台　文　庫

英語（リスニング）解答用紙

マーク例

良い例	悪い例
●	⊙ ⊗ ◑ ◯

①

受験番号を記入し、その下のマーク欄にマークしなさい。

受験番号欄				
千位	百位	十位	一位	英字
—	—	—	—	
①	⓪①	⓪①	⓪①	Ⓐ
②	②	②	②	Ⓑ
③	③	③	③	Ⓒ
④	④	④	④	Ⓗ
⑤	⑤	⑤	⑤	Ⓚ
⑥	⑥	⑥	⑥	Ⓜ
⑦	⑦	⑦	⑦	Ⓡ
⑧	⑧	⑧	⑧	Ⓤ
⑨	⑨	⑨	⑨	Ⓧ Ⓨ Ⓩ

②

氏名・フリガナ、試験場コードを記入しなさい。

フリガナ					
氏名					
試験場コード	十万位	万位	千位	百位	十位	一位

注意事項

1 訂正は、消しゴムできれいに消し、消しくずを残してはいけません。

2 所定欄以外にはマークしたり、記入したりしてはいけません。

3 汚したり、折りまげたりしてはいけません。

解答番号	解答欄 1 2 3 4 5 6
1	① ② ③ ④ ⑤ ⑥
2	① ② ③ ④ ⑤ ⑥
3	① ② ③ ④ ⑤ ⑥
4	① ② ③ ④ ⑤ ⑥
5	① ② ③ ④ ⑤ ⑥
6	① ② ③ ④ ⑤ ⑥
7	① ② ③ ④ ⑤ ⑥
8	① ② ③ ④ ⑤ ⑥
9	① ② ③ ④ ⑤ ⑥
10	① ② ③ ④ ⑤ ⑥
11	① ② ③ ④ ⑤ ⑥
12	① ② ③ ④ ⑤ ⑥
13	① ② ③ ④ ⑤ ⑥
14	① ② ③ ④ ⑤ ⑥
15	① ② ③ ④ ⑤ ⑥
16	① ② ③ ④ ⑤ ⑥
17	① ② ③ ④ ⑤ ⑥
18	① ② ③ ④ ⑤ ⑥
19	① ② ③ ④ ⑤ ⑥
20	① ② ③ ④ ⑤ ⑥

解答番号	解答欄 1 2 3 4 5 6
21	① ② ③ ④ ⑤ ⑥
22	① ② ③ ④ ⑤ ⑥
23	① ② ③ ④ ⑤ ⑥
24	① ② ③ ④ ⑤ ⑥
25	① ② ③ ④ ⑤ ⑥
26	① ② ③ ④ ⑤ ⑥
27	① ② ③ ④ ⑤ ⑥
28	① ② ③ ④ ⑤ ⑥
29	① ② ③ ④ ⑤ ⑥
30	① ② ③ ④ ⑤ ⑥
31	① ② ③ ④ ⑤ ⑥
32	① ② ③ ④ ⑤ ⑥
33	① ② ③ ④ ⑤ ⑥
34	① ② ③ ④ ⑤ ⑥
35	① ② ③ ④ ⑤ ⑥
36	① ② ③ ④ ⑤ ⑥
37	① ② ③ ④ ⑤ ⑥

駿台文庫

英語（リスニング）解答用紙

注意事項

1 訂正は、消しゴムできれいに消し、消しくずを残してはいけません。

2 所定欄以外にはマークしたり、記入したりしてはいけません。

3 汚したり、折りまげたりしてはいけません。

マーク例

良い例	悪い例
●	○ ⊗ ◑ ◒

① 受験番号を記入し、その下のマーク欄にマークしなさい。

受験番号欄

千位	百位	十位	一位	英字
―	⓪	⓪	⓪	Ⓐ
①	①	①	①	Ⓑ
②	②	②	②	Ⓒ
③	③	③	③	Ⓗ
④	④	④	④	Ⓚ
⑤	⑤	⑤	⑤	Ⓜ
⑥	⑥	⑥	⑥	Ⓡ
⑦	⑦	⑦	⑦	Ⓤ
⑧	⑧	⑧	⑧	Ⓧ
⑨	⑨	⑨	⑨	Ⓨ
―	―	―	―	Ⓩ

解答欄

解答番号	1	2	3	4	5	6
1	①	②	③	④	⑤	⑥
2	①	②	③	④	⑤	⑥
3	①	②	③	④	⑤	⑥
4	①	②	③	④	⑤	⑥
5	①	②	③	④	⑤	⑥
6	①	②	③	④	⑤	⑥
7	①	②	③	④	⑤	⑥
8	①	②	③	④	⑤	⑥
9	①	②	③	④	⑤	⑥
10	①	②	③	④	⑤	⑥
11	①	②	③	④	⑤	⑥
12	①	②	③	④	⑤	⑥
13	①	②	③	④	⑤	⑥
14	①	②	③	④	⑤	⑥
15	①	②	③	④	⑤	⑥
16	①	②	③	④	⑤	⑥
17	①	②	③	④	⑤	⑥
18	①	②	③	④	⑤	⑥
19	①	②	③	④	⑤	⑥
20	①	②	③	④	⑤	⑥

解答欄

解答番号	1	2	3	4	5	6
21	①	②	③	④	⑤	⑥
22	①	②	③	④	⑤	⑥
23	①	②	③	④	⑤	⑥
24	①	②	③	④	⑤	⑥
25	①	②	③	④	⑤	⑥
26	①	②	③	④	⑤	⑥
27	①	②	③	④	⑤	⑥
28	①	②	③	④	⑤	⑥
29	①	②	③	④	⑤	⑥
30	①	②	③	④	⑤	⑥
31	①	②	③	④	⑤	⑥
32	①	②	③	④	⑤	⑥
33	①	②	③	④	⑤	⑥
34	①	②	③	④	⑤	⑥
35	①	②	③	④	⑤	⑥
36	①	②	③	④	⑤	⑥
37	①	②	③	④	⑤	⑥

② 氏名・フリガナ、試験場コードを記入しなさい。

フリガナ	
氏　名	

試験場コード	十万位	万位	千位	百位	十位	一位

駿 台 文 庫

英語（リスニング）解答用紙

駿台文庫

マーク例

良い例	悪い例
●	◑ ⊗ ◔ ○

① 受験番号を記入し、その下のマーク欄にマークしなさい。

受験番号欄

千位	百位	十位	一位	英字
	⓪	⓪	⓪	Ⓐ
①	①	①	①	Ⓑ
②	②	②	②	Ⓒ
③	③	③	③	Ⓗ
④	④	④	④	Ⓚ
⑤	⑤	⑤	⑤	Ⓜ
⑥	⑥	⑥	⑥	Ⓡ
⑦	⑦	⑦	⑦	Ⓤ
⑧	⑧	⑧	⑧	Ⓧ
⑨	⑨	⑨	⑨	Ⓨ
				Ⓩ

② 氏名・フリガナ、試験場コードを記入しなさい。

フリガナ						
氏名						
試験場コード	十万位	万位	千位	百位	十位	一位

注意事項

1 訂正は、消しゴムできれいに消し、消しくずを残してはいけません。

2 所定欄以外にはマークしたり、記入したりしてはいけません。

3 汚したり、折り曲げたりしてはいけません。

解答欄

解答番号	解答欄 1 2 3 4 5 6
1	① ② ③ ④ ⑤ ⑥
2	① ② ③ ④ ⑤ ⑥
3	① ② ③ ④ ⑤ ⑥
4	① ② ③ ④ ⑤ ⑥
5	① ② ③ ④ ⑤ ⑥
6	① ② ③ ④ ⑤ ⑥
7	① ② ③ ④ ⑤ ⑥
8	① ② ③ ④ ⑤ ⑥
9	① ② ③ ④ ⑤ ⑥
10	① ② ③ ④ ⑤ ⑥
11	① ② ③ ④ ⑤ ⑥
12	① ② ③ ④ ⑤ ⑥
13	① ② ③ ④ ⑤ ⑥
14	① ② ③ ④ ⑤ ⑥
15	① ② ③ ④ ⑤ ⑥
16	① ② ③ ④ ⑤ ⑥
17	① ② ③ ④ ⑤ ⑥
18	① ② ③ ④ ⑤ ⑥
19	① ② ③ ④ ⑤ ⑥
20	① ② ③ ④ ⑤ ⑥

解答番号	解答欄 1 2 3 4 5 6
21	① ② ③ ④ ⑤ ⑥
22	① ② ③ ④ ⑤ ⑥
23	① ② ③ ④ ⑤ ⑥
24	① ② ③ ④ ⑤ ⑥
25	① ② ③ ④ ⑤ ⑥
26	① ② ③ ④ ⑤ ⑥
27	① ② ③ ④ ⑤ ⑥
28	① ② ③ ④ ⑤ ⑥
29	① ② ③ ④ ⑤ ⑥
30	① ② ③ ④ ⑤ ⑥
31	① ② ③ ④ ⑤ ⑥
32	① ② ③ ④ ⑤ ⑥
33	① ② ③ ④ ⑤ ⑥
34	① ② ③ ④ ⑤ ⑥
35	① ② ③ ④ ⑤ ⑥
36	① ② ③ ④ ⑤ ⑥
37	① ② ③ ④ ⑤ ⑥

英語（リスニング）解答用紙

注意事項

1 訂正は、消しゴムできれいに消し、消しくずを残してはいけません。
2 所定欄以外にはマークしたり、記入したりしてはいけません。
3 汚したり、折り曲げたりしてはいけません。

マーク例

良い例	悪い例
●	◑ ⊗ ◓

① 受験番号を記入し、その下のマーク欄にマークしなさい。

受験番号欄

	千位	百位	十位	一位	英字
	－	⓪	⓪	⓪	Ⓐ
	①	①	①	①	Ⓑ
	②	②	②	②	Ⓒ
	③	③	③	③	Ⓗ
	④	④	④	④	Ⓚ
	⑤	⑤	⑤	⑤	Ⓜ
	⑥	⑥	⑥	⑥	Ⓡ
	⑦	⑦	⑦	⑦	Ⓤ
	⑧	⑧	⑧	⑧	Ⓧ
	⑨	⑨	⑨	⑨	Ⓨ
	－	－	－	－	Ⓩ

② 氏名・フリガナ、試験場コードを記入しなさい。

フリガナ					
氏 名					
試験場 コード	十万位	万位	千位	百位	十位	一位

解答欄（解答番号 1〜20）

解答番号	1	2	3	4	5	6
1	①	②	③	④	⑤	⑥
2	①	②	③	④	⑤	⑥
3	①	②	③	④	⑤	⑥
4	①	②	③	④	⑤	⑥
5	①	②	③	④	⑤	⑥
6	①	②	③	④	⑤	⑥
7	①	②	③	④	⑤	⑥
8	①	②	③	④	⑤	⑥
9	①	②	③	④	⑤	⑥
10	①	②	③	④	⑤	⑥
11	①	②	③	④	⑤	⑥
12	①	②	③	④	⑤	⑥
13	①	②	③	④	⑤	⑥
14	①	②	③	④	⑤	⑥
15	①	②	③	④	⑤	⑥
16	①	②	③	④	⑤	⑥
17	①	②	③	④	⑤	⑥
18	①	②	③	④	⑤	⑥
19	①	②	③	④	⑤	⑥
20	①	②	③	④	⑤	⑥

解答欄（解答番号 21〜37）

解答番号	1	2	3	4	5	6
21	①	②	③	④	⑤	⑥
22	①	②	③	④	⑤	⑥
23	①	②	③	④	⑤	⑥
24	①	②	③	④	⑤	⑥
25	①	②	③	④	⑤	⑥
26	①	②	③	④	⑤	⑥
27	①	②	③	④	⑤	⑥
28	①	②	③	④	⑤	⑥
29	①	②	③	④	⑤	⑥
30	①	②	③	④	⑤	⑥
31	①	②	③	④	⑤	⑥
32	①	②	③	④	⑤	⑥
33	①	②	③	④	⑤	⑥
34	①	②	③	④	⑤	⑥
35	①	②	③	④	⑤	⑥
36	①	②	③	④	⑤	⑥
37	①	②	③	④	⑤	⑥

駿台文庫

英語（リスニング） 解答用紙

注意事項

1 訂正は，消しゴムできれいに消し，消しくずを残してはいけません。

2 所定欄以外にはマークしたり，記入したりしてはいけません。

3 汚したり，折りまげたりしてはいけません。

マーク例　良い例　悪い例

① 受験番号を記入し，その下のマーク欄にマークしなさい。

受験番号欄

千位	百位	十位	一位	英字

② 氏名・フリガナ，試験場コードを記入しなさい。

氏名・フリガナ，試験場コードを記入しなさい。

フリガナ	
氏　名	

試験場コード

十万位	万位	千位	百位	十位	一位

解答番号	解答欄 1 2 3 4 5 6
1	① ② ③ ④ ⑤ ⑥
2	① ② ③ ④ ⑤ ⑥
3	① ② ③ ④ ⑤ ⑥
4	① ② ③ ④ ⑤ ⑥
5	① ② ③ ④ ⑤ ⑥
6	① ② ③ ④ ⑤ ⑥
7	① ② ③ ④ ⑤ ⑥
8	① ② ③ ④ ⑤ ⑥
9	① ② ③ ④ ⑤ ⑥
10	① ② ③ ④ ⑤ ⑥
11	① ② ③ ④ ⑤ ⑥
12	① ② ③ ④ ⑤ ⑥
13	① ② ③ ④ ⑤ ⑥
14	① ② ③ ④ ⑤ ⑥
15	① ② ③ ④ ⑤ ⑥
16	① ② ③ ④ ⑤ ⑥
17	① ② ③ ④ ⑤ ⑥
18	① ② ③ ④ ⑤ ⑥
19	① ② ③ ④ ⑤ ⑥
20	① ② ③ ④ ⑤ ⑥

解答番号	解答欄 1 2 3 4 5 6
21	① ② ③ ④ ⑤ ⑥
22	① ② ③ ④ ⑤ ⑥
23	① ② ③ ④ ⑤ ⑥
24	① ② ③ ④ ⑤ ⑥
25	① ② ③ ④ ⑤ ⑥
26	① ② ③ ④ ⑤ ⑥
27	① ② ③ ④ ⑤ ⑥
28	① ② ③ ④ ⑤ ⑥
29	① ② ③ ④ ⑤ ⑥
30	① ② ③ ④ ⑤ ⑥
31	① ② ③ ④ ⑤ ⑥
32	① ② ③ ④ ⑤ ⑥
33	① ② ③ ④ ⑤ ⑥
34	① ② ③ ④ ⑤ ⑥
35	① ② ③ ④ ⑤ ⑥
36	① ② ③ ④ ⑤ ⑥
37	① ② ③ ④ ⑤ ⑥

駿台文庫

英語（リスニング）解答用紙

注意事項

1 訂正は、消しゴムできれいに消し、消しくずを残してはいけません。
2 所定欄以外にはマークしたり、記入したりしてはいけません。
3 汚したり、折りまげたりしてはいけません。

解答番号	解答欄 1	2	3	4	5	6
1	①	②	③	④	⑤	⑥
2	①	②	③	④	⑤	⑥
3	①	②	③	④	⑤	⑥
4	①	②	③	④	⑤	⑥
5	①	②	③	④	⑤	⑥
6	①	②	③	④	⑤	⑥
7	①	②	③	④	⑤	⑥
8	①	②	③	④	⑤	⑥
9	①	②	③	④	⑤	⑥
10	①	②	③	④	⑤	⑥
11	①	②	③	④	⑤	⑥
12	①	②	③	④	⑤	⑥
13	①	②	③	④	⑤	⑥
14	①	②	③	④	⑤	⑥
15	①	②	③	④	⑤	⑥
16	①	②	③	④	⑤	⑥
17	①	②	③	④	⑤	⑥
18	①	②	③	④	⑤	⑥
19	①	②	③	④	⑤	⑥
20	①	②	③	④	⑤	⑥

解答番号	解答欄 1	2	3	4	5	6
21	①	②	③	④	⑤	⑥
22	①	②	③	④	⑤	⑥
23	①	②	③	④	⑤	⑥
24	①	②	③	④	⑤	⑥
25	①	②	③	④	⑤	⑥
26	①	②	③	④	⑤	⑥
27	①	②	③	④	⑤	⑥
28	①	②	③	④	⑤	⑥
29	①	②	③	④	⑤	⑥
30	①	②	③	④	⑤	⑥
31	①	②	③	④	⑤	⑥
32	①	②	③	④	⑤	⑥
33	①	②	③	④	⑤	⑥
34	①	②	③	④	⑤	⑥
35	①	②	③	④	⑤	⑥
36	①	②	③	④	⑤	⑥
37	①	②	③	④	⑤	⑥

マーク例
良い例	悪い例
●	⊙ ⊗ ◐ ○

① 受験番号を記入し、その下のマーク欄にマークしなさい。

受験番号欄	千位	百位	十位	一位	英字
	—	⓪	⓪	⓪	Ⓐ
	①	①	①	①	Ⓑ
	②	②	②	②	Ⓒ
	③	③	③	③	Ⓗ
	④	④	④	④	Ⓚ
	⑤	⑤	⑤	⑤	Ⓜ
	⑥	⑥	⑥	⑥	Ⓡ
	⑦	⑦	⑦	⑦	Ⓤ
	⑧	⑧	⑧	⑧	Ⓧ
	⑨	⑨	⑨	⑨	Ⓨ
	—	—	—	—	Ⓩ

② 氏名・フリガナ、試験場コードを記入しなさい。

フリガナ					
氏名					
試験場コード	十万位	万位	千位	百位	十位	一位

駿 合 文 庫

英語（リスニング）解答用紙

英語（リスニング）解答用紙

注意事項

1 訂正は、消しゴムできれいに消し、消しくずを残してはいけません。

2 所定欄以外にはマークしたり、記入したりしてはいけません。

3 汚したり、折りまげたりしてはいけません。

マーク例

良い例	悪い例
●	⊗ ◑ ○

① 受験番号を記入し、その下のマーク欄にマークしなさい。

受験番号欄

千位	百位	十位	一位	英字
—	⓪	⓪	⓪	Ⓐ
①	①	①	①	Ⓑ
②	②	②	②	Ⓒ
③	③	③	③	Ⓗ
④	④	④	④	Ⓚ
⑤	⑤	⑤	⑤	Ⓜ
⑥	⑥	⑥	⑥	Ⓡ
⑦	⑦	⑦	⑦	Ⓤ
⑧	⑧	⑧	⑧	Ⓧ
⑨	⑨	⑨	⑨	Ⓨ
—	—	—	—	Ⓩ

② 氏名・フリガナ、試験場コードを記入しなさい。

フリガナ					
氏名					
試験場コード	十万位	万位	千位	百位	十位	一位

解答欄（解答番号 1〜20）

解答番号	1	2	3	4	5	6
1	①	②	③	④	⑤	⑥
2	①	②	③	④	⑤	⑥
3	①	②	③	④	⑤	⑥
4	①	②	③	④	⑤	⑥
5	①	②	③	④	⑤	⑥
6	①	②	③	④	⑤	⑥
7	①	②	③	④	⑤	⑥
8	①	②	③	④	⑤	⑥
9	①	②	③	④	⑤	⑥
10	①	②	③	④	⑤	⑥
11	①	②	③	④	⑤	⑥
12	①	②	③	④	⑤	⑥
13	①	②	③	④	⑤	⑥
14	①	②	③	④	⑤	⑥
15	①	②	③	④	⑤	⑥
16	①	②	③	④	⑤	⑥
17	①	②	③	④	⑤	⑥
18	①	②	③	④	⑤	⑥
19	①	②	③	④	⑤	⑥
20	①	②	③	④	⑤	⑥

解答欄（解答番号 21〜37）

解答番号	1	2	3	4	5	6
21	①	②	③	④	⑤	⑥
22	①	②	③	④	⑤	⑥
23	①	②	③	④	⑤	⑥
24	①	②	③	④	⑤	⑥
25	①	②	③	④	⑤	⑥
26	①	②	③	④	⑤	⑥
27	①	②	③	④	⑤	⑥
28	①	②	③	④	⑤	⑥
29	①	②	③	④	⑤	⑥
30	①	②	③	④	⑤	⑥
31	①	②	③	④	⑤	⑥
32	①	②	③	④	⑤	⑥
33	①	②	③	④	⑤	⑥
34	①	②	③	④	⑤	⑥
35	①	②	③	④	⑤	⑥
36	①	②	③	④	⑤	⑥
37	①	②	③	④	⑤	⑥

駿台文庫

英語（リスニング）解答用紙

注意事項

1 訂正は、消しゴムできれいに消し、消しくずを
残してはいけません。

2 所定欄以外にはマークしたり、記入したりして
はいけません。

3 汚したり、折りまげたりしてはいけません。

マーク例

良い例	悪い例
●	◐ ⊗ ◑ ◓

① 受験番号を記入し、その下のマーク欄にマークしなさい。

受験番号欄

千位	百位	十位	一位	英字
―	―	―	―	
	⓪	⓪	⓪	
①	①	①	①	Ⓐ
②	②	②	②	Ⓑ
③	③	③	③	Ⓒ
④	④	④	④	Ⓗ
⑤	⑤	⑤	⑤	Ⓚ
⑥	⑥	⑥	⑥	Ⓜ
⑦	⑦	⑦	⑦	Ⓡ
⑧	⑧	⑧	⑧	Ⓤ
⑨	⑨	⑨	⑨	Ⓧ
				Ⓨ
				Ⓩ

② 氏名・フリガナ、試験場コードを記入しなさい。

フリガナ						
氏 名						
試験場コード	十万位	万位	千位	百位	十位	一位

駿 台 文 庫

解答欄

解答番号	解答欄 1 2 3 4 5 6
1	① ② ③ ④ ⑤ ⑥
2	① ② ③ ④ ⑤ ⑥
3	① ② ③ ④ ⑤ ⑥
4	① ② ③ ④ ⑤ ⑥
5	① ② ③ ④ ⑤ ⑥
6	① ② ③ ④ ⑤ ⑥
7	① ② ③ ④ ⑤ ⑥
8	① ② ③ ④ ⑤ ⑥
9	① ② ③ ④ ⑤ ⑥
10	① ② ③ ④ ⑤ ⑥
11	① ② ③ ④ ⑤ ⑥
12	① ② ③ ④ ⑤ ⑥
13	① ② ③ ④ ⑤ ⑥
14	① ② ③ ④ ⑤ ⑥
15	① ② ③ ④ ⑤ ⑥
16	① ② ③ ④ ⑤ ⑥
17	① ② ③ ④ ⑤ ⑥
18	① ② ③ ④ ⑤ ⑥
19	① ② ③ ④ ⑤ ⑥
20	① ② ③ ④ ⑤ ⑥

解答番号	解答欄 1 2 3 4 5 6
21	① ② ③ ④ ⑤ ⑥
22	① ② ③ ④ ⑤ ⑥
23	① ② ③ ④ ⑤ ⑥
24	① ② ③ ④ ⑤ ⑥
25	① ② ③ ④ ⑤ ⑥
26	① ② ③ ④ ⑤ ⑥
27	① ② ③ ④ ⑤ ⑥
28	① ② ③ ④ ⑤ ⑥
29	① ② ③ ④ ⑤ ⑥
30	① ② ③ ④ ⑤ ⑥
31	① ② ③ ④ ⑤ ⑥
32	① ② ③ ④ ⑤ ⑥
33	① ② ③ ④ ⑤ ⑥
34	① ② ③ ④ ⑤ ⑥
35	① ② ③ ④ ⑤ ⑥
36	① ② ③ ④ ⑤ ⑥
37	① ② ③ ④ ⑤ ⑥

英語（リスニング）解答用紙

注意事項

1 訂正は、消しゴムできれいに消し、消しくずを残してはいけません。
2 所定欄以外にはマークしたり、記入したりしてはいけません。
3 汚したり、折りまげたりしてはいけません。

マーク例

良い例	悪い例
●	⊙ ⊗ ◐ ◓

① 受験番号を記入し、その下のマーク欄にマークしなさい。

受験番号欄

② 氏名・フリガナ、試験場コードを記入しなさい。

| フリガナ | |
| 氏　名 | |

	十万位	万位	千位	百位	十位	一位
試験場コード						

駿 台 文 庫

解答番号	1	2	3	4	5	6
1	①	②	③	④	⑤	⑥
2	①	②	③	④	⑤	⑥
3	①	②	③	④	⑤	⑥
4	①	②	③	④	⑤	⑥
5	①	②	③	④	⑤	⑥
6	①	②	③	④	⑤	⑥
7	①	②	③	④	⑤	⑥
8	①	②	③	④	⑤	⑥
9	①	②	③	④	⑤	⑥
10	①	②	③	④	⑤	⑥
11	①	②	③	④	⑤	⑥
12	①	②	③	④	⑤	⑥
13	①	②	③	④	⑤	⑥
14	①	②	③	④	⑤	⑥
15	①	②	③	④	⑤	⑥
16	①	②	③	④	⑤	⑥
17	①	②	③	④	⑤	⑥
18	①	②	③	④	⑤	⑥
19	①	②	③	④	⑤	⑥
20	①	②	③	④	⑤	⑥

解答番号	1	2	3	4	5	6
21	①	②	③	④	⑤	⑥
22	①	②	③	④	⑤	⑥
23	①	②	③	④	⑤	⑥
24	①	②	③	④	⑤	⑥
25	①	②	③	④	⑤	⑥
26	①	②	③	④	⑤	⑥
27	①	②	③	④	⑤	⑥
28	①	②	③	④	⑤	⑥
29	①	②	③	④	⑤	⑥
30	①	②	③	④	⑤	⑥
31	①	②	③	④	⑤	⑥
32	①	②	③	④	⑤	⑥
33	①	②	③	④	⑤	⑥
34	①	②	③	④	⑤	⑥
35	①	②	③	④	⑤	⑥
36	①	②	③	④	⑤	⑥
37	①	②	③	④	⑤	⑥

英語 (リスニング) 解答用紙

マーク例

良い例	悪い例
●	⦶ ⊗ ◐ ○

① 受験番号を記入し、その下のマーク欄にマークしなさい。

受験番号欄

千位	百位	十位	一位	英字
—	—	—	—	
	⓪	⓪	⓪	Ⓐ
①	①	①	①	Ⓑ
②	②	②	②	Ⓒ
③	③	③	③	Ⓗ
④	④	④	④	Ⓚ
⑤	⑤	⑤	⑤	Ⓜ
⑥	⑥	⑥	⑥	Ⓤ
⑦	⑦	⑦	⑦	Ⓧ
⑧	⑧	⑧	⑧	Ⓨ
⑨	⑨	⑨	⑨	Ⓩ

② 氏名・フリガナ、試験場コードを記入しなさい。

フリガナ						
氏 名						
試験場コード	十万位	万位	千位	百位	十位	一位

注意事項

1 訂正は、消しゴムできれいに消し、消しくずを残してはいけません。

2 所定欄以外にはマークしたり、記入したりしてはいけません。

3 汚したり、折りまげたりしてはいけません。

解答番号	解　答　欄 (1 2 3 4 5 6)
1	① ② ③ ④ ⑤ ⑥
2	① ② ③ ④ ⑤ ⑥
3	① ② ③ ④ ⑤ ⑥
4	① ② ③ ④ ⑤ ⑥
5	① ② ③ ④ ⑤ ⑥
6	① ② ③ ④ ⑤ ⑥
7	① ② ③ ④ ⑤ ⑥
8	① ② ③ ④ ⑤ ⑥
9	① ② ③ ④ ⑤ ⑥
10	① ② ③ ④ ⑤ ⑥
11	① ② ③ ④ ⑤ ⑥
12	① ② ③ ④ ⑤ ⑥
13	① ② ③ ④ ⑤ ⑥
14	① ② ③ ④ ⑤ ⑥
15	① ② ③ ④ ⑤ ⑥
16	① ② ③ ④ ⑤ ⑥
17	① ② ③ ④ ⑤ ⑥
18	① ② ③ ④ ⑤ ⑥
19	① ② ③ ④ ⑤ ⑥
20	① ② ③ ④ ⑤ ⑥

解答番号	解　答　欄 (1 2 3 4 5 6)
21	① ② ③ ④ ⑤ ⑥
22	① ② ③ ④ ⑤ ⑥
23	① ② ③ ④ ⑤ ⑥
24	① ② ③ ④ ⑤ ⑥
25	① ② ③ ④ ⑤ ⑥
26	① ② ③ ④ ⑤ ⑥
27	① ② ③ ④ ⑤ ⑥
28	① ② ③ ④ ⑤ ⑥
29	① ② ③ ④ ⑤ ⑥
30	① ② ③ ④ ⑤ ⑥
31	① ② ③ ④ ⑤ ⑥
32	① ② ③ ④ ⑤ ⑥
33	① ② ③ ④ ⑤ ⑥
34	① ② ③ ④ ⑤ ⑥
35	① ② ③ ④ ⑤ ⑥
36	① ② ③ ④ ⑤ ⑥
37	① ② ③ ④ ⑤ ⑥

駿 台 文 庫

駿台

2024
大学入学共通テスト
実戦問題集

英 語 リスニング
【解答・解説編】

駿台文庫編

第1回　実戦問題　解答・解説

☆下記の表は，次ページより始まる「解答・解説」の中で用いた記号・略語の一覧表です。

S	主語または主部(Subject)	–	動詞の原形
S′	意味上の主語	to –	to不定詞
V	動詞(Verb)	–ing	現在分詞または動名詞
O	目的語(Object)	p.p.	過去分詞
C	補語(Complement)	[ ]	置換可能な語句
M	修飾語句(Modifier)	( )	省略可能な語句
名動副, etc.	名詞, 動詞, 副詞, etc.	〈 〉	つながりのある語句

英語(リスニング) 第1回 (100点満点)

(解答・配点)

問題番号(配点)	設問		解答番号	正解	配点	自己採点欄	問題番号(配点)	設問		解答番号	正解	配点	自己採点欄
第1問(25)	A	1	1	④	4		第4問(12)	A	18	18	①	4*	
		2	2	④	4				19	19	④		
		3	3	③	4				20	20	③		
		4	4	③	4				21	21	②		
	B	5	5	①	3				22	22	⑤	1	
		6	6	③	3				23	23	④	1	
		7	7	④	3				24	24	⑥	1	
小　計									25	25	②	1	
第2問(16)		8	8	①	4			B	26	26	④	4	
		9	9	④	4		小　計						
		10	10	②	4		第5問(15)		27	27	③	3	
		11	11	③	4				28	28	⑤	2*	
小　計									29	29	②		
第3問(18)		12	12	③	3				30	30	①	2*	
		13	13	③	3				31	31	③		
		14	14	④	3				32	32	③	4	
		15	15	④	3				33	33	④	4	
		16	16	④	3		小　計						
		17	17	④	3		第6問(14)	A	34	34	②	3	
小　計									35	35	②	3	
(注)　*は, 全部正解の場合のみ点を与える。								B	36	36	②	4	
									37	37	②	4	
							小　計						
							合　計						

— 英L 2 —

第1問

解答	A	問1 — ④	問2 — ④	問3 — ③	問4 — ③	（各4点）
	B	問5 — ①	問6 — ③	問7 — ④		（各3点）

出題のねらい

　A　身の回りの事柄に関して平易な英語で話される短い発話を聞いて，「話者の言いたいこと」を把握する力を問う問題です。

出典

Original Material

問1　□1□　正解 ④

スクリプト

Is this seat taken? Do you mind if I sit here?

全訳

　この席は空いていますか。私がここに座っても構いませんか。

① 話し手は椅子を借りたいと思っている。
② 話し手は席を変えたいと思っている。
③ 話し手はある人に自分の席を譲りたいと思っている。
④ **話し手は座りたいと思っている。**

設問解説

正解は ④。
　話し手は「この席」が空いているかどうかを尋ね，空いているなら自分が座っても構わないか，と言っていることから，話し手はその席に座りたいと思っていると推測できるので，正解は ④ となる。

主な語句・表現

◇ take a seat「席に座る」 Is this seat taken? は「（この席は座られていますか→）この席は空いていますか」という意味を表している。
◇ Do you mind if ... は「（もし…ならばあなたは気にしますか→）〈もし気にしないのなら私が〉…しても構いませんか」という意味を表す構文。
◇ borrow「…を借りる」　　　　　　　◇ offer +〈人〉+ a seat「〈人〉に席を譲る」

問2　□2□　正解 ④

スクリプト

What should we do? Oh, why don't we go to the new mall again?

全訳

　私たちは何をしたらいいのでしょうか。そうだ，新しくできたショッピングモールにもう一度行ってみませんか。

① 話し手は実はそのショッピングモールが好きではない。
② 話し手はそのショッピングモールに行ってきたばかりだ。
③ 話し手はそのショッピングモールに一度も行ったことがない。
④ **話し手はそのショッピングモールに行くことを提案している。**

設問解説

正解は ④。
　話し手は「新しくできたショッピングモールにもう一度行ってみませんか」と言っているのだから，相手に「ショッピングモールに行くことを提案している」ことがわかる。よって正解は ④。

— 英L 3—

主な語句・表現

◇ why don't we ...? は「（なぜ私たちは…しないのですか→）…するのはどうですか」という意味を表す表現。
◇ mall「ショッピングモール」
◇ have been to ... はここでは「…に行ってきたところだ」という意味。
◇ have never been to ...「…に一度も行ったことがない」
◇ suggest －ing「－することを提案する」

問3　　3　　正解 ③

スクリプト

Because he plans to leave home next year, Taiga started learning how to cook two days after finishing his entrance tests.

全訳

タイガは来年，家を出る予定なので，入学試験を終えた2日後に料理の仕方を習い始めた。

① タイガは料理を教えることになっている。
② タイガは入学試験に向けて勉強しなければならない。
③ **タイガはまだ家族と一緒に住んでいる。**
④ タイガは2日間コックとして働くことになるだろう。

設 問 解 説

正解は ③。
　タイガが家を出る（一人暮らしをする）のは来年のことであるので，今はまだ実家で家族と一緒に暮らしているとわかる。よって正解は ③。

主な語句・表現

◇〈期間〉after －ing「－する〈期間〉後に」 （例）I quit that company *three years after getting* married.「私は結婚の3年後にその会社を辞めました」

問4　　4　　正解 ③

スクリプト

How many boxes are there? More than five?

全訳

そこに箱はいくつありますか。6個以上ありますか。

① 話し手は自分が箱をいくつ持てるかを尋ねている。
② 話し手はどの箱が最も重いかを尋ねている。
③ **話し手は箱の数を知る必要がある。**
④ 話し手は箱がどこにあるのかを知る必要がある。

設 問 解 説

正解は ③。
　話し手が「そこに箱はいくつありますか」と尋ねているのは，箱の数を知る必要があるからだ，と判断できる。よって正解は ③。

主な語句・表現

◇ more than ...「…より多い」 more than は後に来る数字を含まない。 （例）*more than two people*「3人以上」

— 英 L 4 —

[出題のねらい] B 身の回りの事柄に関して平易な英語で話される短い発話を聞いて，それに対応するイラストを選ぶことを通じて，発話内容を把握する力を測るとともに，文法が生きた知識として身についているかどうかを問う問題です。

[出典] *Original Material*

問5　5　正解①

[スクリプト] You are not allowed to bring snacks or cameras, but talking is fine.

[全訳] あなたは軽食もカメラも持ってくることを許されてはいませんが，おしゃべりは大丈夫です。

[設問解説] 正解は①。
軽食とカメラの持ち込みを禁止しているが，会話は可能であることを示すイラストは①であるので，これが正解となる。

[主な語句・表現] ◇be allowed to - 「-することを許される」
◇否定語 + A or B「AもBも…ない」（例）D*on't* bend *or* fold.「（曲げても折ってもならない→）折り曲げ厳禁」

問6　6　正解③

[スクリプト] The old man is being interviewed by a student for a radio program.

[全訳] おじいさんがラジオ番組のためにある生徒からインタビューを受けている。

[設問解説] 正解は③。
ラジオ番組のインタビューであることを示すイラストは③と④であり，その③と④のうちで生徒がおじいさんにインタビューをしているのは③であることから，③が正解となる。

主な語句・表現

◇ be being p.p. は「進行形の受動態」を表す形で「−されている（ところだ）」という意味を表す。

問7 7 正解 ④

スクリプト

It will be sunny this morning, but more rainy than yesterday this afternoon.

全訳

今日の午前中は晴れるでしょうが，今日の午後は昨日よりも雨脚が強くなるでしょう。

設問解説

正解は ④。

スクリプトから，昨日は弱めの雨，今日は午前中の晴れから午後には強めの雨に変わることがわかるので，正解は ④ となる。

第2問

解答 問8－① 問9－④ 問10－② 問11－③ （各4点）

出題のねらい 身の回りの事柄に関して平易な英語で話されている短い対話を、場面の情報とイラストを参考にしながら聞いて、必要な情報を把握する力を問う問題です。

出典 *Original Material*

スクリプト

問8 8 正解 ①

W: Oh, I just love fall!
M: It's much too warm for this season!
W: Stop complaining! Just enjoy the view of the lake.
M: I can't believe the ice-cream store is closed!

Question: Which picture shows where the couple are?

全訳

女性：ああ、何たって私は秋が大好き！
男性：この季節にしてはあまりにも暖かすぎるよ。
女性：文句を言うのはやめて。ただ湖の景色を楽しめばいいのよ。
男性：アイスクリームショップが閉まっているなんて信じられない！

（問い）夫婦がいる場所を示しているのはどの絵か。

設問解説

正解は①。

男性と女性が自然の風景を前にして会話している。女性は最初の発言で「ああ、何たって私は秋が大好き！」と述べ、男性が「この季節にしてはあまりにも暖かすぎるよ」と応じていることから、この時点での季節は秋だとわかる。選択肢の中で、木が葉を落とし落ち葉が舞っている秋の風景を示しているのは①、②、④である。続いて女性が2回目の発言で「ただ湖の景色を楽しめばいいのよ」と言っていることから、男女の目の前には湖が見えていることがわかる。①、②、④の中で湖が描かれているのは①、②である。さらに男性は2回目の発言で「アイスクリームショップが閉まっているなんて信じられない！」と述べているが、①、②のうちアイスクリームショップが "CLOSED" という表示を掲げて閉店していることを示しているのは①であることから、正解は①となる。

主な語句・表現

◇just love fall の just は強意で「まさに；本当に；まったく」といった意味。
◇much too ...（...は通例形容詞か副詞）「あまりに...；大変...」 **（例）** This dress is *much too* large for me.「このドレスは私にはあまりにも大きすぎる」
◇complain「文句を言う」
◇Just enjoy の just は動詞の前で「ただ…（するだけで）」といった意味。

問9　9　正解 ④

スクリプト

M：Could you grab my pencil case, please?
W：This square one? Cute strap!
M：No, mine's the round one. The strap is similar.
W：Wait, a pencil is sticking out!

Question：Which pencil case is the man's?

全訳

男性：僕のペンケースをとってくれない？
女性：この四角いの？　かわいいストラップね！
男性：いや，僕のは丸いやつだよ。ストラップは似ているけど。
女性：待って，鉛筆が突き出ているわ！

（問い）どのペンケースが男性のものか。

設問解説

正解は ④。

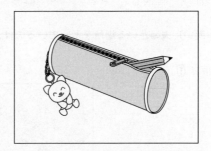

　男性と女性が男性のペンケースに関して会話している。自分のペンケースをとってくれないかと頼んでいる男性に，女性は「この四角いの？　かわいいストラップね！」と応じているが，それに対し男性が「いや，僕のは丸いやつだよ。ストラップは似ているけど」と述べていることから，男性のペンケースは丸い形（円筒形）で，ストラップがついていることがわかる。選択肢の中で，形が丸く（円筒形で）ストラップがついているペンケースは ④ だけなので，これが正解とわかる。さらに女性は「待って，鉛筆が突き出ているわ！」と発言しているが，④ のペンケースからは鉛筆が突き出ていることからも，正解が ④ ということが確かめられる。

主な語句・表現

◇grab「...をつかむ［つかみとる］」
◇square「四角い」 square one の one は pencil case を受けている。
◇strap「ストラップ（携帯電話についている提げひもなど）」
◇stick out「突き出る」

問10　10　正解 ②

スクリプト

W : That bag looks heavy!
M : Not really. I just brought a snack and a sweater. I decided not to bring my ball.
W : Oh, do you have my book?
M : I knew I'd forgotten something!

Question : What is in the man's bag?

全訳

女性：そのバッグ，重そうね！
男性：そうでもないよ。軽食とセーターを持ってきただけだから。ボールは持ってこないことにしたんだ。
女性：あら，私の本はある？
男性：何か忘れたってことはわかってたんだ！

（問い）男性のバッグの中には何が入っているか。

設問解説

正解は ②。

　男性と女性が男性のバッグの中身に関して会話している。「そのバッグ，重そうね！」と言う女性に対し，男性が「そうでもないよ。軽食とセーターを持ってきただけだから。ボールは持ってこないことにしたんだ」と応じていることから，男性のバッグの中には<u>軽食とセーターは入っているが，ボールは入っていない</u>ことがわかる。選択肢の中で，ボールは含めず<u>軽食とセーター</u>が描かれているのは ② と ④ である。さらに女性が「あら，私の本はある？」と尋ねると，男性が「何か忘れたってことはわかってたんだ！」と答えていることから，男性のバッグには<u>本が入っていない</u>と判断できるので，④ は不可となる。以上から正解は ② とわかる。

主な語句・表現

◇ snack「軽食；スナック菓子」
◇ decide not to -「-しないことにする［決める］」

問11　11　正解 ③

スクリプト

M : Your cram school is opposite the park, right?
W : No, it's on the other side of the station.
M : The new one by the bank?
W : Near there. It's one block south, between there and the gym.

Question : Where is the woman's cram school?

(全訳) 男性：君が通っている塾は公園の向かい側だよね？
女性：いいえ，駅の反対側よ。
男性：銀行のそばの新しくできた塾かい？
女性：そこの近くよ。南に1ブロック行った，そことジムの間にあるわ。

(問い) **女性が通っている塾はどこにあるか。**

(設問解説) 正解は **③**。

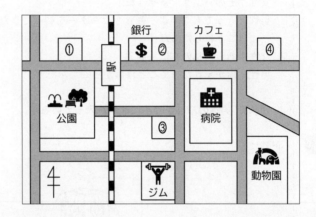

　男性と女性が女性の通う塾に関して会話している。男性が最初の発言で「君が通っている塾は公園の向かい側（=①）だよね？」と確認すると，女性は「いいえ，駅の反対側よ」と否定する。さらに男性が「銀行のそばの新しくできた塾かい？」と尋ねているが，「銀行のそばの新しくできた塾」は選択肢の②と考えられる。男性の質問に対し，女性は「そこの近くよ。南に1ブロック行った，そことジムの間にあるわ」と答えている。イラストの中で，②の近くで，②から南に1ブロック行ったところで，②とジムの間にあるのは③であるので，これが正解だとわかる。

(主な語句・表現)
◇ cram school「(学習)塾」
◇ opposite 前「…の向かい側に」
◇ right「〈自分の発言の適否を相手に確認して〉そうですよね」(例) Then you won't come, *right*?「それじゃあ，君は来ないんだね？」
◇ the new one の one は cram school を受けている。

第3問

解答

問 12 - ③	問 13 - ③	問 14 - ④	
問 15 - ④	問 16 - ④	問 17 - ④	(各3点)

出題のねらい

　　身の回りの事柄に関して平易な英語で話される短い対話を，場面の情報を参考にしながら聞いて，設問に対する答えを（イラストやグラフではなく）英語で書かれた選択肢から選ぶ問題です。

出典

Original Material

問12 　12　 正解③

スクリプト

W：Turn off that classical music, it's awful!

M：Well, we haven't listened to the string orchestra album you downloaded yesterday.

W：Good idea. Much better than that pop song you kept playing yesterday!　Or perhaps some light jazz?

M：They both sound nice and relaxing.　You decide.

全訳

女性：そのクラシック音楽を止めて，ひどいわ！

男性：そうだな，僕たち，君が昨日ダウンロードした弦楽合奏のアルバムを聴いてなかったね。

女性：いい考えだわ。あなたが昨日ずっとかけていたあのポップスよりはるかにいいわよ。それとも何か軽いジャズにする？

男性：どっちもすてきで，リラックスできそうだね。君が決めてよ。

（問い）　夫婦はどんな種類の音楽を聴くだろうか。

① クラシックか合奏
② クラシックかポップス
③ ジャズか合奏
④ ジャズかポップス

設問解説

正解は③。

　　女性（妻）が最初の発言で「そのクラシック音楽を止めて」と要求すると，男性（夫）は「そうだな，僕たち，君が昨日ダウンロードした弦楽合奏のアルバムを聴いてなかったね」と応じ，クラシック音楽はやめて弦楽合奏を聴くのはどうかと示唆している。その発言に対し女性は「いい考えだわ」と男性の発言に対する同意を伝えた後で，「あなたが昨日ずっとかけていたあのポップスよりはるかにいいわよ」と述べることで，男性が昨日聴いていたポップスを聴くことを暗に否定している。さらに女性が「それとも何か軽いジャズにする？」と男性に尋ねると，彼は「どっちもすてきで，リラックスできそうだね。君が決めてよ」と答えることで，弦楽合奏と軽いジャズのどちらでも構わないということを伝えている。以上のことから，夫婦がこれから聴く音楽の種類は弦楽合奏か軽いジャズであると判断できるので，③が正解となる。

　　①と②は，女性が最初の発言でクラシックを却下しているので不可。④は，女性が2回目の発言でポップスを暗に否定しているので不可。

— 英 L 11 —

主な語句・表現

◇ turn off ...「〈電気・テレビなど〉…を消す［止める］」

◇ classical music「クラシック音楽」　　◇ awful「ひどい；とても悪い」

◇ well はここでは「よろしい；そうだね」といった間投詞。

◇ string orchestra「弦楽合奏」

◇ album「(CD・レコードなどの) 曲集；アルバム」

◇ download「ダウンロードする」

◇ Much better than ... の Much は後に続く比較級を強調して「はるかに；ずっと」といった意味を表している。

◇ pop song「ポップ［ポピュラー］音楽；ポップス (pop music)」　pop は popular の短縮形。

◇ keep －ing「－し続ける」

◇ sound「…に聴こえる［響く］；…ように思われる」

◇ relaxing「リラックスできる；くつろがせる」

問 13　　13　　正解 ③

スクリプト

M：Did you get your uniform from the cleaning shop?

W：Yes, thanks. And I've just finished writing my report.

M：Wow, so early, good for you! Maybe you should take a nap as you are working all night.

W：Hmm, I don't have any time, but I wish I could!

全訳

男性：クリーニング屋から自分の制服を取ってきたかい？

女性：うん，ありがとう。私はレポートを書き終えたばかりよ。

男性：おっ，とても早いな，上出来だ！ 徹夜で働くんだから，おそらく仮眠をとった方がいいよ。

女性：んー，時間がまったくないんだけど，できればそうしたいわ。

(問い)　**女性は何をしなければならないか。**

① 制服を取ってくる

② 仮眠をとる

③ **徹夜で仕事をする**

④ レポートを書く

設問解説

正解は ③。

　女性が最初の発言でレポートを書き終えたばかりだと言うと，男性は「おっ，とても早いな，上出来だ！ 徹夜で働くんだから，おそらく仮眠をとった方がいいよ」と応じている。男性のこの発言から女性は徹夜で仕事をしなければならないことがわかるので，正解は ③ となる。

　① は，「クリーニング屋から自分の制服を取ってきたかい？」という男性の最初の発言に，女性は「うん，(確認をしてくれて) ありがとう」と答えていることから，女性は既に制服を取ってきたことがわかるので不可。

　② は，男性が 2 回目の発言で「徹夜で働くんだから，おそらく仮眠をとった方がいいよ」と提案すると，女性は「んー，時間がまったくないんだけど，できればそうしたいわ」と答えているが，I wish I could! という表現は「できればそうしたいけど (できない)」ということを意味しているので不可。

　④ は，女性が最初の発言で「私はレポートを書き終えたばかりよ」と述べているので，不可。

主な語句・表現

◇ good for you「上出来だ；でかした」　　◇ take a nap「仮眠をとる；昼寝をする」

— 英 L 12 —

◇ as you are working all night は「近い未来」を表す現在進行形。

問14　14　正解④

（スクリプト）

W : Wow, cool car, I love the color!

M : It's a bit bright, but never mind. Actually, I've borrowed it. The heater works perfectly, and that's important in this cold weather!

W : It's noisy though. Are you sure the engine is OK?

M : It's just old, don't worry!

（全訳）

女性：わあっ，かっこいい車，色が大好き！

男性：少し明るいけど，気にするほどではない。実は僕はこの車を借りたことがあるんだ。ヒーターは完璧に作動するし，この寒い気候ではそれが重要だ！

女性：でもちょっと音がうるさいわ。エンジンは大丈夫よね？

男性：ちょっと古いだけだよ，心配しないで。

（問い）　男性はこの車をどう思っているか。

① 彼は色が気に入っている。

② 彼はエンジンを心配している。

③ 車はちょっと音がうるさすぎる。

④ 車内は寒くない。

（設問解説）

正解は④。

　男女が借りようとしているレンタカーに関し，男性は最初の発言の後半で過去にその車を借りた経験から「ヒーターは完璧に作動するし，この寒い気候ではそれが重要だ！」と述べている。ヒーターが完璧に作動すれば寒い気候でも車の中は寒くなく暖かくしておけると判断できるので，正解は④となる。

　①は，「わあっ，かっこいい車，色が大好き！」という女性の最初の発言に男性は「少し明るいけど，気にするほどではない」と応じていることから，男性は車の色を許容はしているが気に入っているわけではないと推測できるので不可。

　②は，「でもちょっと音がうるさいわ。エンジンは大丈夫よね？」という女性の2回目の発言に男性は「ちょっと古いだけだよ，心配しないで」と応じていることから，男性はエンジンの調子を格段心配してはいないと判断できるので不可。

　③は，車の音に関して男性は言及していないので不可。

（主な語句・表現）

◇ never mind「たいしたことではない；心配するな」

◇ though「でも；…けど」　though はここでは副詞。

◇ be fond of ...「…が大好きである」　　　◇ be worried about ...「…を心配している」

◇ much too ...「あまりに…；非常に…」　much は too ... を強調している。

問15　15　正解④

（スクリプト）

W : The picture in the magazine was much prettier!

M : I know! There are hardly any trees, and although the river looks clean, the house looks old and unsafe.

W : I think everything looks terrible, including the water. The picture showed a forest! I won't stay in such a dangerous building!

— 英 L 13 —

（全訳）

女性：雑誌の写真の方がはるかによかったわ！

男性：わかるよ。木なんかほとんどないし，川はきれいそうに見えるけど，建物は古めかしくて安全じゃなさそうに見える。

女性：川の水も含めてすべてがひどい感じだと思うわ。写真には森が写っていたのよ！私はこんな危険な建物に泊まるつもりはないわ！

（問い）　2人はどういったことに関して意見が異なっているか。

① 建物が頑丈ではない。
② 木の数。
③ 写真はきれいだった。
④ 川はすてきな感じに思われる。

設問解説

正解は④。

　男性は「川はきれいそうに見えるけど，建物は古めかしくて安全じゃなさそうに見える」と男女の宿泊先の近くを流れる川に関して「きれいに見える」と肯定的な発言をしている一方で，女性は2回目の発言で「川の水も含めてすべてがひどい感じだと思うわ」と川に関して否定的な意見を述べていることから，男女は川に関して異なる意見を抱いていることがわかる。よって④が正解となる。

　①は，男性は「川はきれいそうに見えるけど，建物は古めかしくて安全じゃなさそうに見える」と男女が宿泊する予定の建物に関して否定的な発言をしており，女性もまた2回目の発言で「私はこんな危険な建物に泊まるつもりはないわ！」と同様に否定的な発言をしているので不可。

　②は，男性は周囲の木の様子に関し「木なんかほとんどない」と発言しており，女性は2回目の発言で「写真には森が写っていたのよ！」と述べているが，この発言は「写真には森が写っていたが，目の前の風景には森は見当たらない」ということを示唆している。したがって木の様子に関しては男女ともに「木はほとんどない」という意見で一致しているので不可。

　③は，女性は1回目の発言で「雑誌の写真の方がはるかによかったわ！」と宿泊先の写真に関して意見を述べており，それに対し男性は「わかるよ」と応じていることから，男女ともに「写真はきれいだった」という意見で一致していると判断できるので不可。

主な語句・表現

◇ much prettier の much は後に続く比較級を強調して「はるかに；ずっと」という意味を表している。

◇ I know「〈話し言葉で同意・共感などを示して〉そうですよね；本当だ；わかるよ」（例）"Oh, the test was really difficult. I couldn't solve it at all." "*I know.*"「あー，テスト本当に難しかった。まったく解けなかったよ」「わかるよ」

◇ hardly any +〈複数形〉「ほとんどない〈複数形〉」　= few +〈複数形〉

◇ house はここでは「建物」という意味。

◇ unsafe「安全ではない」　　　　　　　◇ terrible「ひどい」

◇ including ...「…を含めて」　　　　　　◇ disagree about ...「…に関し意見が異なる」

問16　　16　　正解④

スクリプト

M：Kanazawa tomorrow! After arriving I'll eat some fresh seafood!

W：First time there?

M：No. But I've never been to the art museum, and it's my first spring visit. Just before flying back, I'll leisurely enjoy the Kenrokuen Garden cherry blossoms.

W：You must visit the historic district!

— 英L 14 —

M：No, I saw that last time.

全訳

男性：明日は金沢だ！ 到着したら僕は何か新鮮な魚介類を食べるつもりだ。
女性：金沢は初めて？
男性：いや。だけど美術館には行ったことがないし，春に行くのは初めてなんだ。飛行機で戻ってくるちょうどその前ぐらいに，のんびりと兼六園の桜を楽しんでくるよ。
女性：歴史地区を訪れなきゃ！
男性：いや，それは前回見物したんだ。

（問い） **男性は旅行の最後に何をするだろうか。**

① 美術館へ行く
② 何か魚介類を食べる
③ 歴史地区を見物する
④ 庭園を散歩する

設問解説

正解は④。

男性は2回目の発言で「飛行機で戻ってくるちょうどその前ぐらいに，のんびりと兼六園の桜を楽しんでくるよ」と述べていることから，男性は旅行の最後に庭園の桜を楽しむことがわかるので，④が正解となる。

①は，美術館に関して男性は2回目の発言で「美術館には行ったことがない」と言っているだけで，今回の旅行で美術館を訪れるかどうかに関しては言及していないので不可。

②は，男性は1回目の発言で「到着したら僕は何か新鮮な魚介類を食べるつもりだ」と述べていることから，何か魚介類を食べるのは旅行での最初の行動となると判断できるので不可。

③は，女性が2回目の発言で「歴史地区を訪れなきゃ！」と提案すると，男性は「いや，それは前回見物したんだ」と応じていることから，男性は今回の旅行で歴史地区を訪れることはないと推測できるので不可。

主な語句・表現

◇ have never been to ... はここでは「…へは一度も行ったことがない」という意味。
◇ just before ...「…する直前に」　◇ fly back「飛行機で戻ってくる」
◇ leisurely「のんびりと」　◇ historic district「歴史地区」

問17 　17 　正解④

スクリプト

W：Long time no see!
M：Hi! Yeah, I changed careers. The hours are flexible, which suits me. I trained to become a nurse!
W：Fantastic! How come?
M：I wanted to do something more challenging. I tell you, I don't miss my old boss's temper!
W：It sounds busy. I bet you love helping people!

全訳

女性：久しぶりね！
男性：やあ！ そうだね，僕は仕事を変えたんだ。時間の融通が効くから，僕に合ってるよ。看護師になる訓練を受けたよ！
女性：すばらしい！ どうしてなの？
男性：もっとやりがいのあることをしたかったんだ。言っておくけど，元の上司が短気だったことなんか懐かしくもなんともないね！

— 英L 15 —

女性：そう聞くと忙しそうね。あなたはきっと人助けをするのが好きなんだわ！

（問い）　なぜ男性は仕事を変えることにしたのか。

① 他の人を助けることが本当に好きだから。
② もっと融通の効く労働時間が希望だったから。
③ 元の上司が怒りっぽかったから。
④ **元の仕事が十分にやりがいのあるものではなかったから。**

設問解説

正解は**④**。

　男性が最初の発言で仕事を変えたことを女性に伝えると，女性は「すばらしい！　どうしてなの？」とその理由を尋ねている。それに対し男性は「もっとやりがいのあることをしたかったんだ」と言っているのだから，正解は**④**とわかる。

　①は，女性は最後の発言で「あなたはきっと人助けをするのが好きなんだわ！」と推測しているが，男性自身は，人を助けることが好きだから職を変えた，と述べているわけではないので不可。

　②は，男性は最初の発言で仕事を変えたと述べた後で「時間の融通が効くから，僕に合ってるよ」と続けているが，仕事を変えた結果として時間の融通が効くことがわかっただけであって，時間の融通が効くから仕事を変えたと述べているわけではないので不可。

　③は，男性は2回目の発言の最後に「元の上司が短気だったことなんか懐かしくもなんともないね！」と発言しているが，元の上司が怒りっぽかったから仕事を変えた，と述べているわけではないので不可。

主な語句・表現

◇ Long time no see.「〈話し言葉で〉久しぶりですね」
◇ flexible「融通の効く；適応性に富んだ」
◇ suit「…に合う［適合する］」
◇ train はここでは「訓練［教育］を受ける」という意味の自動詞。
◇ how come?「〈理由を尋ねて〉なぜ？」
◇ challenging 形「〈仕事などが〉やりがいのある；意欲をそそる」
◇ I tell you「〈挿入的に〉（信じられないかもしれないが）本当に；絶対に；言っておきますが」
◇ miss「…がないのを寂しく思う」　　　◇ temper「短気；怒りっぽい性格」
◇ sound＋形容詞「…のように聞こえる」　◇ I bet ...「〈確信を示して〉きっと…だ」
◇ have a bad temper「怒りっぽい；気難しい」

— 英L 16 —

第4問

解答

A 問18～21 18 ① 19 ④ 20 ③ 21 ② （完答で4点）
　問22～25 22 ⑤ 23 ④ 24 ⑥ 25 ② （各1点）
B 問26 — ④ （4点）

出題のねらい

A 問18～21では90語程度の英文，そして問22～25では80語程度の英文を聞いて，図表を完成させることを通じて，内容や話し手の意図を把握する力を問う問題です。

出典

Original Material

問18～21　正解 18 ① 19 ④ 20 ③ 21 ②

スクリプト

Have you ever thought about starting your own clothing business? You'll need to pay for clothing materials, machines and tools, and photography as well as your website and sales license. You should also save about one-fifth of your money for any extras or emergencies. Your machines and tools will be the same price as your sales license, which is pretty cheap, and your photography will cost double that. The biggest expense will be buying various clothing materials so that you can buy enough to make lots of kinds of clothes.

全訳

あなたは今までに自分で衣料品事業を起業することについて考えたことがありますか。ウェブサイトや販売業免許に加え，衣料素材，機械と道具，そして写真に対する支払いをする必要が出てくるでしょう。また，追加や緊急用として自分の資金の5分の1ぐらいは貯蓄するべきです。機械と道具は販売業免許と同額でかなり安いですが，写真にはその倍の費用がかかるでしょう。最も大きな出費は，さまざまな衣料素材の購入費で，多くの種類の衣料品を製造するための十分な量を買うことができるでしょう。

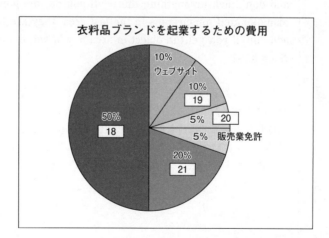

① 衣料素材
② 追加／緊急用
③ 機械と道具
④ 写真

設問解説

　第3文で「追加や緊急用として自分の資金の5分の1ぐらいは貯蓄するべき」と述べられていることから，グラフの5分の1にあたる20%の項目の　21　が②「追加／緊急用」とわかる。

　第4文で「機械と道具は販売業免許と同額でかなり安いですが，写真にはその倍の費用がかかるでしょう」と述べられている。「機械と道具は販売業免許と同額でかなり安い」ので，割合が少なく，同じ数値である2つの5%の項目が③「機械と道具」と「販売業免許」と判断できることから　20　は③となる。

　上で述べたように2つの5%の項目は「機械と道具」と「販売業免許」であり，写真はその倍の費用がかかるのだから，10%の項目である　19　が④「写真」ということになる。

　最終文で「最も大きな出費は，さまざまな衣料素材の購入費で，多くの種類の衣料品を製造するための十分な量を買うことができるでしょう」と述べられていることから，グラフの中で最も大きな割合（50%）となっている　18　が①「衣料素材」とわかる。

主な語句・表現

◇ start a business「起業する；事業［ビジネス］を始める」
◇ pay for ...「…の代金を支払う」　　　　◇ clothing material「衣料素材」
◇ as well as ...「…と同様；…ばかりでなく」
◇ sales license「販売業免許」　　　　　◇ one-fifth of ...「…の5分の1」
◇ extra「余分なもの」　ここでは予想外のものに対する出費を意味している。
◇ emergency「緊急（事態）」　ここでは緊急に発生する出費を意味している。
◇ double that「その2倍」　that は前述の内容である「機械と道具」と「販売業免許」の割合を受けている。
◇ so that ...「（通例節中に can や will を伴い，目的を表して）…するために」
◇ brand「ブランド；銘柄」

問 22 ～ 25　正解　　22　⑤　　　23　④　　　24　⑥　　　25　②

スクリプト

　Here's some game advice!　Before crossing the river into area 4, you must catch the object there.　It's worth the highest number of points!　Be careful of the areas with stars, and don't pick up anything there.　If you do, the game will finish.　Though there are many spotted mushrooms in the last area, they are half as valuable as the spider.　In addition, if you get the object in area 5, you will immediately go up to the level above!　Good luck!

全訳

　ゲームのアドバイスをいくらか！　エリア4へと続く川を渡る前に，必ずそこでアイテムを手に入れておくこと。そのアイテムは最高得点となっています！　星の付いたエリアには注意して，そこでは何も拾わないこと。もし拾ってしまうと，ゲームが終わってしまいます。最終エリアには水玉模様のキノコがたくさん出てきますが，それらの価値はクモの半分です。さらに，エリア5でアイテムを取れば，すぐに上のレベルに行けるでしょう！　がんばって！

— 英 L 18 —

完璧なゲームプラン

ゲームエリア（レベル5）		アイテム	結果
エリア1）		ヘビ	
エリア2）	★	カメ	22
エリア3）		クモ	23
エリア4）	★	黄色い葉	
エリア5）		紫の帽子	24
エリア6）		水玉模様のキノコ	25

① 10 ポイント
② 20 ポイント
③ 30 ポイント
④ 40 ポイント
⑤ ゲームオーバー
⑥ 次のレベル

設問解説

　第2～3文では「エリア4へと続く川を渡る前に，必ずそこでアイテムを手に入れておくこと。そのアイテムは最高得点となっています」と述べられている。「エリア4へと続く川を渡る前」とはエリア3のことなので，そこに出てくるアイテムであるクモが最高得点（40ポイント）に値することがわかる。よって 23 には④が入る。

　放送された英語の第4～5文で「星の付いたエリアには注意して，そこでは何も拾わないこと。もし拾ってしまうと，ゲームが終わってしまいます」と述べられていることから，星の付いたエリア2）に出てくるアイテムであるカメを拾ってしまうとゲームが終わってしまうことがわかるので， 22 には⑤が入るとわかる。

　第6文の前半で「最終エリアには水玉模様のキノコがたくさん出てきますが，それらの価値はクモの半分です」と述べられていることから，キノコはクモの半分のポイントであるとわかる。 23 の解説で述べたようにクモは最高得点の40ポイントであることから，キノコはその半分の20ポイントであると判断できるので， 25 には②が入る。

　第7文で「エリア5でアイテムを取れば，すぐに上のレベルに行けるでしょう！」と述べられている。エリア5でアイテムの紫の帽子を取ると上のレベルに行けることがわかるので， 24 には⑥が入る。

主な語句・表現

◇ object はここでは「物；物体」という意味であり，各エリアに登場するヘビ，カメといったアイテムを指している。

◇ worth「…の価値がある」　　　　　◇ pick up ...「…を拾う」

◇ spotted「水玉模様の；斑点のある」　◇ outcome「結果」

— 英 L 19 —

出題のねらい　B　全体で170語程度からなる複数の情報を聞いて，それを比較して，最も条件に合う選択肢を選ぶ問題です。英語の非母国語話者が登場するのもこの問題の特徴の1つです。

出典　*Original Material*

問26　26　正解④

スクリプト
① Visit the British Museum, which has a long history. There is so much to see that even half a day is not enough time to feel satisfied! There is a fantastic audio guide for a small fee which includes Chinese, Japanese and Korean.

② Tour Buckingham Palace with a headphone tour! For our tourists from East Asia we have Chinese and Japanese versions, but not Korean yet. When crowded you need at least three hours, but feel free to take pictures!

③ In less than two hours you can see the whole of London on the London Eye, from the sky! Listen to a description of what you are seeing in several European languages, Chinese and Japanese. Book online and skip the lines for this wonderful modern attraction!

④ Tour the Tower of London, built around one thousand years ago, hearing its dark stories on a headset in Chinese, Korean, Japanese or many European languages. Book online for discount tickets. Even when crowded you can explore everywhere in less than three hours!

全訳
① 長い歴史を持つ大英博物館を訪れてください。見るべきものが非常に多くあるので，満足感を得るためには半日あっても十分な時間とは言えません！　中国語，日本語，韓国語を含むすばらしい音声ガイドが安価で利用できます。

② ヘッドフォンツアーのあるバッキンガム宮殿を見学してみてください！　東アジアからお越しの観光客の方々のために中国語と日本語のツアーはありますが，韓国語によるツアーはまだありません。混雑時には少なくとも3時間は必要ですが，写真は自由に撮ることができます！

③ ロンドン・アイでは2時間足らずで空からロンドン全体を見渡すことができます！　いくつかのヨーロッパの言語，中国語，日本語で目にしているものの詳細をお聞きになってはいかがでしょうか。オンラインで予約し，すばらしい現代的アトラクションのために並ぶ列を飛ばしてください。

④ ヘッドフォンを使って中国語，韓国語，日本語，あるいは多くのヨーロッパの言語で隠された物語を聴きながら，約1000年前に建てられたロンドン塔を見学してみてください。割引チケットはオンラインで予約してください。混雑時でも3時間未満ですべての場所を探索することができます！

（問い）あなた方は　26　を訪れる可能性が最も高い。

① 大英博物館
② バッキンガム宮殿
③ ロンドン・アイ
④ ロンドン塔

— 英 L 20 —

設問解説

正解は **④**。

　放送された **④**「ロンドン塔」の情報の第1文では「ヘッドフォンを使って中国語，韓国語，日本語，あるいは多くのヨーロッパの言語で隠された物語を聴きながら，約1000年前に建てられたロンドン塔を見学してみてください」と述べられていることから，このツアーには韓国語での音声ガイドがあること，ロンドン塔が約1000年前に建てられた歴史のある建造物であることがわかり，それぞれ条件Bと条件Aを満たしていると判断できる。また，最終文で「混雑時でも3時間未満ですべての場所を探索することができます！」と述べられていることから，条件Cも満たしているとわかるので，正解は **④** となる。

　① は，第2文で「見るべきものが非常に多くあるので，満足感を得るためには半日あっても十分な時間とは言えません！」と述べられていることから，条件Cを満たすことができないことがわかるので不可。

　② は，第2文で「東アジアからお越しの観光客の方々のために中国語と日本語のツアーはありますが，韓国語によるツアーはまだありません」と述べられていることから，条件Bを満たしていないので不可。また最終文で「混雑時には少なくとも3時間は必要です」と述べられていることから，条件Cも満たしていないので不可。

　③ は，第2文で外国語による音声ガイドに関し「いくつかのヨーロッパの言語，中国語，日本語で目にしているものの詳細をお聞きになってはいかがでしょうか」と述べられてはいるが，そこに韓国語は含まれておらず，条件Bを満たしていないことがわかるので不可。また最終文で「オンラインで予約し，すばらしい現代的アトラクションのために並ぶ列を飛ばしてください」と述べられていることから，ロンドン・アイは現代的な建造物であると推測でき，条件Aを満たしていないこともわかるので不可。

主な語句・表現

◇ so much to see that ... は〈so ... that ～〉構文で「非常に…なので～」という意味を表している。

◇ fee「料金；手数料」

◇ Tour Buckingham Palace ... の Tour は「…を旅行する［見学する］」という意味の他動詞。

◇ Chinese and Japanese versions とは「ヘッドフォンツアーの中国語および日本語版」のこと。

◇ When crowded「混雑時には」　When と crowded の間には it [Buckingham Palace] is が省略されている。

◇ feel free to –「自由に－することができる」

◇ description「説明」　　　　　　　　　◇ book「予約する」

◇ skip「…を飛ばす［省く］」　　　　　　◇ line「（人の）列」

◇ attraction「アトラクション；呼び物」　ここではロンドン・アイのことを指している。

◇ dark story「隠された物語」　　　　　　◇ headset「ヘッドフォン；ヘッドセット」

— 英 L 21 —

第5問

解答

問 27 − ③			（3点）
問 28 〜 31	**28** ⑤	**29** ②	（完答で2点）
	30 ①	**31** ③	（完答で2点）
問 32 − ③	問 33 − ④		（各4点）

出題のねらい

300 語程度の社会的な話題に関する講義を聞いて，ワークシートを完成させたり，内容一致問題に答えることを通じて，概要や要点をとらえる力を問う問題です。さらには問 33 では，聞き取った情報と，図表から読み取れる情報を組み合わせて判断する力が問われています。

出典　*Original Material*

スクリプト

Today, let's study about cocoa, chocolate's main ingredient. It is mostly grown in developing nations, many in West Africa. Farming it is hard on the body because it must be picked alone by hand. The farmers must also concentrate carefully to not damage the trees, before drying each bean under the burning sun.

Farmers of cocoa work extremely hard for long hours with little reward. Families relying on cocoa for income receive far too little money to live comfortably. Dishonest government officials sometimes use broken scales when weighing the farmers' product to make it look lighter than it is, and this greatly harms the farmers financially.

Kuapa Kokoo is a fair-trade organization founded in Ghana in 1993. It wants to ensure cocoa farmers, around half of whom cannot read and write, are treated well. They are demanding fewer working hours, regular rests, and pay that provides life quality. They also oversee all office duties and check documentation regarding trade and transportation, which means the entire cocoa to chocolate journey goes smoothly. An application, which is vastly improving the lives of Ghanaian farmers, is teaching them how to farm safely through interactive games, pictures and videos.

Around 32% of Kuapa Kokoo members are now women. Women's potential must be recognized by Ghana's politicians, because as more men are choosing careers unrelated to agriculture, it is not sure how this industry can continue to support this country's economy. As the world's second largest cocoa producer, Ghana must keep this economically important source of income alive.

Let's explore the support cocoa farmers get in other regions. Each group will present their findings to the class.

全訳

今日は，チョコレートの主成分であるココアについて勉強しましょう。ココアは大部分が発展途上国で栽培されていますが，その多くは西アフリカにあります。ココアはもっぱら手によってのみ摘み取らなくてはならないために，ココアの栽培は体にはきついものとなっています。また農家の人たちは，それぞれの豆を強い日差しのもとで乾燥させる前に，木を傷つけないように注意を払って集中しなければなりません。

ココア農家の人たちはほとんど報酬をもらわずに，長時間にわたってきわめてきつい労働をしています。ココアに収入を頼っている家族が受け取るお金はあまりに少なすぎて，快適に暮らすことができていません。不正なことをする政府の役人は，農家の生産物を計量するときに，実際よりも軽量に見せかけるために時々壊れた秤（はかり）を使うことがあり，これが農家にとって金銭的な大打撃となっています。

― 英 L 22 ―

クアパコクーは，1993 年にガーナで設立されたフェアトレード機関です。この機関は，約半分の人たちが文字を読んだり書いたりできないココア農家の待遇が確実によくなることを望んでいます。クアパコクーは労働時間の減少と定期的な休憩，そして質の高い生活をもたらしてくれる賃金を要求しています。また役所のあらゆる業務を監視し，取引と輸送に関する公式文書を点検しており，それはすべてのココアがチョコレートになるまでの過程が円滑に進むことを意味しています。ガーナの農家の生活を大きく改善しているアプリケーションは，彼らに双方向型ゲームや写真や動画を通して支障なく農業を行う方法を教えています。

　現在，クアパコクーのメンバーの約 32 パーセントが女性です。農業とは無関係の仕事を選んでいる男性が増えるに従い，どのようにしてこの産業がこの国の経済を支え続けることができるのかが確かではなくなっているために，女性の可能性がガーナの政治家に認められなければなりません。世界第 2 位のココア生産国として，ガーナはココアというこの経済的に重要な収入源を存続させなければなりません。

　他の地域でココア農家が受けている支援を探ってみましょう。それぞれのグループは自分たちが発見したことを授業で発表することになるでしょう。

設問解説

[ワークシート]

> ### ココア農業
>
> ◇ いくつかの事実
>
> ・何： 　　　　チョコレートの主成分
>
> ・どこで： 　　多くの場合，西アフリカのような発展途上国で
>
> ・農業の課程： 　　〔 　**27** 　〕
>
> ◇ ガーナの農家にとっての生活
>
> **伝統的な手法を用いている農家にとって**
>
> ・低賃金のために 　**28** 　なしに暮らしている
>
> ・政府が 　**29** 　を検査することによりだまされている
>
> **クアパコクーのメンバーにとって**
>
> ・人々が受け取る 　**30** 　時間の量が増えている
>
> ・ 　**31** 　を完了させる責任が少ない

問 27 　**27** 　正解 ③

① きつく，水に濡れる
② ひどく疲労させ，機械的な
③ 集中的で，肉体的な
④ いら立たしく，暑い

正解は ③。

　第 1 段落第 3 文では「ココアはもっぱら手によってのみ摘み取らなくてはならないために，ココアの栽培は<u>体にはきつい</u>ものとなっています」と述べられ，続く第 4 文では「また農家の人たちは，それぞれの豆を強い日差しのもとで乾燥させる前に，木を傷つけないように注意を払って<u>集中</u>しなければなりません」と述べられていることから，ココアを栽培する農業の過程は「集中的で，肉体的な」ものであると判断できるので，正解は ③ となる。

— 英 L 23 —

問 28 〜 31　正解　| 28 |　⑤　| 29 |　②　| 30 |　①　| 31 |　③

① 休憩　　　　　② 商品　　　　　③ 文書業務
④ 報酬　　　　　⑤ 満足感　　　　⑥ 旅行

| 28 |　第2段落第1〜2文において「ココア農家の人たちはほとんど報酬をもらわずに，長時間にわたってきわめてきつい労働をしています。ココアに収入を頼っている家族が受け取るお金はあまりに少なすぎて，快適に暮らすことができていません」と述べられていることから，| 28 | に⑤「満足感」を入れれば，伝統的な手法を用いている農家は「低賃金のために満足感なしに暮らしている」となり，スクリプトと一致する。

| 29 |　第2段落第3文で「不正なことをする政府の役人は，農家の生産物を計量するときに，実際よりも軽量に見せかけるために時々壊れた秤（はかり）を使うことがあり，これが農家にとって金銭的な大打撃となっています」と述べられていることから，| 29 | に②「商品」を入れれば，伝統的な手法を用いている農家に関しては「政府が商品を検査することによりだまされている」となり，スクリプトと一致する。

| 30 |　第3段落第3文で「クアパコクーは労働時間の減少と定期的な休憩，そして質の高い生活をもたらしてくれる賃金を要求しています」と述べられていることから，おそらくのところクアパコクーの要求によって農家の人たちの労働時間は減少し休憩時間は増加していると推測できるので，| 30 | に①「休憩」を入れれば，クアパコクーに所属している人々に関しては「人々が受け取る休憩時間の量が増えている」となり，スクリプトと一致する。

| 31 |　クアパコクーというフェアトレード機関のことを述べている第3段落第4文で「また（この機関は）役所のあらゆる業務を監視し，取引と輸送に関する公式文書を点検しており，それはすべてのココアがチョコレートになるまでの過程が円滑に進むことを意味しています」と述べられていることから，クアパコクーが農家に代わって取引と輸送に関する文書の点検を行っていることがわかり，| 31 | に③「文書業務」を入れれば，クアパコクーに所属している人々に関しては「文書業務を完了させる責任が少ない」となり，スクリプトと一致する。

問 32　| 32 |　正解 ③

① ココア農家がうまくいっているので，親戚の人たちが自分の仕事を辞めてココア農家に加わりつつある。
② ココアを供給するための費用が急速に上昇しているので，利益が少なくなっている。
③ **ガーナがココアの輸出に依存しているにもかかわらず，ガーナではこの産業の未来は不確実である。**
④ ガーナの女性政治家が増えた結果，女性の雇用に関する権利の平等性が増している。

正解は③。
　第4段落第2文では「どのようにしてこの産業がこの国の経済を支え続けることができるのかが確かではない」と言及され，また同段落最終文の内容からココアがガーナの経済にとって重要な収入源であることがわかるので，正解は③「ガーナがココアの輸出に依存しているにもかかわらず，ガーナではこの産業の未来は不確実である」となる。
　①，②，④に関しては，それらの内容は放送では述べられていないので，いずれも誤り。

(主な語句・表現)

[第1段落]　◇ ingredient「（食品などの）成分」
　◇ to not −「−しないように」 not to− としても同じ。
　◇ under the burning sun「強い日差しのもとで；炎天下で」

— 英L 24 —

[第2段落]	◇ reward「報酬」	◇ rely on A for B「AにBを頼る」
	◇ dishonest「不誠実な；不正の」	◇ scale「秤」
	◇ weigh「…の重さをはかる」	◇ financially「経済的に；金銭的に」
[第3段落]	◇ found「…を設立する」	◇ ensure (that) SV「確実にSVするようにする」
	◇ demand「…を要求する」	◇ life quality「質の高い生活」
	◇ oversee「…を監視する」	◇ duty「業務；仕事」
	◇ documentation「公式文書」	◇ regarding ...「…に関する」
	◇ cocoa to chocolate journey「ココアがチョコレートになるまでの過程」	
	◇ application「アプリケーション」 表計算やグラフィックスなど，用途に応じて作られたソフトウェアのこと。	
	◇ vastly「大いに」	◇ interactive「双方向型の」
[第4段落]	◇ unrelated to ...「…に無関係な」	
[ワークシート]	◇ region「地域」	◇ due to ...「…のために」
	◇ cheat「…をだます」	
[設問・選択肢]	◇ relative「親戚；親類」	◇ result in ...「…という結果をもたらす」
	◇ employment right「雇用に関する権利」	

出典 *Original Material*

スクリプト Our group compared the cocoa farming situation in Ghana to that of Côte d'Ivoire, the leading cocoa producer. Though in Ghana applications are advancing farmers' prospects the most with information on chemicals and weather patterns, this isn't true in Côte d'Ivoire. Look at the graph and data we found.

全訳 私たちのグループは，ガーナと，トップのココア生産国であるコートジボワールにおけるココア農業の状況を比較しました。ガーナではアプリケーションが化学物質や気象パターンに関する情報を与えてくれることで農家の将来的見通しがもっともよくなっていますが，それはコートジボワールには当てはまりません。私たちが見つけたグラフとデータを見てください。

設問解説 問33　33　正解 ④

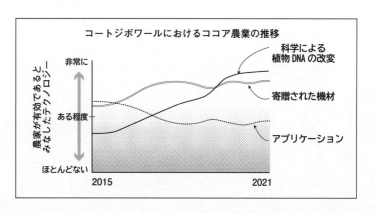

① コートジボワールに簡易機材がないことが，うまくいっていない生産の主な理由となっている。

② コートジボワールにおける気候変動と安全規制はガーナよりも厳しくない。

③ ガーナの農家はコートジボワールの農家よりもテクノロジーの利用にはるかに適応している。

④ テクノロジーはコートジボワールのココア農業をより効率的にしたが，その方法はガーナとは異なっている。

正解は④。

　グループの発表の第2文では「ガーナではアプリケーションが化学物質や気象パターンに関する情報を与えてくれることで農家の将来的見通しがもっともよくなっていますが，それはコートジボワールには当てはまりません」と述べられ，グラフにおいて，「科学による植物DNAの改変」は2015年から2021年にかけて急上昇し，コートジボワールにおいてもっとも有効であるとみなされるようになったことがわかるが，ガーナにおいてもっとも効果を発揮した「アプリケーション」はコートジボワールでは2015年の第1位から2021年には第3位に下落していることが見て取れる。よって，ガーナとコートジボワールにおいてココア農業を効率的にしたテクノロジーの種類は異なっていることがわかるので，正解は④となる。

主な語句・表現

[グループの発表]　◇ compare A to B「AをBと比較する」　◇ leading「第1位の」
◇ chemical「化学物質」

[設問・選択肢]　◇ simple equipment「簡易機材」　◇ unsuccessful「うまくいかない」
◇ climate change「気候変動」　◇ safety regulation「安全規制」
◇ adapt to ...「…に適応する」

第6問

解答	A	問34 – ②	問35 – ②	（各3点）
	B	問36 – ②	問37 – ②	（各4点）

出題のねらい　A　学生が遭遇する可能性がある状況に関わる170語程度の会話を聞いて，話者の発話の要点を選ぶことを通じ，必要な情報を把握する力を問う問題です。

出典　*Original Material*

問34　34　正解 ②　　問35　35　正解 ②

スクリプト　［設問解説のために，通し番号をふってあります］

① Billy : Corrine, did you see the new school solar panels?

② Corrine : Of course, Billy! I wish my home had them. Using the sun as power is so environmentally-friendly.

③ Billy : True, but buying and setting up panels is really expensive.

④ Corrine : Yes, but the sun is free, so after you have panels, electricity is cheap.

⑤ Billy : Only if you stay in one place! It's impossible to carry huge panels to a new address. You'll have to leave them. What a waste of money!

⑥ Corrine : But if we encourage more people to get them, they'll be commonplace on houses everywhere. It won't be an issue.

⑦ Billy : Well, it sounds great in sunny climates, or in wealthy neighborhoods. But what about in poorer areas, and in winter? In many areas daylight hours are few, and snow simply blocks panels.

⑧ Corrine : Yeah, weather! Imagine there is a storm, or a different natural disaster, like an earthquake. Traditional electricity sources may be unavailable for days. If you rely on the sun, you'll be fine.

⑨ Billy : Talking of the sun, it's hot! Let's go back inside.

全訳

①ビリー　：コリーン，学校の新しいソーラーパネルを見たかい？

②コリーン：もちろんよ，ビリー！　私の家にもあるといいのに。日光をエネルギーとして利用するのはとても環境にやさしいことだわ。

③ビリー　：確かにその通りだけど，パネルを買って設置するのは実にお金がかかるよ。

④コリーン：そうね，だけど日光はただだから，パネルを設置した後は電力は安く済むわ。

⑤ビリー　：1箇所にとどまっていさえすればね！　巨大なパネルを新しい住所に運ぶのは不可能だ。パネルは残していかざるをえなくなる。なんというお金の無駄だろう！

⑥コリーン：でももっと多くの人たちにパネルを手に入れることを勧めれば，パネルはあらゆる場所の家で普通に見られるものになるわ。問題にはならなくなるわよ。

⑦ビリー　：まあ，よく晴れる天候や裕福な地域においては素晴らしいことに思えるよね。だけど，貧しい地域だと，そして冬だとどうだろう？　多くの地域では，日照時間が少なく，雪が簡単にパネルをさえぎってしまうよ。

⑧コリーン：そう，天候よ！　嵐や地震のような別の自然災害を想像してみて。従来の電力源は何日も使用できなくなるかもしれないわ。日光を頼りにしていれば，大丈夫。

⑨ビリー　：日光と言えば，暑いね。室内に戻ろうよ。

— 英L 27 —

設問解説

問34 （問い） どの記述が太陽エネルギーに関するビリーの意見をもっともよく表しているか。

① たいていの裕福な人々はすでに太陽エネルギーを利用している。

❷ ソーラーパネルは必ずしも実用的というわけではない。

③ ソーラーパネルは運ぶのに多大な費用がかかる。

④ 太陽エネルギーにとって天候はあまりにあてにできない。

正解は❷。

　ビリーは③の発言で「パネルを買って設置するのは実にお金がかかるよ」と，⑤の発言で「巨大なパネルを新しい住所に運ぶのは不可能だ」と，さらに⑦の発言では，「貧しい地域だと，そして冬だとどうだろう？　多くの地域では，日照時間が少なく，雪が簡単にパネルをさえぎってしまうよ」といずれもソーラーパネルの実用性に関する否定的意見を述べていることから，正解は❷となる。

　①は，ビリーは裕福な人々がすでに太陽エネルギーを利用しているかどうかに関しては言及していないので誤り。③は，ビリーは③の発言でパネルを設置するには実にお金がかかると述べているが，「運ぶのに多大な費用がかかる」とは言ってはいない。また⑤の発言で巨大なパネルを新しい住所に運ぶのは不可能だと述べているが，やはり「運ぶのに多大な費用がかかる」とは言ってはいないので誤り。④は，ビリーは⑦の発言で冬は日照時間が少なく雪が簡単にパネルをさえぎってしまうと発言しているが，一般に「太陽エネルギーにとって天候はあまりにあてにできない」とは述べていないので誤り。

問35 （問い） コリーンは以下の記述のどれに同意するであろうか。

① 長い雨の期間でさえ，太陽エネルギーは効果がある。

❷ ソーラーパネルを持っている人々は電気代の支払いが安く済む。

③ よくあるエネルギー源は危険であるけれども，人気が高い。

④ 私たちはすでに災害時には自然に頼っている。

正解は❷。

　コリーンは④の発言で，パネルを買って設置するのは実にお金がかかるというビリーの意見に「そうね」と同意した後で，「だけど日光はただだから，パネルを設置した後は電力は安く済むわよ」と述べていることから，正解は❷となる。

　①，③，④の内容に関しては，いずれもコリーンは言及していないので誤り。

主な語句・表現

[会話文]
◇ solar panel「ソーラーパネル；太陽電池板」
◇ True, but ...「確かにそうだが…」　　◇ set up ...「…を設置［用意］する」
◇ electricity「電気」　　　　　　　　　◇ waste「無駄；浪費」
◇ encourage A to −「A に −するよう勧める［奨励する］」
◇ commonplace「ごく普通の；よく見られる」
◇ issue「問題」　　　　　　　　　　　　◇ block「…をさえぎる［遮断する］」
◇ unavailable「利用できない」　　　　　◇ rely on ...「…に頼る」
◇ talking of ...「〈文頭で用いて〉…と言えば」

[設問・選択肢]
◇ not necessarily ...「必ずしも…というわけではない」
◇ cost ... to −「−するには…の費用がかかる」
◇ unreliable「信頼できない；あてにならない」
◇ in times of ...「…のときには」

— 英 L 28 —

| 出題のねらい | B　240語程度の会話や議論を聞いて，それぞれの話者の立場を判断する問題です。さらに，意見の根拠となる図表を選ぶことを通じて，必要な情報を統合し，要点を整理，判断する力が問われています。 |

| 出典 | *Original Material* |

| スクリプト | 問36　36　正解②　　問37　37　正解② |

[設問解説のために，通し番号をふってあります]

① Jacob　: We are finally university students! I can't wait for lectures next week!

② Molly　: I hear you, Jacob! Let's get our bus passes later.

③ Jacob　: Actually, Molly, I was thinking of cycling. With little free time after classes start, it will be a rare chance to exercise. You have a bike right, Harry?

④ Harry　: Yeah, but as you mentioned, we'll be busy. If I commute by bus I can study while traveling between here and campus.

⑤ Molly　: I certainly don't want to cycle in the rain. The roads will be crowded, and I'll need time to dry off.

⑥ Reina　: Come on Molly, you can just buy some cheap rainwear! Besides, bikes can keep moving when buses get stuck in traffic jams.

⑦ Jacob　: I agree, Reina. And imagine the money you'd save!

⑧ Harry　: But Jacob, considering the student bus discount, and the cost of a bicycle helmet and monthly parking fee, cycling could be expensive.

⑨ Jacob　: Good point. I planned to buy a second-hand bike but hadn't considered those extra fees. Is the bus service regular, Harry?

⑩ Harry　: Not all day, but the bus company provides buses at times when students need them. They run until late, so no problem if you want to do after-school activities, right Molly?

⑪ Molly　: Sure. Reina, cycling beside cars and buses could be risky, too.

⑫ Reina　: Not if you are careful. Anyway, let's have our first cup of tea together, roommates!

| 全訳 |

①ジェイコブ：ついに僕たち大学生だね！　来週の講義が待ちきれないよ。

②モリー　　：そうね，ジェイコブ！　後でバスの定期を買いに行きましょう。

③ジェイコブ：モリー，実は僕，自転車にしようかなと思ってたんだ。授業が始まると自由な時間がほとんどなくて，運動する機会はめったになくなるよ。ハリー，君は自転車を持っているよね。

④ハリー　　：うん，でも君が言ったように，僕たちは忙しくなるよ。バスで通学すれば，ここからキャンパスまでの移動中に勉強できる。

⑤モリー　　：雨の中ではホント自転車に乗りたくないわ。道路は混むだろうし，服を乾かす時間が必要になるもの。

⑥レイナ　　：何言ってるの，モリー，ただ何か安いレインウェアでも買えるでしょ！　それに自転車はバスが交通渋滞に巻き込まれたときでも止まらずに移動できるのよ。

⑦ジェイコブ：その通りだね，レイナ。それに節約できるお金のことを考えてみればいい！

⑧ハリー　　：でもジェイコブ，バスの学割と自転車用ヘルメット代，それに月々の駐輪料金のことを考えると，自転車は高くつくかも。

⑨ジェイコブ：いい指摘だ。僕は中古の自転車を買うつもりだったけど，そういった追加のお金のことは考えていなかったよ。ハリー，バスの運行時間は決まっているのかい？

— 英L 29 —

⑩ハリー　　：一日中決まっているというわけではないけど，バス会社は学生が必要とする
　　　　　　　ときには時々バスを出してくれるよ。バスは遅くまで走っているから，放課
　　　　　　　後の活動をしたいと思う場合でも問題ないよ，そうだよね，モリー？
⑪モリー　　：そうよ。車やバスのそばを自転車で走ることは危険なことがあるわよ，レイナ。
⑫レイナ　　：注意していればそんなことはないわよ。ルームメイトのみなさん，とにかく
　　　　　　　まずは一緒にお茶でも1杯いかがかしら。

設問解説　　問36　　36　　正解②

　正解は②。
　ジェイコブは③の発言で「実は僕，自転車にしようかなと思ってたんだ。授業が始まると
自由な時間がほとんどなくて，運動する機会はめったになくなるよ」と述べ，さらに⑦の発
言で「それに節約できるお金のことを考えてみればいい！」と自転車通学の経済的メリット
を指摘していることから，自転車で大学に通うつもりでいることがわかる。しかし，ハリー
が⑧の発言で「バスの学割と自転車用ヘルメット代，それに月々の駐輪料金のことを考える
と，自転車は高くつくかも」と言うと，ジェイコブは⑨の発言で「いい指摘だ。僕は中古の
自転車を買うつもりだったんだけど，そういった追加のお金のことは考えていなかったよ」
と述べて自転車通学のために自転車を購入することを考え直す可能性を示唆している。さら
に続けて「ハリー，バスの運行時間は決まっているのかい？」と述べていることから，バス
通学に気持ちが傾いている様子もうかがえるため，会話の終了時においてジェイコブが自転
車で通学するつもりはないであろうと判断できる。
　レイナは⑥の発言で「自転車はバスが交通渋滞に巻き込まれたときでも止まらずに移動で
きるのよ」と自転車のメリットを述べ，さらにモリーが⑪の発言で「車やバスのそばを自転
車で走ることは危険なことがあるわよ，レイナ」と述べたことに対し，レイナは⑫の発言で，
そんなことはない，と反論していることからも，レイナは自転車肯定派であり，自転車で通
学するであろうと推測できる。
　ハリーは④の発言で「バスで通学すれば，ここからキャンパスまでの移動中に勉強できる」
とバス通学の利点を述べ，⑧の発言では「バスの学割と自転車用ヘルメット代，それに月々
の駐輪料金のことを考えると，自転車は高くつくかも」と自転車のデメリットを指摘し，さ
らに⑩の発言では「バスは遅くまで走っているから，放課後の活動をしたいと思う場合でも
問題ないよ」とバスでの通学は放課後の活動にも支障はきたさないと述べている。よってハ
リーは自転車で通学することはないだろうと判断できる。
　モリーは②の発言で「後でバスの定期を買いに行きましょう」と述べ，⑤の発言では「雨
の中ではホント自転車に乗りたくないわ。道路は混むだろうし，服を乾かす時間が必要にな
るもの」と，さらに⑪の発言では「車やバスのそばを自転車で走ることは危険なことがある
わよ」と自転車の欠点を指摘していることから，モリーは自転車で大学に通うつもりはない
と思われる。
　以上のことから，会話の終了時において自転車で通学するつもりであるのはレイナだけで
あると判断できるので，正解は②ということになる。

— 英L 30 —

問37 　37　 正解 ②

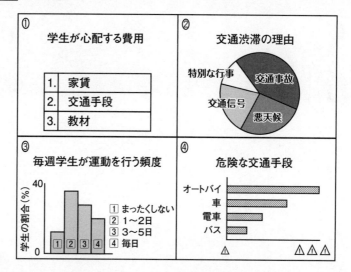

正解は②。
　モリーは⑤の発言で「雨の中ではホント自転車に乗りたくないわ。道路は混むだろうし，服を乾かす時間が必要になるもの」と雨天時には道路は混むと述べていることから，交通渋滞の主たる理由の１つとして「悪天候（Bad Weather）」をあげている②のグラフが正解となる。

主な語句・表現

[会話文]
◇ can't wait for ...「…を待ちきれない」
◇ I hear you.「〈相手の指示などに対して〉わかった，そうするよ；〈相手の意見に反対して〉言いたいことはわかるが」
◇ pass「定期券」
◇ right「〈自分の発言の適否を相手に確認して〉そうですよね」（例）So we're meeting in the cafeteria, *right*?「じゃあ，カフェテリアで会うってことだよね」
◇ as you mentioned「あなたが言ったように」
◇ certainly はここでは「〈強調を表して〉本当に；まったく」という意味。（例）He *certainly* isn't a good student.「私はまったくのところよい生徒ではない」
◇ dry off「（服や体を）乾かす」
◇ come on はここでは「〈直前の発言・行動に納得がいかなくて〉おいおい；ちょっと；やめろ」といった意味を表している。
◇ besides「加えて；さらに」 besides は副詞。
◇ get stuck「動けなくなる」 get stuck in traffic jams「交通渋滞に巻き込まれる」
◇ considering ...「…を考えると」　　◇ monthly「毎月の」
◇ parking fee「駐輪［駐車］料金」　　◇ second-hand「中古の」
◇ extra「余分な；追加の」　　◇ bus service「バスの運行［便］」
◇ at times「時々」
◇ beside ...「…のそばに」 beside は前置詞。

第2回　解答・解説

第 2 回　　実戦問題　解答・解説

英語（リスニング） 第2回（100点満点）

（解答・配点）

問題番号(配点)	設問	解答番号	正解	配点	自己採点欄
第1問 (25)	A	1　[1]	②	4	
		2　[2]	③	4	
		3　[3]	②	4	
		4　[4]	①	4	
	B	5　[5]	①	3	
		6　[6]	④	3	
		7　[7]	①	3	
小　計					
第2問 (16)		8　[8]	③	4	
		9　[9]	④	4	
		10　[10]	③	4	
		11　[11]	③	4	
小　計					
第3問 (18)		12　[12]	②	3	
		13　[13]	①	3	
		14　[14]	③	3	
		15　[15]	④	3	
		16　[16]	③	3	
		17　[17]	②	3	
小　計					

(注)　＊は，全部正解の場合のみ点を与える。

問題番号(配点)	設問	解答番号	正解	配点	自己採点欄
第4問 (12)	A	18　[18]	③	4*	
		19　[19]	①		
		20　[20]	④		
		21　[21]	②		
		22　[22]	④	1	
		23　[23]	①	1	
		24　[24]	②	1	
		25　[25]	②	1	
	B	26　[26]	④	4	
小　計					
第5問 (15)		27　[27]	③	3	
		28　[28]	⑥	2*	
		29　[29]	⑤		
		30　[30]	④	1	
		31　[31]	③	1	
		32　[32]	②	4	
		33　[33]	②	4	
小　計					
第6問 (14)	A	34　[34]	②	3	
		35　[35]	③	3	
	B	36　[36]	①	4	
		37　[37]	②	4	
小　計					
合　計					

第1問

解答

A	問1－②	問2－③	問3－②	問4－①			（各4点）
B	問5－①	問6－④	問7－①				（各3点）

出題のねらい　A　身の回りの事柄に関して平易な英語で話される短い発話の聞き取りを通じて，情報を把握する力を問う問題です。

出典　*Original Material*

問1　　1　　正解 ②

スクリプト

There's no cheese for pizza, so I'll have to ask him to buy some.

全訳

ピザ用のチーズがないから，彼に買ってくるように頼まなければならない。

① 話し手はピザの店に行くところだ。
② 話し手はピザを作ろうと考えている。
③ 話し手はピザが届くのを待っている。
④ 話し手はチーズ抜きのピザが好きだ。

設問解説

正解は②。
　ピザ用のチーズがなくて，買ってくるように頼まなければならないと言っているので，ピザを作ろうとしていることがわかるため，②が正解になる。

主な語句・表現
◇ be about to － 「－するところだ」　　◇ a pizza place 「ピザの店」
◇ wait for ... to － 「…が－するのを待つ」　◇ deliver 動「…を配達する」

問2　　2　　正解 ③

スクリプト

Nancy, stay here a moment. I'm not sure which bus we should take.

全訳

ナンシー，ちょっとここにいて。僕たちがどのバスに乗るべきかわからないよ。

① 話し手は一人でバスに乗るつもりだ。
② 話し手は自分たちがどこにいるのかわからない。
③ 話し手はバスに関する何らかの情報を必要としている。
④ 話し手は次のバス停で降りるだろう。

設問解説

正解は③。
　話し手は自分たちがどのバスに乗るべきかわからないと言っているので，バスに関する情報が必要だとわかるため，③が正解になる。

主な語句・表現
◇ a moment 「ちょっと（の間）；少しの間」　for a moment から for を省略した形で，stay を修飾する副詞句として用いられている。
◇ get off 「〈乗り物などを〉降りる」

— 英 L 35 —

問3 　3　 正解②

（スクリプト）
Annie, I can't have lunch now. I'm still full.

（全訳）
アニー，今は昼食を食べられないよ。まだお腹がいっぱいなんだ。

① 話し手はお腹が痛い。
② 話し手は食べすぎてしまっている。
③ 話し手は朝食をまだ食べていない。
④ 話し手はダイエット中だ。

設問解説

正解は②。
　話し手はまだお腹がいっぱいだと言っているので，食べすぎてしまったとわかるため，②が正解である。

主な語句・表現
◇ full 形「お腹がいっぱいの」　　　　　◇ have a stomachache「お腹が痛い」
◇ on a diet「ダイエット中で；減量中で」

問4 　4　 正解①

（スクリプト）
Sarah entered a photo contest this Tuesday, and she is waiting to find out whether she has won or not.

（全訳）
サラは今週の火曜日に写真コンテストに参加し，優勝したかどうか知ろうと待っている。

① サラはそのコンテストの結果を得ていない。
② サラはそのコンテストに優勝して喜んでいる。
③ サラはそのコンテストを楽しみにしている。
④ サラは今週の火曜日にそのコンテストの結果を得た。

設問解説

正解は①。
　今週の火曜日にコンテストに参加し，今結果を待っていると言っているので，まだ結果を受け取っていないとわかるため，①が正解である。

主な語句・表現
◇ enter 動「…に参加する」　　　　　　◇ find out ...「…を知る」
◇ look forward to ...「…を楽しみにする」

— 英 L 36 —

| 出題のねらい | B 身の回りの事柄に関して平易な英語で話される短い発話を聞き，それに対応するイラストを選ぶことを通じて，発話内容の概要や要点を把握する力を問う問題です。 |

| 出典 | *Original Material* |

問5 ［ 5 ］ 正解 ①

スクリプト
　Mr. and Mrs. Smith bought a dark-colored sofa with flower patterns.

全訳
　スミス夫妻は暗い色の花柄のソファを買った。

設問解説
　正解は ①。
　スミス夫妻は濃い色で花柄のソファを買ったので，① が正解である。

主な語句・表現
◇ dark-colored 形「濃い色の；暗い色の」　　◇ flower pattern「花柄」

問6 ［ 6 ］ 正解 ④

スクリプト
　A cat is sleeping in front of the fireplace. It's under the low table on the rug.

全訳
　猫が暖炉の前で眠っている。猫は敷き物の上の低いテーブルの下にいる。

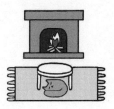

設問解説
　正解は ④。
　猫が暖炉の前の，敷き物の上の低いテーブルの下にいると言っているので，④ が正解である。

主な語句・表現
◇ fireplace 名「暖炉」　　　　　　　　　◇ low table「背の低いテーブル」
◇ rug 名「敷き物；じゅうたん」

問7 ［ 7 ］ 正解 ①

スクリプト
　She bought a wig. It's shoulder-length and styled straight.

全訳
　彼女はウィッグを買った。それは肩までの長さでストレートにデザインされている。

設問解説

正解は ①。
　女性は肩までの長さのストレートなデザインのウィッグを買ったと言っているので，① が正解である。

主な語句・表現

◇ wig 名「ウィッグ；かつら」　　　　　　◇ shoulder-length 形「肩までの長さの」
◇ style 動「…をデザインする」　　　　　◇ straight「真っすぐに；ストレートに」

第2問

解答 問8 − ③   問9 − ④   問10 − ③   問11 − ③   (各4点)

出題のねらい
身の回りの事柄に関して平易な英語で話される短い対話を，場面の情報とイラストを参考にしながら聞き取ることを通じて，必要な情報を把握する力を問う問題です。

出典 *Original Material*

スクリプト

問8   8   正解 ③

W: Can I feed Ronny? He looks hungry.
M: Canned dog food is on the top shelf.
W: Should I give him this one?
M: No, the one to the right.

Question: Which one should the woman choose?

全訳

女性：ロニーに餌をあげてもいい？ お腹がすいているように見えるわ。
男性：缶詰のドッグフードが棚の上の段にあるよ。
女性：これをあげるのがいいの？
男性：いや，右の方にあるやつだよ。

(問い) 女性はどのドッグフードを選ぶべきか。

設問解説

正解は ③。
男性は最初の発言で缶詰のドッグフードが棚の上の段にあると言っていることから，① か ③ が正解とわかる。さらに男性の2番目の発言では右の方にあるドッグフードだと言っているので，③ が正解である。

主な語句・表現

◇ feed 動「…に餌をあたえる」　　◇ hungry 形「お腹がすいている；空腹の」
◇ canned 形「缶詰の」　　◇ on the top shelf「最上段の棚に」

問9   9   正解 ④

スクリプト

W: Can I take your order, sir?
M: Yes, the hamburger set, please.
W: You can choose from these four combinations. Which would you like?
M: Well, I want a hot drink, but I don't like fried foods, so I'll take this combo.

Question: Which combo did the man order?

女性：ご注文を伺えますか，お客様。
男性：はい，ハンバーガーセットをお願いします。
女性：これらの4つの組み合わせからお選びいただけます。どちらになさいますか？
男性：ええと，温かい飲み物が欲しいけど，揚げ物は好きではないので，このコンボにします。

（問い）男性はどのコンボを注文したか。

正解は④。
　男性は，2番目の発言で温かい飲み物が欲しいが揚げ物は好きではないと言っているので，温かい飲み物が含まれ，揚げ物が含まれていない④が正解である。

◇ Can I take an order?「ご注文は？；ご注文を伺えますか？；ご注文はお決まりですか？」
◇ sir 图「（男性の）お客様」　　　◇ combination 图「組み合わせ」
◇ Which would you like?「どれになさいますか」
◇ take 動「…を買う［選ぶ］」

問10　10　正解 ③

M : This black kitten is cute.
W : Yeah. But this white cat breaks my heart. It's so thin.
M : I'll leave you to decide which to choose.
W : Well, I think we should adopt the one in poor shape.

Question: Which cat are they likely to pick?

男性：この黒い子猫かわいいね。
女性：ええ。でもこの白い猫に心を引き裂かれるの。すごく痩せてるわ。
男性：どの猫を選ぶかを決めるのは君に任せるよ。
女性：そうね，みすぼらしい猫を引き取るべきだと思うわ。

（問い）彼らはどの猫を選ぶ可能性が高いか。

設問解説

正解は ❸。

女性は1番目の発言で白くて痩せた猫に心を引き裂かれる，と言っている。さらに2番目の発言でみすぼらしい猫を引き取るべきだとも言っているので，❸の痩せた白い猫が正解である。

主な語句・表現

◇ break one's heart「〈人の〉心を打ち砕く；心を引き裂く；胸を張り裂けさせる」
◇ thin 形「痩せた」　　　　　　　　　◇ leave O to −「Oに−するのを任せる」
◇ adopt 動「…を引き取る」
◇ the one の one は不定代名詞で the one = the cat。
◇ in poor shape「ひどい状態で；不健康で」

問11　[11]　正解 ❸

スクリプト

M：How about sitting on that side, close to where the speaker will stand?
W：Well, I'd like to go up a little and sit on the same side as the door.
M：OK, but the back row is too far from the screen.
W：You're right. Let's sit here.

Question: Which seats will they choose?

全訳

男性：そっち側，講演者が立つところの近くに座るのはどうだろう。
女性：そうね，私はもう少し上って，ドアと同じ側に座りたいわ。
男性：わかった，でも後ろの列はスクリーンから遠すぎるね。
女性：あなたの言うとおりね。ここに座りましょう。

（問い）彼らはどの座席を選びそうか。

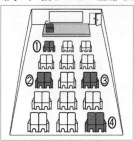

設問解説

正解は ❸。

女性の1番目の発言で，少し上ってドアと同じ側に座りたいと言っている。男性は2番目の発言で，後ろの列がスクリーンから遠すぎると言っているので，彼らは❸の座席に座りそうだとわかる。

主な語句・表現

◇ side 名「側」　　　　　　　　　　　◇ close to ...「…の近くに」
◇ where は先行詞を含む関係副詞。where S V で「SがVするところ」という意味。
◇ go up「上がる」　　　　　　　　　　◇ the same ∼ as ...「…と同じ∼」
◇ back row「後ろの列」　　　　　　　◇ You're right.「あなたの言うとおりです」

第3問

解答

問 12 - ②　　問 13 - ①　　問 14 - ③
問 15 - ④　　問 16 - ③　　問 17 - ②　　　　　　　　　　　　　　（各3点）

出題のねらい　　身の回りの事柄に関して平易な英語で話される短い対話を，場面の情報を参考にしながら聞き取ることを通じて，概要や要点を目的に応じて把握する力を問う問題です。

出典　　*Original Material*

問12　　12　　正解②

スクリプト

W：I'm not sure if I'll be ready for next week's exam.
M：You look unusually upset.
W：Are you studying for the test?
M：The range of the questions is narrow, isn't it?
W：The professor announced he's made it a little wider.
M：Really?　I didn't know that!

全訳

女性：来週の試験の準備ができるかどうかわからないわ。
男性：珍しくうろたえているようだね。
女性：試験のために勉強してる？
男性：出題範囲は狭いよね？
女性：教授が試験範囲を少し広げたと発表したわよ。
男性：ほんと？　それ知らなかったよ。

（問い）男性は何に驚いているか。

① 試験の日付の変更
② 試験範囲
③ 試験結果
④ 女性の自信

設問解説

正解は②。
　女性は3番目の発言で「教授が試験範囲を少し広げたと発表した」と言っており，それに対して男性は3番目の発言で「それ（that）知らなかった」と言っている。この that は教授が試験範囲を広げたことを指しているため，男性は新しい試験範囲に驚いていると考えられ，②が正解となる。

主な語句・表現

◇ be not sure if ...「…かどうかわからない」　◇ be ready for ...「…の準備ができている」
◇ unusually副「異常に；珍しく」　　　　　　◇ upset形「うろたえて；取り乱して」
◇ range of questions「出題範囲」
◇ ..., isn't it?　肯定文（... is narrow）に否定形の付加疑問（isn't it?）を添えることで，「…だよね？」という確認の意味を表すことができる。
　（例）You are from Canada, *aren't you?*（君はカナダ出身だよね？）
◇ professor名「教授」　　　　　　　　　◇ announce動「…を発表する」
◇ made it a little wider の it は the range of the questions を指す。make O C で「O

— 英L42 —

をCにする」という意味。a little「少し」は wider という比較級を修飾する副詞句。
◇ date 图「日付」　　　　　　　　　　　◇ coverage 图「範囲」
◇ result 图「結果」　　　　　　　　　　　◇ confidence 图「自信」

問13　13　正解①

【スクリプト】

M：It'll take about a week to repair this watch.
W：Can I pick it up on May 2nd?
M：I'm sorry. The shop is closed on Wednesdays.
W：Hmm, I can't come next Thursday.
M：We'll have finished repairing this by closing time on May 1st.
W：O.K. I'll call you on that day to confirm that before coming.

【全訳】

男性：この時計を修理するのに約1週間かかります。
女性：5月2日に受け取ることはできますか。
男性：申し訳ありません。水曜日は店の定休日です。
女性：うーん。来週の木曜日は来られないんです。
男性：5月1日の閉店時間までにこれを修理し終わっているようにします。
女性：わかりました。その日来る前にそれを確認するために電話します。

（問い）何曜日に女性は店に電話をするだろうか。

① 火曜日
② 水曜日
③ 木曜日
④ 金曜日

【設問解説】

正解は①。
　女性の1番目の発言で，5月2日に時計を取りに来たいと言っているが，男性の2番目の発言で，店は水曜は定休日だと言っているため，5月2日が水曜日だとわかる。男性はさらに3番目の発言で5月1日の閉店時間までに修理は終わっていると言っており，それに対して女性は3番目の発言で，その日来る前に確認のために電話すると言っているので，女性は5月1日火曜日に店に電話をかけることになるため，①が正解となる。

【主な語句・表現】

◇ It'll take about a week to ‐「‐するには約1週間かかるだろう」
◇ repair 動「…を修理する」
◇ pick up ... / pick ... up「…を受け取る」 it のように人称代名詞が目的語の場合は必ず pick it up という語順になる。
◇ closed 形「〈店が〉休業した」　　　　　◇ closing time「閉店時間」
◇ confirm 動「…を確認する」

問14　14　正解③

【スクリプト】

M：I heard you'll get a smartphone.
W：Yes, but I'm not sure what model I should buy.
M：If you get this one, I'll teach you how to use it.
W：But yours seems to have too many functions.
M：Then I'll go to the store and find a good one for you.
W：Thank you, my dear.

— 英 L 43 —

全訳

男性：スマートフォンを買うつもりだって聞いたよ。
女性：ええ，でもどんな型を買うべきかわからないのよ。
男性：この型を買えば，僕が使い方を教えるよ。
女性：でもおまえの型は機能が多すぎるようね。
男性：それなら僕が店に行っておばあちゃんのためにいいのを見つけるよ。
女性：ありがとうね。

(問い) **女性は何を買いそうか。**

① 多くの機能のある電話
② 値段が安い電話
③ **簡単に使える電話**
④ 孫息子が持っているのと同じ電話

設問解説

正解は③。
　男性は2番目の発言で，自分と同じ型を買えば使い方を教えると言っているが，女性は2番目の発言で孫息子の電話は機能が多すぎると言っているため，正解は③となる。
　①と④は女性の2番目の発言に矛盾する。また，値段に関する発言がどこにもないため，②も誤りとなる。

主な語句・表現

◇ be not sure ...「…がわからない」
◇ what model I should buy は疑問形容詞 what がまとめる名詞節。what model は「どんな型」という意味。
◇ this one の one は model を指している。
◇ how to － で「－する方法［やり方］」という意味。
◇ yours は your model のこと。　　　　　　◇ function 图「機能」
◇ inexpensive 圈「〈値段や費用が〉安い」
◇ simple to use「簡単に使える；使いやすい」
◇ the same ... that ～「～と同じ…」　that は関係代名詞。
◇ grandson 图「孫息子」

問15　｜15｜　正解④

スクリプト

M：Which screen is this film being shown on?
W：That film is only being screened late tonight, on screen 10.
M：I thought I could watch it this afternoon.
W：From tomorrow, you can watch it at 10 a.m., 1 p.m., and 4 p.m.
M：Today is better for me, so I'll be back later, after dinner.
W：O.K.　I'll be expecting you.

全訳

男性：この映画はどのスクリーンで上映されていますか？
女性：その映画は今晩遅い時間にのみ10番スクリーンで上映されています。
男性：今日の午後にこの映画を観られると思ってました。
女性：明日からはこの映画は午前10時，午後1時，午後4時に観ることができます。
男性：私には今日のほうが都合がいいので，後で，夕食後に戻ります。
女性：わかりました。お待ちしております。

(問い) **男性は今日何をしそうか。**

— 英 L 44 —

① 明日のレイトショーのチケットを買う
② チケットの払い戻しを受ける
③ （その日の）日中のうちに他の映画を観る
④ **計画していたのとは違う時間にその映画を観る**

設問解説

正解は**④**。

　男性は１番目の発言でもともと観るつもりだった映画が上映される場所を尋ねているが，女性は１番目と２番目の発言で，男性の観たい映画の上映は今日はレイトショーのみで，明日以降は日中に複数回の上映があると言っている。それに対して男性は２番目と３番目の発言で，午後に観られると思っていたが夕食後にもう一度来ると言っているので，観るつもりだった映画を当初の予定とは違う時間に観そうだとわかるため，**④**が正解となる。

　①については，男性の３番目の発言の「今日のほうが都合がいい」という内容から，明日のチケットを買いそうにない。**②**は，もともとチケットを買っていたとはどの発言からもわからない。**③**は，男性の３番目の発言から，他の映画を見るとは考え難い。

主な語句・表現

◇ screen图「画面；スクリーン」　　　　◇ show on ...「…を上映する」
◇ is being screened「上映されることになっている」　現在進行形（受動態）によって，近い未来の予定を表している。
◇ I thought I could の could は，thought という過去形に合わせて can（できる）が時制の一致で過去形になったもの。it は this film を指している。
◇ Today is better の better は good の比較級で，「他の日よりも今日のほうがいい」という意味で用いられている。
◇ I'll be expecting you.「お待ちしております」◇ get a refund on ...「…の払い戻しを受ける」
◇ a different time than he had planned「（彼が）計画していたのとは違う時間」

問16　　16　　正解③

スクリプト

M：Hi, Mariko. Can you hear me?
W：Yes. How about you?
M：I'm afraid I can't see you. I'd like you to check the camera on your computer.
W：Well ... I'm not sure where I should check.
M：Can you see a camera icon at the bottom of the screen?
W：I'm sorry, but what is a "camera icon"?

全訳

男性：こんにちは，マリコ。私の声が聞こえますか？
女性：はい。そちらはどうですか？
男性：どうもあなたが見えません。あなたのコンピュータのカメラを確認してもらいたいのですが。
女性：ええと…どこを確認すべきかわかりません。
男性：画面の下部にカメラのアイコンが見えますか？
女性：すみませんが，「カメラのアイコン」とは何ですか？

（問い）女性の問題は何か。

① 彼女には先生が言っていることが聞こえない。
② 彼女のコンピュータにはカメラが付いていない。
③ **彼女はコンピュータに詳しくない。**
④ 彼女は英語を話すのが得意ではない。

— 英 L 45 —

設問解説

正解は **③**。

女性の2番目の発言と3番目の発言から，コンピュータのカメラを確認するためにはどこを調べればいいのかも，「アイコン」という言葉も知らないとわかるため，**③** が正解となる。

① は男性が1番目の発言で自分の声が聞こえるかどうか尋ねているのに対して，女性は1番目の発言で「はい」と答えており，声は聞こえるとわかるので不適当。**②** は男性の2番目の発言ではカメラを確認するようにと言っていて，さらに3番目の発言ではコンピュータの画面上のアイコンを探すようにと女性に言っていることから，女性のコンピュータにはカメラが付いていそうだとわかるため，不適当。**④** のような内容は両者発言のどこにも見られないため，不適当。

主な語句・表現

◇ I'd like you to –「あなたに–してもらいたいのですが」
◇ be not sure ...「…がわからない」
◇ where I should check は疑問副詞 where がまとめる名詞節。check は「確認する」という意味。
◇ icon 图「アイコン」 コンピュータなどの画面上の小さな絵や図形。プログラムなどを表す。
◇ at the bottom of ...「…の下部に」　　　◇ I'm sorry, but ...「すみませんが…」
◇ be familiar with ...「…に詳しい」　　　◇ be good at ...「…が得意だ」

問17 　17　 **正解 ②**

スクリプト

W：I went to the newly opened restaurant yesterday.
M：Really? I'm planning to go there tomorrow myself. How was it?
W：It was very crowded.
M：That doesn't bother me. How about the food?
W：Well, the steak was large and inexpensive, but it wasn't very good.
M：Really? Then maybe I should change my plans.

全訳

女性：昨日，新規オープンのレストランに行ったのよ。
男性：本当？　僕自身明日そこに行くつもりだよ。どうだった？
女性：とても混んでいたわ。
男性：それは気にならないよ。食べ物はどう？
女性：そうね，ステーキは大きくて安かったけど，そんなにおいしくなかったの。
男性：本当？　じゃあたぶん僕は計画を変えたほうがよさそうだ。

（問い）なぜ男性は計画を変えるべきだと感じ始めたのか。

① そのレストランの食べ物は高すぎるのかもしれない。
② そのレストランの食べ物はおいしくないかもしれない。
③ そのレストランは明日休業しているかもしれない。
④ そのレストランは混みすぎているかもしれない。

設問解説

正解は **②**。

男性は1番目の発言で，女性が行ったレストランに明日行くつもりだと言っているが，ステーキがそんなにおいしくなかったという女性の3番目の発言を聞き，男性は3番目の発言で，自分の計画を変えたほうがよさそうだと言っているため，**②** が正解となる。

① は女性の3番目の発言の，ステーキは安かったという情報より不適当。**③** は明日が休みだとは2人の発言のどこからもわからないため，男性が明日レストランに行くという計画を変える理由としては不適当。**④** は女性の2番目の発言から，店が混んでいることはわかるが，男性は2番目の発言で混んでいることは気にならない，と言っているため，不適当。

— 英 L 46 —

主な語句・表現

◇ newly opened「新規オープンの」
◇ crowded 形「混んでいる」
◇ How about ... ?「…はどう？」
◇ expensive 形「〈値段や費用が〉高い」
◇ closed 形「休業した」

◇ plan to –「–するつもりだ」
◇ bother 動「〈人〉にとって気になる」
◇ inexpensive 形「〈値段や費用が〉安い」
◇ delicious 形「おいしい」

第4問

解答

A 問18〜21　18 ③　19 ①　20 ④　21 ②　（全部正解で4点）
　問22〜25　22 ④　23 ①　24 ②　25 ②　（各1点）
B 問26 — ④　（4点）

出題のねらい　A　必要な情報を聞き取り，イラストを並べ替えたり，図表を完成させたりすることを通じて，話し手の意図を把握する力を問う問題です。

出典　*Original Material*

問18　18　正解 ③　問19　19　正解 ①
問20　20　正解 ④　問21　21　正解 ②

スクリプト

　Yesterday Yuri and I met in front of a theater to see a musical. When we were about to buy our tickets, I found I didn't have my purse with me. Suddenly I remembered I had left it on a bench next to a vending machine after I bought some water. It was just a few blocks from the theater. So we dashed there, but couldn't find my purse. I was about to cry. Then Yuri suggested we go to the nearby police box. There it was! I was really grateful for the police box system in Japan. We were just in time for the musical, and we really enjoyed it.

全訳

　昨日，ユリと私はミュージカルを見るために劇場の前で待ち合わせをした。私たちがチケットを買おうとした時，私は財布を持っていないことに気付いた。突然私は，水を買った後で，自動販売機の隣のベンチに財布を置いてきてしまったことを思い出した。そこは劇場からたった数ブロック離れた場所だった。だから私たちはそこに急いで走って行ったが，財布を見つけることはできなかった。私は泣きそうになっていた。するとユリが近くの交番に行くことを提案した。そこにそれはあったのだ！　私は日本の交番の制度を本当にありがたく思った。私たちはちょうどミュージカルの時間に間に合い，それを満喫した。

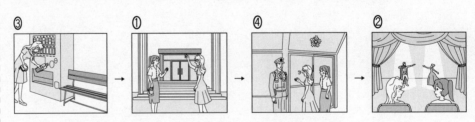

設問解説

　正解は　18 - ③，19 - ①，20 - ④，21 - ②。
　物語は話し手と彼女の友人のユリが劇場の前で会うところから始まるが，第3文（Suddenly I remembered ...）に「ユリに会う前に水を買った後で，財布を置いてきてしまったことを思い出した」とあることから，一人で水を買っている場面の③は①よりも前にくることが決まる。その後，第7文（Then Yuri suggested ...）と第8文（There it was!）から2人一緒に財布を探しに交番に行ったことがわかり，さらに最終文（We were just ...）からミュージカルに間に合ったことがわかるので，③→①→④→②の順番が確定する。

主な語句・表現

◇ be about to – 「（まさに）–しようとする」
◇ next to ... 「…の隣の」　　　　　　　◇ vending machine「自動販売機」
◇ block 名「（4つの街路で囲まれた）ブロック；区画」
◇ dash 動「急いで走る；ダッシュする」
◇ suggest (that) S (should) V原形「S が V することを提案する」「…を提案 [要求；命令]
　する」という意味の他動詞に続く that 節の中は「should + V原形」または「V原形（仮定
　法現在）」が用いられる。
◇ nearby 形「近くの」　　　　　　　　　◇ police box「交番」
◇ There it was.「そこにそれがあった」　副詞 there（そこに）が文頭に出た形。
◇ be grateful for ...「…をありがたく思う；…に感謝する」
◇ be (just) in time for ...「…に（ちょうど）間に合う」

問 22 ┃ 22 ┃ 正解 ④　　問 23 ┃ 23 ┃ 正解 ①
問 24 ┃ 24 ┃ 正解 ②　　問 25 ┃ 25 ┃ 正解 ②

スクリプト

　Here are all the camp participants.　Please help me divide them into 5 groups.　First,
children aged 5 or younger are in Group 1, whether they are boys or girls.　Likewise, all
those aged between 6 and 10 are in Group 2.　Group 3 consists of boys aged 11 or over,
and group 4 consists of girls aged 11 or over.　All parents are in Group 5.

全訳

　ここにキャンプ参加者全員がいます。彼らを5つのグループに分けるのを手伝ってくだ
さい。まず、5歳以下の子どもは、男女問わずグループ1に入ります。同様に、6歳から
10歳までの全ての子どもはグループ2に入ります。グループ3は11歳以上の男子から成
り、グループ4は11歳以上の女子から成ります。親たちは皆グループ5に入ります。

キャンプ参加者

識別番号	性別	年齢	グループ番号
0001	女子	11歳	22
0002	男子	5歳	23
0003	男子	9歳	24
0004	女子	6歳	25
0005	男子	13歳	
0006	男子	7歳	

① グループ1　　② グループ2　　③ グループ3
④ グループ4　　⑤ グループ5

設問解説

正解は ┃ 22 ┃－④, ┃ 23 ┃－①, ┃ 24 ┃－②, ┃ 25 ┃－②。

┃ 22 ┃　第5文（Group 3 consists ...）より、11歳以上の女子はグループ4に入る。

┃ 23 ┃　第3文（First, children aged ...）より、5歳以下の全ての子どもはグループ1
　　　　に入る。

┃ 24 ┃　第4文（Likewise, all those ...）より、6歳から10歳までの全ての子どもはグルー
　　　　プ2に入る。

┃ 25 ┃　上記第4文より、6歳から10歳までの全ての子どもはグループ2に入る。

— 英 L 49 —

| 主な語句・表現 | ◇ participant 图「参加者」 ◇ help O (to) -「O が-するのを手伝う」
◇ divide A into B「A を B に分ける」
◇ aged … or younger「…歳以下の」 aged +〈数〉で「…歳の」という意味を表し，直前の名詞を修飾する。
◇ whether A or B「A であろうと B であろうと」
◇ likewise 副「同様に」
◇ all those「全ての人々［子ども］」 those は people [children] を表している。
◇ consist of …「…から成る」 ◇ aged … or over「…歳以上の」 |

| 出題のねらい | B　複数の情報を聞き，最も条件に合う候補を選ぶことを通じて，状況・条件に基づき比較して判断する力を問う問題です。 |

| 出典 | *Original Material* |

問 26 　26 　正解 ④

| スクリプト | 1：Apartment No. 1 is a one-bedroom apartment in very good condition. The rent is pretty reasonable; it's 600 dollars a month. It's on the second floor of a three-story building, and about a fifteen-minute walk from the nearest station. I bet you'll like it.
2：Apartment No. 2 is already equipped with a bed, a desk and a chair, so you can save on initial costs. It takes 10 minutes to the station by bus, and the rent is 700 dollars a month. You can even grow plants in the small garden in front of the building.
3：Apartment No. 3 is a one-bedroom apartment located on the third floor of a romantic brick building. It's close to the station; you can get there within 5 minutes on foot. The rent is 900 dollars, but you'll find it's worth the price.
4：Apartment No. 4 is a studio apartment whose rent is 750 dollars a month. It's on the second floor of a newly built four-story building. It takes only three minutes to the station by bike, but even when you walk, it will take you no longer than 10 minutes. |

| 全訳 | 1：1番のアパートは，とても状態の良い，寝室が1つの貸室です。賃料はかなり手ごろで，1ヵ月600ドルです。3階建ての建物の2階に位置し，最寄駅から徒歩約15分です。きっとお気に召すはずです。
2：2番のアパートは，ベッド，机，椅子がすでに備え付けられているので，初期費用を節約することができます。バスで駅まで10分で，家賃は1ヵ月700ドルです。建物の前の小さな庭で植物を育てることもできます。
3：3番のアパートは，ロマンチックなレンガ造りの建物の3階に位置する，寝室が1つの貸室です。駅まで近く，徒歩5分以内で到着できます。賃料は900ドルですが，それだけの価値があるとおわかりになることでしょう。
4：4番のアパートは，賃料が1ヵ月750ドルのワンルームタイプの貸室です。新築4階建ての建物の2階にあります。自転車で駅まで3分しかかかりませんが，歩いてもわずか10分で到着します。 |

（問い）　26　は，あなたが最も選ぶ可能性が高いアパートである。

① 1番　② 2番　③ 3番　④ 4番

— 英 L 50 —

設問解説

正解は**④**。

① 不正解。2階に位置し，賃料が600ドルなので，BとCの条件は満たしているが，「最寄駅から徒歩約15分」とあるので，Aの条件に合わない。

② 不正解。家賃は700ドルなので，Cの条件は満たしているが，駅まで徒歩ではなくバスで10分なので，Aの条件に合わず，また，何階に位置するかの明確な情報はないため，Bの条件を満たしていると言えない。

③ 不正解。駅まで徒歩5分以内で3階に位置するとあるので，AとBの条件を満たしているが，賃料が900ドルなので，Cの条件に合わない。

④ 正解。「駅まで歩いてもわずか10分」がAの条件を，「2階にある」がBの条件を，「家賃750ドル」がCの条件を満たしている。

アパート番号	条件A	条件B	条件C
① 1番	×	○	○
② 2番	×	?	○
③ 3番	○	○	×
④ 4番	○	○	○

主な語句・表現

◇ one-bedroom 形「寝室が1つの」

◇ apartment 名「アパート（の貸室）」　1世帯分の貸室を指す。建物全体は apartment building などと表す。

◇ rent 名「賃料」　　　　　　　　　　◇ pretty 副「かなり」

◇ reasonable 形「手ごろな価格である」

◇ on the ... floor「…階に」　... には序数が入る。

◇〈数〉-story 形「…階建ての」　　　　◇ a〈数〉-minute walk「徒歩…分（の距離）」

◇ nearest 形「最寄りの」　　　　　　 ◇ I bet (that) S＋V「きっとSVだと思う」

◇ equip A with B「AにBを備え付ける」　◇ save on ...「…を節約する」

◇ initial cost「初期費用」　　　　　　◇ (be) located ...「…に位置している」

◇ brick 形「レンガの」　　　　　　　 ◇ on foot「徒歩で」

◇ worth 形「…の価値がある」　　　　 ◇ studio 名「ワンルーム」

◇ no longer than 10 minutes「わずか10分」

— 英 L 51 —

第5問

解答

問 27 − ③　　　　　　　　　　　　　　　　　　　　　　　　　　（3点）

問 28 ～ 31　　| 28 | ⑥ |　| 29 | ⑤ |　　　　　　　　（両方正解で2点）

　　　　　　　| 30 | ④ |　| 31 | ③ |　　　　　　　　　　　（各1点）

問 32 − ②　　問 33 − ②　　　　　　　　　　　　　　　　　　　（各4点）

出題のねらい

　身近な話題や知識のある社会的な話題に関する講義を聞きメモを取ることを通じて，概要や要点をとらえる力や，聞き取った情報と図表から読み取れる情報を組み合わせて判断する力を問う問題です。ここでは，大学で，英語の習熟度についての講義を，ワークシートにメモを取りながら聞いているという想定です。

出典

Original Material

スクリプト

　It is often said that English proficiency among Japanese people is not high, especially when it comes to communication skills such as listening and speaking abilities. A survey conducted by a Swiss international education company in 2019 revealed that Japan currently ranks fifty-third out of 100 non-English speaking countries and regions. It also revealed that Japan now has a lower proficiency level than both South Korea and China.

　One reason is the English education system in Japan. It places more emphasis on grammar and vocabulary. A broader understanding and the practical uses of English are not taught properly because teachers need to cover specific materials to prepare students for their upcoming exams.

　Another reason lies in the Japanese language itself. The Japanese spoken language has only 56 sounds, compared to about 72 in English, 86 in Chinese, and over 100 in the Arabic language. It is no wonder that Japanese have particular difficulty identifying unfamiliar sounds in foreign languages. The famous inability to tell the difference between an "l" and an "r" is just one example. Japanese are simply not equipped to hear English sounds, unless they make a particular effort to learn the sounds of a foreign language.

　What's more, the Japanese grammar and sentence structure is unlike that of any other language except Korean. For example, it is virtually the complete reverse of English in terms of sentence structure, with the verb coming at the end of the sentence.

　Nevertheless, the Japanese make up for their language handicap by being some of the most hospitable people in the world. If they can't explain in English the directions to a place you are asking about, they will likely try very hard to help you by drawing a map or even walking you all the way to your destination.

全訳

　リスニングやスピーキング能力といったコミュニケーション能力ということとなると特に，日本人の英語習熟度は高くないとしばしば言われている。スイスにある国際教育の企業が 2019 年に行った調査により，日本は現在，100 の非英語圏の国や地域の中で 53 位であることが明らかになった。またその調査により，日本は今では韓国と中国の両国よりも低い習熟度であることが明らかになった。

　1つの理由は，日本の英語教育制度である。それは，文法や語彙をより重視している。教師は生徒に次回の試験の準備をさせるために特定の教材を扱う必要があるため，英語についてのより広い理解や実用的な使い方はきちんと教えられないのである。

― 英 L 52 ―

別の理由は，日本語そのものにある。日本語の話し言葉には 56 の音しかないが，これに対して英語には約 72，中国語には 86，アラビア語には 100 を超える音が存在する。日本人が外国語の聞きなれない音を識別するのに特に苦労するというのも驚きではない。l(エル) と r（アール）の違いがわからないことはよく知られているが，これは 1 つの例にすぎない。日本人は，外国語の音を習得する特別な努力をしない限り，英語の音を聞き取る能力が全く備わっていないのだ。

　さらに，日本語の文法や文の構造は，韓国語を除いて，他のどの言語とも似ていない。例えば，文の終わりに動詞が来るというように，文構造に関しては英語とほぼ真逆である。

　にもかかわらず，日本人は世界で最高レベルのもてなしをすることにより，言語のハンデを埋め合わせている。日本人は，あなたがたずねている場所への行き方を英語で説明できない場合，地図を描いたり，あるいはわざわざ目的地まであなたを歩いて連れて行ってくれさえして，おそらく非常に一生懸命手助けしようとしてくれるだろう。

ワークシート

○日本人の英語習熟度

　2019年の調査によれば，日本の英語習熟度の順位は　27　であった。

○日本人が英語が得意でない理由

学校教育	学校は実際の　29　よりも文法と　28　に焦点を当てている。
不利な点	日本語は英語よりも　30　の種類が少ない。
日本語独自の特性	日本語の　31　は英語とは全く違う構造である。

設問解説

問 27 　27　 正解 ③

① 韓国の順位よりも上
② 他のどの国の順位よりも下
③ 韓国と中国の順位よりも下
④ 韓国と中国の順位の間

正解は③。

　第 1 段落最終文（It also revealed ...）で「日本は今では韓国と中国の両国よりも低い習熟度である」と述べられている。

　なお，同段落第 2 文（A survey conducted ...）から，日本は 100 ヵ国中 53 位であることがわかるので，②は誤り。

問 28 　28　 正解 ⑥　　問 29 　29　 正解 ⑤
問 30 　30　 正解 ④　　問 31 　31　 正解 ③

① イディオム　　　② 文字　　　　③ 文
④ 音　　　　　　　⑤ 使い方　　　⑥ 語彙

　日本の学校教育の特徴については第 2 段落に述べられている。同段落第 2 文（It places more ...）で「それ（日本の英語教育制度）は，文法や語彙をより重視している」と述べているので　28　には⑥が入り，続く第 3 文（A broader understanding ...）で「英語についての実用的な使い方はきちんと教えられない」とあるので　29　には⑤が入る。

　日本人が英語を習得する上での不利な点は第 3 段落に述べられている。同段落第 2 文（The

— 英 L 53 —

Japanese spoken ...）で日本語の音の種類は英語など他の言語に比べて少ないことが述べられ，続く第3文（It is no ...）で日本人が外国語の聞きなれない音を識別するのに苦労することが述べられているので，　30　には④が入る。

日本語の独特な特徴については第4段落で述べられている。同段落第1文（What's more, the ...）に「日本語の文法や文の構造は，韓国語を除いて，他のどの言語とも似ていない」と述べられているので，　31　には③が入る。

問32　　32　　正解②
　①　日本人は低い英語力が理由で痛烈に批判されている。
　②　日本人は低い英語力を親切な行為で埋め合わせようとする。
　③　日本人は外国語の習得において，生物学的に不利な点がある。
　④　日本語に似た文法構造を持つ言語は他にない。

正解は②。
　最終段落第1文（Nevertheless, the Japanese ...）で，「日本人は世界で最高レベルのもてなしをすることにより，言語のハンデを埋め合わせている」と述べている。
　①については「痛烈に批判されている」とは述べられておらず，③についても「生物学的に不利」とは述べられていない。また，第4段落第1文（What's more, the ...）に，「日本語の文法や文の構造は，韓国語を除いて，他のどの言語とも似ていない」とあるので，韓国語とは文法や文の構造が似ていることになり，④も誤り。

主な語句・表現

[ワークシート／
設問文・選択肢]

◇ proficiency 名「習熟（度）」　　　　◇ survey 名「調査」
◇ focus on ...「…に焦点を当てる」　　◇ disadvantage 名「不利な点」
◇ particular 形「独特な」　　　　　　◇ structure 名「構造」
◇ above 前「…より上に［で］」　　　◇ below 前「…より下に［で］」
◇ idiom 名「イディオム；慣用句」　　◇ usage 名「使用（法）」
◇ severely 副「厳しく；痛烈に」　　　◇ criticize 動「…を批判する」
◇ compensate for A with B「A を B で埋め合わせる」
◇ biological 形「生物学的な」　　　　◇ similar to ...「…に似た」

[第1段落]
(It is often ...)

◇ It is said that S + V「S V と言われている」
◇ when it comes to ...「…ということとなると」
◇ reveal 動「…を明らかにする」　　　◇ currently 副「現在」
◇ rank 動「…の順位を占める」　　　　◇ region 名「地域」

[第2段落]
(One reason is ...)

◇ place emphasis on ...「…を重視する」　◇ practical 形「実用的な」
◇ properly 副「適切に；きちんと」　　◇ specific 形「特定の」
◇ material 名「教材」　　　　　　　　◇ prepare A for B「A に B の準備をさせる」
◇ upcoming 形「次回の；もうすぐやってくる」

[第3段落]
(Another reason
lies ...)

◇ spoken language「話し言葉」
◇ It is no wonder that S + V「S V なのは驚きではない」
◇ have difficulty (in) − ing「−するのに苦労する」
◇ tell the difference between A and B「A と B の違いがわかる」
◇ simply not ...「全く…ない」　not simply ... は「単に…というわけではない」という意味。
◇ be equipped to −「−する能力が備わっている」
◇ unless 接「…しない限り」

— 英 L 54 —

[第4段落]
(What's more, the ...)
◇ what's more「さらに」
◇ reverse 名「逆」
◇ with ... -ing「…が-している状態で」付帯状況の with が導く構文。
◇ verb 名「動詞」
◇ virtually 副「実質的に；ほぼ」
◇ in terms of ...「…に関して」

[第5段落]
(Nevertheless, the Japanese ...)
◇ nevertheless 副「にもかからわず」
◇ hospitable 形「もてなしの精神のある；客に親切である」
◇ likely 副「おそらく」
◇ destination 名「目的地」
◇ make up for ...「…を埋め合わせる」
◇ all the way「はるばる；わざわざ」

出典   *Original Material*

スクリプト

　In 2019, Japan's English proficiency ranking dropped by four places from its forty-ninth place in 2018. Japan had been categorized as being in the "low proficiency" level since 2016. Now, Japan's Ministry of Education has launched a number of measures to combat the Japanese people's lack of English skills.

全訳

　2019年，日本の英語習熟度順位は2018年の49位から4位ほど落ちた。日本は2016年からずっと「低習熟度」レベルにあると分類されたことになった。現在，日本の文部科学省は，日本人の英語力欠如に対処するため，多くの方策を開始している。

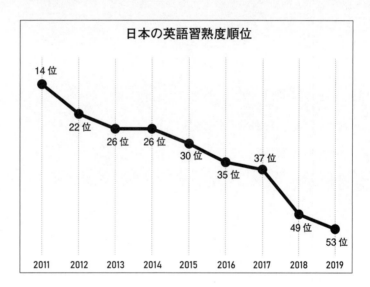

問33　33　正解 ❷
① 日本の低い英語習熟度は政府の方針に責任がある。
❷ 2019年に，日本は4年連続で「低習熟度」レベルにあると分類された。
③ 日本の英語習熟度は下がり続けるだろう。
④ 日本の多くの英語の教師は，授業で教科書を使わない。

設問解説

　正解は ❷。
　講義の続きの第2文 (Japan had been ...) に「日本は2016年からずっと『低習熟度』レベルにあると分類されたことになった」とあり，これは ❷ の内容と合っている。
　他の選択肢のようなことは，講義からも図からも読み取れない。

主な語句・表現	◇ index 图「指標」
[グラフ・選択肢]	◇ be to blame for ...「…に対する責任がある；…の責めを負うべきである」
	◇ categorize 動「…を分類する」
	◇ for the fourth successive year「4年連続で」
[講義の続き]	◇ place 图「順位；地位」 〈序数〉+place で「…位」を表す。
	◇ Ministry of Education「文部科学省」 正式な英語表記は, Ministry of Education, Culture, Sports, Science and Technology.
	◇ launch 動「…を開始する；…に乗り出す」 ◇ a number of ...「多くの…」
	◇ measure 图「方策；手段」 ◇ combat 動「…と闘う；…に対処する」

第6問

解 答	A	問34 — ②	問35 — ③		（各3点）
	B	問36 — ①	問37 — ②		（各4点）

出題のねらい　　A　身近な話題や馴染みのある社会的な話題に関する会話や議論を聞き，話者の発話の要点を選ぶことを通じて，必要な情報を把握する力や，それらの情報を統合して要点を整理，判断する力を問う問題です。

出　典　　*Original Material*

問34　[34]　正解②　　問35　[35]　正解③

スクリプト　［設問解説のために，通し番号を振ってあります］

① Jane　　: Takeshi, I often hear about the low birth rate in Japan.

② Takeshi : Me too. People are marrying later and having fewer children.

③ Jane　　: That means there will be fewer workers, right?

④ Takeshi : Exactly. The situation is getting worse and worse.

⑤ Jane　　: If there aren't enough workers, perhaps Japan should rely more on robots.

⑥ Takeshi : Well, there seem to be other measures the government should take now.

⑦ Jane　　: Like what?

⑧ Takeshi : For example, raising the retirement age will enable healthy elderly people to work longer.

⑨ Jane　　: Well, that's true. There are many motivated, skilled older people.

⑩ Takeshi : It is also important to create a better environment for women who want to work and raise a child at the same time. Increasing the number of child-care facilities would be helpful.

⑪ Jane　　: But older people will still need to be taken care of when they become sick or really old, won't they?

⑫ Takeshi : What's your point?

⑬ Jane　　: Now, without enough caregivers due to the low birthrate, you don't seem to have any choice but to utilize nursing robots in the near future.

全 訳

①ジェーン：タケシ，日本での低出生率のことを私よく耳にするわ。

②タケシ　：僕もだよ。結婚するのが遅くなってきていて，子どもの数も減ってきているんだ。

③ジェーン：働き手が少なくなるっていうことよね？

④タケシ　：その通りだよ。状況はどんどん悪化してきているよ。

⑤ジェーン：もし十分な数の働き手がいないのなら，ひょっとしたら日本はもっとロボットに頼るべきかもね。

⑥タケシ　：うーん。政府が今とるべき措置は他にあるように思えるな。

⑦ジェーン：どんな？

⑧タケシ　：例えば，退職年齢を引き上げたら，健康な高齢者がもっと長く働けるよね。

⑨ジェーン：ああ，そうね。やる気のある熟練の高齢者がたくさんいるものね。

⑩タケシ　：働きながら同時に子育てをしたい女性のためにもっと良い環境を作ることも重要だよ。保育施設の数を増やすことが助けになるだろうね。

⑪ジェーン：でも，高齢者が病気になったり本当に高齢になった時には，やっぱり世話をしてもらう必要があるわよね？

— 英 L 57 —

⑫タケシ　：何が言いたいの？
⑬ジェーン：今，低出生率のせいで十分な数の介護者がいないから，近い将来介護ロボットを活用する以外に選択肢が無いように思えるわ。

設問解説

問34　34　正解②

（問い）タケシは何を提案しているか。

① 保育施設ではもっと多くの保育士が雇われるべきだ。
② **高齢者と女性が人的資本としてもっと活用されるべきだ。**
③ ロボットは職場で人間に取って代わるべきだ。
④ 政府は人々がより多くの子どもを持つように奨励すべきだ。

正解は②。
　タケシは発言⑧で「退職年齢を引き上げたら，健康な高齢者がもっと長く働ける」と述べており，発言⑩で「働きながら同時に子育てをしたい女性のためにもっと良い環境を作ることも重要だ」とも述べている。したがって，高齢者や女性をもっと労働者（＝人的資本）として活用すべきと考えていると判断できるので，②が正解。
　①，③，④の内容はタケシの発言から読み取れないので誤り。

問35　35　正解③

（問い）ジェーンはロボットを活用することについてどう考えているか。

① 自動化は人々から仕事を奪うだろう。
② 日本は退職した人々が仕事に復帰するのを手助けするためにもっとロボットが必要である。
③ **ロボットは高齢化社会において大いに役に立つだろう。**
④ ロボットは女性にとってより良い労働環境を作るのを手助けするだろう。

正解は③。
　ジェーンは発言⑤で「もし十分な数の働き手がいないのなら，日本はもっとロボットに頼るべき」と述べており，発言⑬で「十分な数の介護者がいないから，近い将来介護ロボットを活用する以外に選択肢が無いように思える」とも述べている。つまりジェーンは，高齢化社会においてロボットが労働者や介護者の代わりを務めるようになることを示唆しているので，③が正解。
　①，②，④のような内容はジェーンの発言から読み取れないので誤り。

主な語句・表現
［スクリプト］

◇ birth rate「出生率」　　　　　　　　　◇ ..., right?「…だよね？」
◇ Exactly.「その通り」　　　　　　　　　◇ rely on ...「…に頼る」
◇ There seem to be ...「…があるようだ」　◇ measure 图「方策；手段」
◇ Like what?「どのような？」　この like は「…のような」という意味の前置詞。
◇ retirement 图「退職」
◇ enable O to −「O が−するのを可能にする」
◇ elderly people「高齢者」　　　　　　　◇ motivated 厖「やる気のある」
◇ child-care facility「保育施設」　　　　◇ still 圖「それでもやはり」
◇ point 图「真意；言いたいこと」　　　　◇ caregiver 图「介護者」

— 英 L 58 —

◇ due to ... 「…が原因で；…のせいで」
◇ don't have any choice but to − 「−する以外に選択肢は無い」　この but は「…以外に」という前置詞。
◇ utilize 動「…を活用する」　　　◇ nursing 形「介護の」

[設問文・選択肢]
◇ nurse 名「保育士；看護師」　　　◇ employ 動「…を雇う」
◇ human resource「人的資本；人材」　◇ replace 動「…に取って代わる」
◇ workplace 名「職場」　　　　　　◇ automation 名「自動化」
◇ deprive A of B「A から B を奪う」
◇ help O (to) −「O が−するのを手助けする」◇ retired 形「退職した」
◇ of great help「大いに役立つ」　very helpful と同義。of +〈抽象名詞〉で形容詞的な意味を表す。
◇ aging society「高齢化社会」

出題のねらい　B　身近な話題や馴染みのある社会的な話題に関する会話や議論を聞き，それぞれの話者の立場を判断し，意見を支持する図表を選ぶことを通じて，必要な情報を把握する力や，それらの情報を統合して要点を整理，判断する力を問う問題です。

出典　*Original Material*

問 36　36　正解 ①　問 37　37　正解 ②

スクリプト　[設問解説のために，通し番号を振ってあります]

① John　：For years, we've been taking students to Washington, D.C. for the school trip. Naomi, don't you think we should change our destination?

② Naomi：I don't think so.　In our capital city, students can surely learn a lot about history and politics.

③ John　：But they may want some stimulation.

④ Mike　：I agree, John.　Perhaps Washington, D.C. is too educational.

⑤ Naomi：OK, Mike.　What city do you think is suitable?

⑥ Mike　：Maybe New York?

⑦ Naomi：Why New York?

⑧ Mike　：Students will enjoy seeing musicals and eating excellent dinners.

⑨ John　：Hmm ... that sounds fun.

⑩ Lisa　：Wait a minute.　How much do you think it costs to enjoy those luxuries?　All of those dinners, entertainment, and accommodations would be extremely costly.

⑪ Naomi：That's true, Lisa.　Parents wouldn't want to pay so much.

⑫ Lisa　：They expect school trips to be helpful to their children's development.

⑬ Naomi：Exactly.　The trip should have an educational purpose.

⑭ Mike　：Hey, New York has educational aspects as well.　There are workshops provided by many of the museums.

⑮ John　：Seeing the Statue of Liberty up close will also stimulate students' intellectual curiosity.

⑯ Lisa　：Still, we can't deny a trip to New York would be costly.

⑰ Naomi：So you also think we should stick to Washington, D.C., Lisa?

⑱ Lisa　：To be honest, I'm not actually against changing the destination.　I'm just against going to New York.

⑲ John　：Maybe we should consider some other places as well.

— 英 L 59 —

全訳

① ジョン：何年間も我々は修学旅行で生徒をワシントンに連れて行っているよね。ナオミ，行き先を変えるべきだと思わない？

② ナオミ：そうは思わないわ。首都では，生徒たちは確実に歴史や政治についてたくさん学ぶことができるもの。

③ ジョン：でも，彼らは刺激が欲しいかもしれないね。

④ マイク：僕もそう思うよ，ジョン。おそらくワシントンは教育的要素が強すぎるだろうね。

⑤ ナオミ：いいわ，マイク。どの都市がふさわしいと思う？

⑥ マイク：たぶんニューヨークではないかな？

⑦ ナオミ：どうしてニューヨークなの？

⑧ マイク：生徒はミュージカルを鑑賞したり美味しい食事を食べて楽しむことができるよね。

⑨ ジョン：なるほど。楽しそうだね。

⑩ リサ　：ちょっと待って。そんな贅沢なことを楽しむのにどれだけお金がかかると思ってるの？　夕食，娯楽，宿泊施設の費用はどれもとてつもなく高いと思うわ。

⑪ ナオミ：そうよね，リサ。保護者の方々はそんなに多くのお金を払いたくないでしょうね。

⑫ リサ　：彼らは修学旅行が子どもの成長にとって役に立つことを期待しているわ。

⑬ ナオミ：その通りよ。旅行には教育的な目的があるべきよ。

⑭ マイク：ねえ，ニューヨークには教育的側面もあるよ。多くの博物館がワークショップを提供しているし。

⑮ ジョン：自由の女神像をすぐ近くで見れば，生徒の知的好奇心も刺激されるよね。

⑯ リサ　：それでも，ニューヨークへの旅はお金がかかるってことは否定できないわ。

⑰ ナオミ：じゃありサ，あなたもワシントンのままの方がいいと思っているのね？

⑱ リサ　：正直に言うと，行き先を変えることに実は反対ではないのよ。ただ，ニューヨークに行くことに反対なの。

⑲ ジョン：たぶん他の場所も考えてみた方がいいね。

設問解説　　問36　　36　　正解①

正解は①。

　ジョンは，発言①や発言⑲で修学旅行の行き先を変える提案をしており，マイクは発言⑥以降でニューヨークを行き先にすべきだと提案している。また，リサはニューヨークに行くことには反対しているが，発言⑱で「行き先を変えることに実は反対ではない」と述べている。以上のことから，ジョン，マイク，リサの3人は修学旅行先を変えることに反対ではないと判断できる。これに対しナオミは発言②で「行き先を変えるべきだと思わない」と述べており，最後まで主張を変えていないので，行き先をワシントン以外に変更することに反対しているとわかる。したがって正解は①。

問37 37 正解 ②

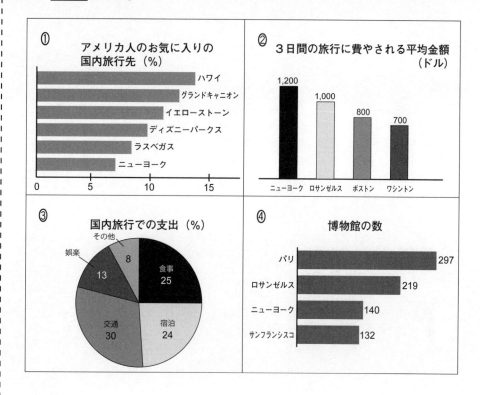

正解は ②。

リサは発言⑩と⑯で，ニューヨークへの旅行は非常にお金がかかると述べている。したがって，他の旅行先に比べてニューヨーク旅行の費用が高いことを示す ② が正解。

① や ④ のグラフはリサの発言と関連が無いので誤り。また，リサはニューヨーク旅行にお金がかかることを述べているのであり，③ のような一般的な国内旅行費の内訳について述べているわけではない。

主な語句・表現

[スクリプト]
- ◇ destination 名「目的地；行き先」
- ◇ surely 副「確実に」
- ◇ stimulation 名「刺激」
- ◇ suitable 形「ふさわしい；適切な」
- ◇ entertainment 名「娯楽」
- ◇ extremely 副「非常に；とてつもなく」
- ◇ workshop 名「ワークショップ；研修会」
- ◇ up close「すぐ近くで」
- ◇ intellectual 形「知的な」
- ◇ still 副「それでもなお」
- ◇ deny (that) S+V「S V ということを否定する；S V ではないと思う」
- ◇ stick to ...「…に固執する」
- ◇ capital city「首都」
- ◇ politics 名「政治」
- ◇ educational 形「教育的な」
- ◇ luxury 名「贅沢；贅沢品」
- ◇ accommodation 名「宿泊施設」
- ◇ costly 形「費用がかかる；高い」
- ◇ Statue of Liberty「自由の女神像」
- ◇ stimulate 動「…を刺激する」
- ◇ curiosity 名「好奇心」
- ◇ to be honest「正直に言うと」

[設問文・選択肢]
- ◇ domestic 形「国内の」
- ◇ expenditure 名「支出；出費」

第 3 回　実戦問題　解答・解説

英語（リスニング） 第3回（100点満点）

（解答・配点）

問題番号（配点）	設問		解答番号	正解	配点	自己採点欄
第1問（25）	A	1	1	②	4	
		2	2	①	4	
		3	3	③	4	
		4	4	②	4	
	B	5	5	④	3	
		6	6	①	3	
		7	7	②	3	
	小　　計					
第2問（16）		8	8	④	4	
		9	9	①	4	
		10	10	②	4	
		11	11	①	4	
	小　　計					
第3問（18）		12	12	②	3	
		13	13	③	3	
		14	14	④	3	
		15	15	③	3	
		16	16	①	3	
		17	17	①	3	
	小　　計					

（注）　＊は，全部正解の場合のみ点を与える。

問題番号（配点）	設問		解答番号	正解	配点	自己採点欄
第4問（12）	A	18	18	④	4*	
		19	19	①		
		20	20	③		
		21	21	②		
		22	22	①	1	
		23	23	③	1	
		24	24	⑤	1	
		25	25	③	1	
	B	26	26	③	4	
	小　　計					
第5問（15）		27	27	②	3	
		28	28	①	2*	
		29	29	③		
		30	30	④	2*	
		31	31	⑥		
		32	32	④	4	
		33	33	④	4	
	小　　計					
第6問（14）	A	34	34	④	3	
		35	35	③	3	
	B	36	36	①	4	
		37	37	④	4	
	小　　計					
	合　　計					

第1問

解答	A	問1 - ②	問2 - ①	問3 - ③	問4 - ②	（各4点）
	B	問5 - ④	問6 - ①	問7 - ②		（各3点）

出題のねらい　A　身の回りの事柄に関して平易な英語で話される短い発話の聞き取りを通じて，情報を把握する力を問う問題です。

出典　*Original Material*

問1 　1　正解②

スクリプト　Where will our club have the meeting today? In the music room?

全訳　私たちのクラブは今日はどこでミーティングをするのですか。音楽室でしょうか。

① 話者は自分のクラブの名前を知りたいと思っている。
② 話者はミーティングの場所を知りたいと思っている。
③ 話者は自分のクラブがどんな音楽を演奏するのか知りたいと思っている。
④ 話者は音楽室の場所を知りたいと思っている。

設問解説　正解は②。
　話者は，疑問詞 Where（どこ）を使って尋ねている。music room（音楽室）はミーティングが行われると話者が考えている場所であり，Where の問いかけに自分で答える形で，そこで正しいかどうか確認するために？（クエスチョンマーク）が付いている。話者はミーティングが開催される正しい「場所」を知りたいと思っていると考えられるので，正解は②となる。

主な語句・表現　◇ club 图「（スポーツ・文化活動などの）クラブ；同好会」　一般に，学校において行われる「部活動」の「部」にも相当する。（例）baseball *club*「野球部」　なお，「部活動」そのものは club activities と訳される。

問2 　2　正解①

スクリプト　I want to wear an orange T-shirt in the stadium, but I only have white ones.

全訳　私はスタジアムではオレンジ色のTシャツを着たいのですが，白いTシャツしか持っていません。

① 話者はオレンジ色のTシャツを持っていない。
② 話者は白いTシャツを持っていない。
③ 話者はオレンジ色のTシャツは1枚しか持っていない。
④ 話者は白いTシャツは1枚しか持っていない。

設問解説　正解は①。
　最後の I only have white ones という発言が正しく聞き取れれば，話者は「オレンジ色のTシャツは持っていない」こと，そして「白いTシャツは複数持っている」ことがわかる。したがって正解は①。

— 英 L 65 —

主な語句・表現 ◇ white ones　ones は T-shirts の代わりに用いられている不定代名詞。white ones ＝ white T-shirts ということである。

問3　3　正解 ③

スクリプト　Could you show me our location on the map, please?

全訳　私たちがいるところを地図の上で教えてくださいませんか。

① 話者はあなたにあなたがいる場所を教えることができる。
② 話者はあなたにあなたが行くべき場所を教えることができる。
③ 話者は自分たちがどこにいるのかを知りたいと思っている。
④ 話者は自分たちがどこにいるのかをあなたに知ってもらいたいと思っている。

設問解説　正解は ③。
　話者は，「地図上で自分たちのいる場所を教えてもらいたい」と言っている。つまり，今自分たちがどこにいるのかわからないので，それを知りたいと思っている。よって，正解は ③ となる。

主な語句・表現 ◇ Could you ...?「…してくれませんか」　相手にお願いや依頼をするときの比較的丁寧な表現。文末に please を付けて，丁寧さを増している。
◇ location 图「場所；位置」
◇ map 图「地図」

問4　4　正解 ②

スクリプト　I was planning to go fishing with Takeshi today, but unfortunately it started raining.

全訳　私は今日タケシといっしょに魚釣りに行く予定でしたが，運悪く雨が降り始めました。

① 話者はタケシに魚釣りに行ってくれるようにお願いするだろう。
② 話者は自分の計画を変更するだろう。
③ 話者は雨の中の魚釣りを楽しむだろう。
④ 話者は今日はひとりで魚釣りに行くだろう。

設問解説　正解は ②。
　話者は今日は魚釣りに行く予定だった。しかし，あいにく雨が降り始めてきた，ということである。「予定でした」「運悪く」という表現から，話者は予定を変更すると考えられる。よって，正解は ② となる。

主な語句・表現 ◇ plan to –「–することを（予定として）考える」
◇ go fishing「魚釣りに行く」　go –ing で「–しに行く」という意味。（例）*go shopping*「買い物に行く」，*go camping*「キャンプに行く」，*go hiking*「ハイキングに行く」
◇ unfortunately 圖「運の悪いことに；不幸にも」　but 以下の文頭で用いられて，続く文全体の意味に感想やコメントを付け加える「文修飾の副詞」として働いている。

— 英 L 66 —

|出題のねらい| B 身の回りの事柄に関して平易な英語で話される短い発話を聞き，それに対応するイラストを選ぶことを通じて，発話内容の概要や要点を把握する力を問う問題です。

|出典| *Original Material*

問5　⑤　正解④

|スクリプト| I have scrambled eggs on toast and a green salad for breakfast. I also drink a glass of milk.

|全訳| 私は朝食には，トーストの上にスクランブルエッグを乗せたものと，グリーンサラダを食べます。それと牛乳をグラスに一杯飲みます。

|設問解説| 正解は④。
　食べるものは「トーストの上にスクランブルエッグを乗せたもの」と「グリーンサラダ」。そして，「牛乳をグラスに一杯飲む」ということであり，これらすべてに当てはまるのは④しかない。よって，正解は④となる。

|主な語句・表現| ◇ scrambled eggs on toast　前置詞 on が用いられているので，「トーストの上に」スクランブルエッグが乗せられている，ということになる。

問6　⑥　正解①

|スクリプト| She is texting a friend to give him her email address.

|全訳| 彼女は友だちに自分のメールアドレスを教えるために，（携帯電話で）メッセージを送っています。

|設問解説| 正解は①。
　放送内容を正しく描写している絵は，①の「女の子がメールアドレスをメッセージで送っている絵」である。よって，正解は①となる。

|主な語句・表現| ◇ text 動「（携帯電話で）メッセージを送る」　動詞であることに注意。
◇ him は a friend を指している。her は主語の She を指している。

問7　7　正解 ❷

スクリプト

I put my watch not on the table but in the dresser drawer.

全訳

私は腕時計をテーブルの上ではなく、ドレッサーの引き出しの中に置きました。

設問解説

正解は ❷。
放送内容から、腕時計がドレッサーの引き出しの中にある絵を選ぶことになる。よって、正解は ❷ となる。

主な語句・表現

◇ not A but B「AではなくB」　ここでは、Aが on the table、Bが in the dresser drawer である。両方とも文法的には等価の前置詞句であることに注意。
◇ dresser 名「ドレッサー」
◇ drawer 名「(机・たんすなどの) 引き出し」

第 2 問

解答 問8 — ④　　問9 — ①　　問10 — ②　　問11 — ①　　　　　　　　　　（各 4 点）

出題のねらい　身の回りの事柄に関して平易な英語で話される短い対話を，場面の情報とイラストを参考にしながら聞き取ることを通じて，必要な情報を把握する力を問う問題です。

出典　*Original Material*

スクリプト

問8　8　正解 ④

W : How was the dinner today?
M : Super! It was delicious.
W : Would you like some ice cream or cake for dessert? And tea or coffee?
M : I'm quite full. Just bring the check, please.

Question:
What will she bring?

全訳

女性：今日のディナーはいかがでしたか。
男性：素晴らしかったです。とてもおいしかったです。
女性：デザートにアイスクリームかケーキなどはいかがでしょうか。そして，紅茶あるいはコーヒーなどは？
男性：もうすっかり満腹です。（会計の）伝票を持ってきてください。

（問い）女性は何を持ってきますか。

設問解説

正解は ④。

2人の会話を正しく追えば，男性はレストランの客，女性はスタッフであることがわかる。女性が追加の注文を勧めるが，男性はそれを断り，会計をすることにした。女性にお願いしたのは，会計のための伝票を持ってきてほしいということである。よって，正解は ④ となる。

主な語句・表現

◇ super 形「実に素晴らしい；最高級の」（= wonderful）
◇ Would you like ...?「…はいかがですか」（相手に何かを勧めるときの表現）
◇ And tea or coffee? = And (would you like some) tea or coffee?
◇ quite 副「まったく；完全に；すっかり」（= completely）
◇ full 形「満腹の；満ちた」
◇ check 名「（レストランなどの）伝票；勘定書」（《英》bill）

問9　9　正解 ①

スクリプト

M : Excuse me. Where can I catch a bus for Niigata Station?
W : Go out of this building and turn left.
M : O.K.
W : Walk along the street and turn right at the second corner. You'll see the bus stop soon.
M : Thanks a lot.

Question:
Where is the man going?

全訳

男性：すみません。新潟駅行きのバスはどこで乗れますか。
女性：この建物を出て，左に曲がってください。
男性：はい。
女性：通りに沿って歩いて，2番目の角を右に曲がってください。(そうすれば，)すぐにバス停が見えますよ。
男性：どうもありがとう。

(問い) 男性はどこに行きますか。

設問解説

正解は ①。
　放送内容の指示を正しく聞き取って，その通りに地図上で動けば，正解は ① であることがわかる。

主な語句・表現

◇ for 前「…行きの」(方向や行き先を表す前置詞)
◇ go out of ... 「…から出ていく」
◇ walk along ... 「…に沿って歩く」
◇ bus stop 「バスの停留所」

問10　10　正解 ②

スクリプト

W : There's chicken, spinach, carrots ... . What are you cooking?
M : Well, wait and see. It's almost ready!
W : Oh, I love this kind of soup!
M : I'll just prepare some rice cakes to add, and that'll be it!

Question:
What is the man cooking?

全訳

女性：鶏肉があって，ほうれん草があって，にんじんがあるわね…。何を作っているの？
男性：まあ，見ていてごらん。もうすぐ出来上がるよ。
女性：う〜ん，私，こういうスープ大好きよ！
男性：あとは中に入れるお餅を何個か用意して，できあがりさ！

(問い) 男性は何を料理しているのですか。

設問解説

正解は ②。
　男性が言う最後のセリフの some rice cakes to add ((スープの中に) 入れる餅) が正解を導く鍵となる。餅を入れる汁物としては，選択肢から選べば「お雑煮」しかない。よって，正解は ② となる。

主な語句・表現

◇ spinach 名「ほうれん草」
◇ carrot 名「にんじん」
◇ this kind of ...「この種類の…」 kind は「種類」という意味の名詞。
◇ prepare 動「…を準備する」
◇ rice cake「餅」 rice は「米」という意味の名詞。
◇ add 動「(中に) 加える；足す」
◇ that'll be it 「それがそのようになるだろう」というのが直訳。「それが望んでいるものになる [欲しいものになる]」と解釈する。

問11　|11|　正解 ①

スクリプト

M：Is Rockwood the second station after Greenfield?
W：No, it's the fourth station.
M：Does this train go to Rockwood?
W：No, it's bound for Whiteford. You should change trains at the second station.

Question:
Which station is Rockwood?

全訳

男性：ロックウッドはグリーンフィールドから2つめの駅ですか？
女性：いいえ，4つめの駅です。
男性：この電車はロックウッドに行きますか？
女性：いいえ，ホワイトフォード行きです。 2つめの駅で電車を乗り換える必要があります。

(問い) どの駅がロックウッドですか。

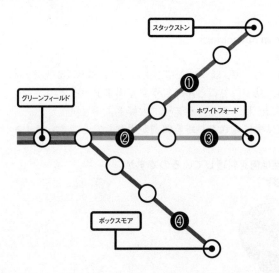

設問解説

正解は **①**。

　ロックウッド駅は，今男性のいるグリーンフィールド駅から4つめの駅であるということなので，まず選択肢の**②**は正解から除外される。次に，ホワイトフォード行きの電車の路線にはロックウッド駅はないことがわかるので，選択肢の**③**は正解ではないことがわかる。そして，ロックウッド駅に行くためには，グリーンフィールド駅から2つめの駅で電車を乗り換える必要があるということなので，結局，「グリーンフィールド駅から2つめの駅で乗り換えて，グリーンフィールド駅から4つめの駅」がロックウッド駅ということになる。よって，正解は**①**となる。

主な語句・表現

◇ (be) bound for ...「（電車などの乗り物が）…行きの」
◇ change trains「電車を乗り換える」　2つ（以上）の電車に乗ることになるので，trains と複数形になる。

第3問

解答

問 12 － ②	問 13 － ③	問 14 － ④
問 15 － ③	問 16 － ①	問 17 － ①

(各3点)

出題のねらい　　身の回りの事柄に関して平易な英語で話される短い対話を，場面の情報を参考にしながら聞き取ることを通じて，概要や要点を目的に応じて把握する力を問う問題です。

出典　　*Original Material*

問 12　　12　　正解 ②

スクリプト

M：What are you planning to do during the summer vacation?

W：I'm visiting a friend in the U.S. She's urging me to stay with her family.

M：Sounds great! I'm going to Korea to have practice games with some club teams there. I'm trying to become a professional soccer player, you know.

全訳

男性：夏休みに何をするつもり？

女性：アメリカの友人を訪ねる予定よ。（その友人である）彼女は私に彼女の家にホームステイをするよう勧めてくれているの。

男性：それはいいね！　僕は韓国に行って，そこでいくつかのクラブチームと練習試合をする予定なんだ。ほら，僕はプロのサッカー選手になろうと頑張っているところだし。

（問い）　2人の生徒が共に予定していることは何ですか。

① アルバイトをする

❷ 海外に行く

③ 友人に会う

④ 英語の練習をする

設問解説

正解は ②。

　話をしている女性はアメリカへ，男性は韓国へ行く予定だということなので，2人とも共通して海外へ出かける予定であることがわかる。よって，正解は ② となる。

主な語句・表現

◇ urge A to － 「A（人）に－するよう（強く）勧める」

◇ practice game 「（スポーツなどの）練習試合」

◇ ..., you know. 「（…だということは）あなたも御存じのように」というのが直訳であるが，「…だからね」とか「…でしょ」と軽く相手に相槌・同意を求める時に用いる口語表現である。

問 13　　13　　正解 ③

スクリプト

M：Keiko, you look worried. Is anything wrong?

W：About this time tomorrow, I'll be making a speech in English in the contest.

M：Of course! I'll be there to see you.

W：Oh, John, I'm so nervous! What if I can't speak well?

M：Remember how hard you've practiced. I'm sure it will go well.

— 英 L 73 —

全訳

男性：ケイコ，何だか心配そうだね。どうかしたの？
女性：明日の今頃，私，コンテストで英語でスピーチをしているの。
男性：そうだね！　僕も見に行くよ。
女性：ああ，ジョン，私とても緊張しているの！　上手く話せなかったらどうしよう？
男性：君がどれだけ一生懸命練習したか思い出してごらん。きっと上手くいくはずさ。

（問い）なぜジョンは「君がどれだけ一生懸命練習したか思い出してごらん」と言ったのですか。

① ケイコにもっと頑張るよう励ますため
② ケイコの英語力を伸ばすため
❸ ケイコの気分を楽にするため
④ ケイコにコンテストのことを思い出させるため

設問解説

正解は❸。
　ケイコは明日のスピーチコンテストを控えてとても緊張している。しかし，ケイコはそのスピーチに備えてとても一生懸命に練習してきたことをジョンは知っているので，そのことをケイコに思い出させることで，ケイコに自信を持たせ，その緊張感を少しでも和らげて気分を楽にさせてあげようとして，そのように言ったと考えられる。よって，正解は❸となる。

主な語句・表現

◇ worried 形「（…（ということ）を）心配して」
◇ wrong 形「具合が悪い；調子が悪い」
◇ I'll be there ...　コンテスト会場にいるということ。
◇ What if ...?「もし…だったらどうしよう［どうしますか］」
◇ ... it will go well.　it = your [Keiko's] speech ということ。

問14　　14　　正解④

スクリプト

M：This coat comes in three colors, white, gray and black. Which do you like?
W：I think the gray is too dull.
M：So do you like the white one?
W：Well, what do you think?
M：I think light colors suit you well.
W：You're right. I'll take this one.

全訳

男性：このコートは白，グレー，黒の３色があるよ。どれが好き？
女性：グレーはくすみすぎているわね。
男性：それじゃ，白がいいのかな？
女性：そうねえ，あなたはどう思う？
男性：明るい色が君によく似合うと思うよ。
女性：そうよね。それじゃ，こちらにするわ。

（問い）女性はどのコートを買うことになりそうですか。

① 黒いコート
② グレーのコート
③ ライトグレーのコート
❹ 白いコート

— 英 L 74 —

設問解説

正解は **④**。

会話の内容によれば，女性（妻）はグレーはくすんで見えると言っていることから，好みではないと思われる。男性（夫）は，明るい（light）色，つまり，この3色のうちでは白色が女性（妻）には似合うとコメントしており，女性（妻）はそれに同意して受け入れたことがわかる。よって，正解は **④** となる。

主な語句・表現

◇ come in ...「〈…（容器・大きさ・色など）〉で入手できる［売られる］」（例）This shirt *comes in* all sizes.「（店で）このシャツはすべてのサイズがそろっています」

◇ dull 形「（色などが）くすんだ；ぱっとしない」

◇ suit 動「…に似合う」

◇ I'll take this one. この take は「（店で）買って持ち帰る」という意味。

問15　15　正解 ③

スクリプト

W : Have you fastened your seat belt?

M : Oh, sorry. I'll do it now.

W : Is this your first time to go abroad?

M : Yes. I wonder if I'll be able to get by in English.

W : How long have you been learning English?

M : Just a few months.

W : Really? You seem to have a talent for learning foreign languages.

全訳

女性：シートベルトを締めましたか？

男性：ああ，ごめんなさい。今やります。

女性：海外に行くのは初めてですか？

男性：はい。僕，英語でうまくやっていけるんだろうか。

女性：英語はどのくらいの間学んでいるのですか？

男性：ほんの数ヵ月間です。

女性：本当？　あなたには外国語を学ぶ才能があるようですよ。

（問い）会話によると，どれが正しいですか。

①　ヒロシは客室乗務員と話す前は，英語に自信を持っていた。

②　ヒロシの英語への自信は，客室乗務員を感心させた。

③　**客室乗務員はヒロシの英語に感心した。**

④　客室乗務員はヒロシの英語を心配した。

設問解説

正解は **③**。

男性（ヒロシ）は，これから行くアメリカで英語で上手くやっていけるかどうか心配しているが，女性（客室乗務員）は彼が話す英語を聞いて，それを数ヵ月で学んだことに感心して，「あなたには外国語を学ぶ才能があるようですよ」（You seem to have a talent for learning foreign languages.）と言っている。よって，正解は **③** となる。

主な語句・表現

◇ fasten 動「〈ベルトなど〉を締める」

◇ abroad 副「海外へ［に；で］」（= overseas）

◇ get by「何とかやっていく」《口語》

— 英 L 75 —

問16　　16　　正解 ①

スクリプト

W : Would you like some more potatoes?
M : No, thank you. Actually, I've just decided to go on a diet.
W : Oh? So you won't want the cake in the oven, will you? I think it'll be a great
　　dessert.
W : Well then, I'll start my diet tomorrow.
M : I knew you would say that.

全訳

女性：ポテトをもう少しどう？
男性：いや，ありがとう。実は，ダイエットをすることにしたんだよ。
女性：えっ？　じゃ，あなたはオーブンの中にあるケーキは欲しくないわけね？　おい
　　　しいデザートになると思うんだけどなあ。
男性：それじゃあ，明日からダイエットを始めることにしようっと。
女性：そう言うだろうと思っていたわ。

（問い）この後，息子は何をしますか。

① デザートにケーキを食べる
② 夕食後にダイエットをやめる
③ ポテトをもう少し食べる
④ デザートを食べないで夕食を終える

設問解説

正解は ①。
　もっとポテトを食べるように女性（母親）から勧められるが，ダイエットを始めたと言っ
て男性（息子）はそれを断る。しかし，おいしいケーキがデザートとして用意されていると
いうことを知って，男性（息子）は「それじゃあ，明日からダイエットを始めることにしよう」
と言う。つまり，今日はこれからデザートとしてケーキを食べようということである。よって，
正解は ① となる。

主な語句・表現

◇ go on a diet「ダイエットをする」
◇ I think it'll be a great dessert. it = the cake in the oven（オーブンの中にあるケー
　　キ）を指している。
◇ then 副「それでは；そういうことであれば」
◇ I knew you would say that. that は，男性（息子）が「明日からダイエットを始める」
　　（I'll start my diet tomorrow.）という内容を指している。
◇ give up「…をあきらめる［やめる］」
◇ skip 動「…をとばす；〈食事など〉を抜く」

問17　　17　　正解 ①

スクリプト

M : May I ask you a favor, Yukari?
W : Sure. What is it?
M : Would you leave the door of the bathroom half open when you've used it?
W : Oh, why?
M : Because that is our custom. If the door is closed, nobody can go into the
　　bathroom, for it's a sign that somebody is in there.

— 英 L 76 —

全訳

男性：ちょっとお願いしてもいいかな、ユカリ。

女性：もちろんです。何でしょうか？

男性：バスルームを使ったら、ドアを半分開いたままにしておいてくれるかな？

女性：ええっと、それはなぜでしょうか？

男性：それが私たちの習慣だからだよ。ドアが閉まっていると、誰もバスルームに入ることができないんだ。誰かが中にいるというサインだからね。

（問い）ユカリは何をしたのですか。

① バスルームを使った後、ドアを閉めた
② ホームステイ先の家族の習慣に従った
③ バスルームを使った後、ドアを開けたままにしておいた
④ 誰かがバスルームにいるというサインを見逃した

設問解説

正解は①。

アメリカの家庭では、一般的な習慣として、バスルーム（トイレ）のドアが閉まっているということは、中に人がいて使用中であるということを示すサインであると解釈するのがふつうである。しかし、ユカリはそのような習慣を知らずに、バスルーム（トイレ）を使った後、（日本の習慣に従って）ドアを閉めていたので、ステイ先のホストファザーから会話の内容のように指摘されたのである。よって、正解は①となる。

主な語句・表現

◇ favor 图「（自発的で特別の）親切な行為」
　（例）May I ask you (for) a *favor*?（お願いを聞いていただけますか）
　　　= May I ask a *favor* of you?
　　　= Would you do me a *favor*?
◇ leave ... open「…を開けたままにしておく」
◇ ... when you've used it?　it = the bathroom である。
◇ ... that is our custom.　that = leave the door of the bathroom half open when you've used it（バスルームを使ったら、ドアを半分開いたままにしておく）ということを指している。
◇ custom 图「習慣；慣習」
◇ for it's a sign that somebody is in there について：
　① for は「というのは」という意味の接続詞。その後ろで、（軽く）理由や根拠を示す時に用いられる。
　② it は前文の that is our custom の that を指している。すなわち、「バスルームを使ったら、ドアを半分開いたままにしておく」ということを指している。
　③ that は「同格」を表す接続詞。a sign（サイン；合図）の具体的な内容を、that 以下で表している。a sign that somebody is in there で、「あるサイン（合図）、すなわち、誰かがそこに（バスルームの中に）いるということを示すもの」という意味。

第4問

解答

A 問18～21　18 ④　　19 ①　　20 ③　　21 ②　（全部正解で4点）
　　問22～25　22 ①　　23 ③　　24 ⑤　　25 ③　　　　　（各1点）
B 問26 – ③　　　　　　　　　　　　　　　　　　　　　　　（4点）

出題のねらい

A 必要な情報を聞き取り，イラストを並べ替えたり，図表を完成させたりすることを通じて，話し手の意図を把握する力を問う問題です。

出典

Original Material

問18～21　正解　18 ④ → 19 ① → 20 ③ → 21 ②

スクリプト

These exercises are designed to relieve you of feelings of stress and tension. If you follow them properly, you will feel more relaxed. Are you ready? OK. Let's start. Lift up your left hand and squeeze your fingers into your palm. Now relax your left hand. Now do the same with your right hand. And then relax it. Lift your shoulders as high as you can — and now let them fall. Turn your head slowly to the left — and now turn it to the right. And now bring it to the center again.

全訳

　これらのエクササイズは，あなたがストレスや緊張感から解放されるように組み立てられています。きちんと順を追って運動すれば，よりリラックスした気分になります。準備はできましたか？　いいですね。それでは，はじめましょう。左手を持ち上げて，手のひらの中に指を入れて握ってください。では，左手をリラックスさせてください。今度は，右手でも同じことをしてください。そして，右手をリラックスさせてください。両肩をできるだけ高く上げて，それから（すとんと）下ろしてください。頭をゆっくりと左に向けてください。そして今度は右に向けてください。そして再び頭を正面に向けてください。

④　　　　　　　①　　　　　　　③　　　　　　　②

設問解説

正解は　18 ④　19 ①　20 ③　21 ②
　一連の運動（exercises）で，体のどこをどのような順番で動かすかを聞き取る問題。まずは，Lift up your left hand and squeeze your fingers into your palm.（左手を持ち上げて，手のひらの中に指を入れて握ってください）なので，左手を持ち上げて握りしめている④のイラストが最初にくる。次に，Now relax your left hand. Now do the same with your right hand. And then relax it.（では，左手をリラックスさせてください。今度は，右手でも同じことをしてください。そして，右手をリラックスさせてください）ということであるが，これはイラストにはない。その次には，Lift your shoulders as high as you can — and now let them fall.（両肩をできるだけ高く上げて，それから（すとんと）下ろしてください）という運動が続く。これはイラストの①で表されている。その後は，Turn your head slowly to the left（頭をゆっくりと左に向けてください）の動作が続く。これはイラストの③で表されており，その次の動作としてはイラストの②が表すような and now turn it to the

— 英 L 78 —

right.（そして今度は（頭を）右に向けてください）が続く。よって，正解としては順に
④→①→③→②となる。

（主な語句・表現）

◇ relieve A of ... 「A（人）を…から解き放つ［解放する］」
◇ tension 名「緊張感」
◇ If you follow them ... them = these exercises（これらの運動）
◇ properly 副「適切に；きちんと」
◇ lift up ... 「…を持ち上げる」
◇ squeeze 動「…をぎゅっと握りしめる」
◇ palm 名「手のひら」
◇ ... and now let them fall. them = your shoulders（あなたの両肩）
◇ ... turn it to the right ... bring it to the center ... それぞれの it は，your head（あなたの頭）を指している。

問 22 ～ 25　　| 22 | 正解 ① |　| 23 | 正解 ③ |
　　　　　　　| 24 | 正解 ⑤ |　| 25 | 正解 ③ |

（スクリプト）

　　We will be glad to have new members. Right? Now I'll tell you my idea of how we can share our space. First, all boys and girls under 6 and people over 70 are to use the gym only on Mondays, no matter what they want to play. For people of all other ages, those whose favorite sport is volleyball will have the place on Tuesdays and basketball lovers on Wednesdays, regardless of whether they are men or women. On Thursdays the gym is closed, so badminton fans who are not in the youngest or oldest age ranges should get the place on Fridays.

（全訳）

　　新しいメンバーができてうれしくなりますね。そうでしょう？　さて，（運動する）スペースをどのように共有することができるかということについての私の考えを説明します。まず，6歳未満の男の子と女の子すべて，および70歳を超える人は，何をしたいかに関係なく，月曜日にのみ体育館を使用することにします。それ以外のすべての年齢の人々については，男性・女性に関係なく，一番好きなスポーツがバレーボールである人たちには火曜日に場所を確保し，バスケットボールが好きな人たちには水曜日に場所を確保しましょう。木曜日は体育館が休館ですので，最年少または最年長の年齢層に属していないバドミントンファンの皆さんには金曜日に場所を確保しなければなりません。

新しいクラブメンバー

会員番号	性別／年齢	一番好きな球技	曜日
001	男／73歳	バレーボール	22
002	男／35歳	バスケットボール	23
003	男／8歳	バドミントン	24
004	女／40歳	バスケットボール	25
005	女／5歳	バドミントン	
006	男／55歳	バレーボール	

　① 月曜日　　　　　② 火曜日　　　　　③ 水曜日
　④ 木曜日　　　　　⑤ 金曜日

— 英 L 79 —

設問解説

正解は　22 　①　　23 　③　　24 　⑤　　25 　③

　会員番号（Member number）001 の人は，「男・73 歳・バレーボール好き」ということである。年齢が 70 歳を超えているので，それだけで体育館の使用は月曜日と決まる。よって，　22 　は①が正解となる。会員番号 002 の人は，「男・35 歳・バスケットボール好き」である。6 歳未満ではなく，70 歳も超えていない人でバスケットボールが好きな人たちには，男女に関係なく水曜日が割り振られるので，　23 　の正解は③となる。会員番号 003 の人は，「男・8 歳・バドミントン好き」である。「最年少または最年長の年齢層に属していない」（who are not in the youngest or oldest age ranges），つまり，6 歳未満ではなく，70 歳も超えていないバドミントンファンには金曜日が割り振られることになる。よって，　24 　の正解は⑤となる。会員番号 004 の人は，「女・40 歳・バスケットボール好き」である。　23 　と同様，6 歳未満ではなく，70 歳も超えていない人でバスケットボールが好きな人たちには，男女に関係なく水曜日が割り振られるので，　25 　の正解も③となる。

主な語句・表現

◇ share 動「…を割り振る［共有する］」
◇ ... are to use the gym「体育館を使用することになっている［使用するべきである］」
◇ no matter　あとに what, who, how などの疑問詞がきて，「…であろうと」という「譲歩」の意味を表す。
◇ all other ages「他のすべての年齢」　具体的には，under 6（6 歳未満）と over 70（70 歳を超える）以外の年齢層のことを意味している。
◇ ... and basketball lovers on Wednesdays = ... and basketball lovers (will have the place) on Wednesdays ということである。省略に注意。
◇ regardless of ...「…に関係なく」
◇ the youngest or oldest age ranges「最年少または最年長の年齢層」　すなわち，「6 歳未満または 70 歳を超えている年齢層」の言い換えである。

出題のねらい

B　複数の情報を聞き，最も条件に合う会場を選ぶことを通じて，状況・条件に基づき比較して判断する力を問う問題です。

出典

Original Material

問 26　 26 　正解 ③

スクリプト

1 : The rent for Alpha Hall is reasonable, and we don't charge any fee to use rehearsal rooms. The hall seats over 300 people. You have to walk along the river for about twenty minutes to get there from the station, which is quite nice and refreshing.

2 : Although the First Space seats less than 200 audience members, we can proudly provide you with an excellent location: only a five-minute walk from the station! And also, you can use not just our rehearsal rooms but also the lighting system for free.

3 : We're Music Paradise. We're about 10 minutes or so from the station. The seats are only a little more than 300 in number, but we'll let you use all of the rehearsal rooms and the equipment for free. Also, our staff will kindly explain how to use everything.

4 : Omega Center is the best choice. It seats close to 400 people, and it's directly connected to the station, less than 5 minutes from the tracks. You can be provided with use of our latest rehearsal rooms for a fairly small charge.

— 英 L 80 —

（全訳）

1：アルファホールのレンタル料はリーズナブルで，リハーサル室の使用料は無料です。ホールは 300 人以上を収容する座席があります。駅からはホールまで川沿いに約 20 分歩く必要がありますが，それもとても気持ちよく爽やかなものです。

2：ファーストスペースの観客収容定員は 200 名未満ですが，駅からわずか徒歩 5 分という絶好のロケーションを誇っています！ また，リハーサル室だけでなく，照明システムも無料でご利用いただけます。

3：私たちはミュージックパラダイスです。駅からおよそ 10 分ほどのところにあります。座席数は 300 席強にすぎませんが，リハーサル室と備品はすべて無料でご利用いただけます。また，スタッフがすべての使い方を丁寧に説明します。

4：オメガセンターが最適です。 400 人近くを収容できる座席があり，駅直結でホームから 5 分未満で到着します。最新のリハーサルルームをかなりの少額料金でご利用いただけます。

（問い）特別演奏会のためにあなたが選ぶ可能性が最も高いのは｜ 26 ｜である。

① アルファホール
② ファーストスペース
❸ ミュージックパラダイス
④ オメガセンター

設問解説

正解は❸。

満たすべき条件（Condition）は以下の 3 つである。

Condition A　座席数が 300 席以上あること

Condition B　リハーサルルームが無料であること

Condition C　駅から徒歩 15 分以内で行けること

① アルファホールの提案について：

Condition の A，B は満たしているが，C については満たしていない（「駅からはホールまで川沿いに約 20 分歩く必要がある」と言っている）。

よって，①は正解とはならない。

② ファーストスペースの提案について：

Condition の B，C は満たしているが，A については満たしていない（「観客収容定員は 200 名未満」である）。

よって，②は正解とはならない。

③ ミュージックパラダイスの提案について：

Condition の A，B，C すべてを満たしている。

よって，この❸が正解となる。

④ オメガセンターの提案について：

Condition の A，C は満たしているが，B については満たしていない（少額ではあるが，リハーサルルームは無料ではなく，有料である）。

よって，④は正解とはならない。

メモとしては，以下のようになる。

	Condition A	Condition B	Condition C
① アルファホール	○	○	×
② ファーストスペース	×	○	○
③ ミュージックパラダイス	○	○	○
④ オメガセンター	○	×	○

主な語句・表現

◇ rent 图「賃料；レンタル料金」

◇ charge 動「〈金額など〉を課す［請求する］」 ❹ での charge は名詞で，「料金；請求金額」と言う意味。

◇ fee 图「料金」

◇ seat 動「…を収容する；…人分の座席がある」

◇ to get there = to get to the hall

◇ ..., which is quite nice and refreshing.　which は関係代名詞の非制限用法。先行詞は，to walk along the river for about twenty minutes (to get there from the station) ((駅からホールまで) 川に沿って約 20 分間歩くということ) である。

◇ less than「…を超えない；…未満の」

◇ audience 图「観客；聴衆」

◇ proudly 副「自慢して；誇らしく」

◇ provide A with B「A に B を提供する［与える］」

◇ not just A but (also) B = not only A but (also) B「A のみならず B も（また）」

◇ the lighting system「照明システム」

◇ for free「無料で」

◇ ... or so「…かそこらで；およそ…で」

◇ in number「数として（は）」

◇ equipment 图「備品；設備；機器；器材」（数えられない名詞である）

◇ kindly 副「親切に；(懇切) 丁寧に」

◇ close to ...「…近く；もう少しで…になるくらいの」

◇ be connected to ...「…に繋がっている［接続している］」

◇ track 图「鉄道線路；プラットホーム」

◇ be provided with ...「…が提供される［与えられる；許可される］」

◇ latest 形「最新の」 late（近頃の）の最上級の形である。

◇ fairly 副「かなり；相当に」

第5問

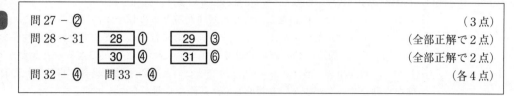

出題のねらい

身近な話題や知識のある社会的な話題に関する講義を聞きメモを取ることを通じて，概要や要点をとらえる力や，聞き取った情報と図表から読み取れる情報を組み合わせて判断する力を問う問題です。ここでは，アメリカの大学で，ロボットの開発についての講義を，ワークシートにメモを取りながら聞いているという想定です。

出典

Original Material

スクリプト

OK. Why hasn't it been possible to make robots similar to human beings so far? One of the reasons is that there hasn't been a way to make them guess what humans will do next. But one experiment was carried out by researchers from the Massachusetts Institute of Technology, MIT. The team developed a robot learning system for self-driving vehicles. That system is designed to learn the social characteristics of other drivers. In other words, scientists created a system that attempted to decide whether a person's driving style is more selfish or selfless.

In road tests, self-driving vehicles equipped with the system made a 25 percent improvement in their ability to foresee the way humans drive. It shows the robot learning system helps the driverless car to avoid dangerous situations.

In one test, the self-driving car was observed making a turn. The study found the system could cause the vehicle to wait before making the turn if it predicted the oncoming drivers would act selfishly and might be unsafe. But when the oncoming drivers were judged to be selfless, the self-driving car could make the turn without delay because it saw less risk of unsafe behavior.

The researchers say they believe the technology could also be used in vehicles with human drivers. It could act as a warning system against other drivers judged to be behaving aggressively. They seem to believe in a bright future for relationships between robots and human beings.

However, there's one thing which worries me. Humans might become unnecessary for some jobs. Let me give you one example: The fast-food industry is already using technology to replace human workers through the use of tablets and smartphone apps that allow customers to order their food without interacting with any employees.

全訳

さて，これまで人間のようなロボットを作ることができなかったのはなぜでしょうか？その理由の1つは，人間が次に何をするかということを彼らに推測させる方法がなかったということです。しかし，1つの実験が，マサチューセッツ工科大学，すなわちMITの研究者たちによって実施されました。そのチームは，自動運転の自動車用のロボット学習システムを開発したのです。そのシステムは，他のドライバーの社会的特徴を学習するように設計されています。言い換えれば，科学者たちは，人の運転スタイルがより利己的であるか無私であるかを判断しようとするシステムを作成したのです。

路上テストでは，このシステムを搭載した自動運転の自動車は，人間の運転方法を予測

する能力が25%向上しました。これは，自動運転の自動車が危険な状況を回避するのにロボット学習システムが役立つことを示しています。

あるテストでは，自動運転の自動車が曲がるときの様子が観察されました。調査によると，システムは，対向車のドライバーが利己的に行動し，安全でない可能性があると予測した場合，（自動運転の）車両を曲がる前に待たせることができることがわかりました。しかし，対向車のドライバーが利己的ではないと判断された場合，自動運転の自動車は危険な行動のリスクが少ないと判断して，遅滞なく曲がることができました。

研究者たちは，この技術は人間の運転手がいる車両にも使用できるかもしれないと考えていると述べています。荒っぽく運転していると判断された他のドライバーに対する警告システムとして機能することができるかもしれないということです。彼ら研究者たちは，ロボットと人間の関係の明るい未来を信じているようです。

しかし，私が心配していることが1つあります。一部の仕事では人間が不要になる場合があるかもしれないということです。一例を挙げましょう。ファーストフード業界では，タブレットやスマートフォンアプリを使用して，顧客が従業員とやり取りすることなく食品を注文できるようにすることで，人間の労働者に取って代わるテクノロジーをすでに使用しているのです。

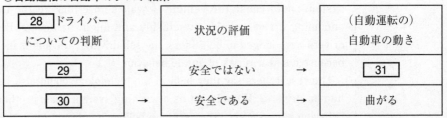

MITによって行われた実験

○ねらい
・ロボットが〔　27　〕することのできるシステムを開発すること

○成果
・自動運転の自動車用ロボット学習システム
　→システムを搭載した車は，他のドライバーが何をするかを予測する能力を25%向上させた。

○自動運転の自動車のテスト結果

28　ドライバーについての判断	状況の評価	（自動運転の）自動車の動き
29	→ 安全ではない →	31
30	→ 安全である →	曲がる

○講師のコメント
・1つの心配：人間の労働者がロボットに取って代わられるかもしれない。

設問解説

問27　27　正解 ②
　① 人間と社会的に交流
　② **人間の特徴を学習**
　③ 予期せぬ事態に対応
　④ 事故で負傷した人を救助

正解は②。
　第1段落第5文（The team developed ...）～第7文（In other words, ...）に，「そのチームは，自動運転の自動車用のロボット学習システムを開発したのです。そのシステムは，他のドライバーの社会的特徴を学習するように設計されています。言い換えれば，科学者たちは，

人の運転スタイルがより利己的であるか無私であるかを判断しようとするシステムを作成したのです」とある。他のドライバーの社会的特徴，つまり人間の特徴を学習することのできるシステムを開発することをねらいとした，ということである。よって，正解は②となる。

問 28 ～ 31　| 28 |　正解①　| 29 |　正解③
　　　　　　　| 30 |　正解④　| 31 |　正解⑥

① 対向車の　　　　　　　　　② 通り過ぎる
③ 利己的である　　　　　　　④ 無私無欲である（利己的でない）
⑤ スピードを落とす　　　　　⑥ 待つ

　問 28 ～問 31 については，第 3 段落の内容を聞き取ることで埋めることができる。
　第 3 段落第 2 文（The study found ...）に，「調査によると，システムは，対向車のドライバー（oncoming drivers）が利己的に（selfishly）行動し，安全でない（unsafe）可能性があると予測した場合，（自動運転の）車両を曲がる前に待たせる（wait）ことができることがわかりました」とある。また，最終文（But when the ...）に「しかし，対向車のドライバーが利己的ではない（selfless）と判断された場合，自動運転の自動車は危険な行動のリスクが少ない（＝ safe（安全な））と判断して，遅滞なく曲がる（make the turn）ことができました」とある。それぞれ日本語訳中の（　　）内の語がキーワードとなって，ワークシートの図表の空欄を埋めることになる。

問 32　| 32 |　正解④

① ロボットは，人間とロボットとの相互作用に関する，人間の理解を深めることを目的として作動する必要がある。
② 人間の周りで働くロボットは，人間が犯した間違いを修正することができるべきである。
③ 人間が同じ過ちを繰り返さないよう働きかけるようにロボットはプログラムされておくべきである。
④ ロボットが人間の行動を予測することができれば，人間のために働くロボットはより役立つことになるだろう。

正解は④。
　第 1 段落第 2 文（Why hasn't it ...）及び第 3 文（One of the ...）に，「これまで人間のようなロボットを作ることができなかったのはなぜでしょうか？　その理由の 1 つは，人間が次に何をするかということを彼ら（＝ロボット）に推測させる方法がなかったということです」とある。そして第 2 段落（In road tests, ...）及び第 3 段落（In one test, ...）では，上の下線部の方法を自動運転の自動車において実用化しようとする科学者の実験が紹介されている。そして第 4 段落第 1 文（The researchers say ...）及び第 2 文（It could act ...）には，「研究者たちは，この技術は人間の運転手がいる車両にも使用できるかもしれないと考えていると述べています。荒っぽく運転していると判断された他のドライバーに対する警告システムとして機能することができるかもしれないということです」とある。これら 2 つの文の内容などから，④のように「ロボットが人間の行動を予測することができれば，人間のために働くロボットはより役立つことになるだろう」と考えることができるので，④が正解となる。他の選択肢のようなことは，講義の内容からは読み取れない。

（主な語句・表現）
◇ so far「今まで；これまで」
◇ make them guess　them = robots
◇ guess 動「…を推測する［予測する］」
◇ carry out ...「…を実行する［行う］」

— 英 L 85 —

◇ institute 图「(理工系の) 大学；専門学校」 an institute of technology で「(理) 工科大学；工業大学」という意味。

◇ self-driving 形「(人間が運転しない) 自動運転の」

◇ vehicle 图「(陸上の) 乗り物；輸送機関；車両」

◇ social 形「社会的な」

◇ characteristic 图「特徴」

◇ in other words「別の言葉で言えば；言い換えれば」

◇ attempt 動「…しようと試みる [企てる；いどむ]」

◇ selfish 形「利己的な；わがままな；自己中心的な」

◇ selfless 形「私心のない；無私の；無欲の」

◇ (be) equipped with ...「…が備え付けられている」

◇ make an improvement in ...「…において改善する [向上する]」

◇ foresee 動「…を予見する [予測する]」

◇ the way humans drive = the way (in which) humans drive ということ。humans (人間) が関係代名詞 which 以下での主語 (S)，drive ((車を) 運転する) が動詞 (V) である。全体として，「人間が (車を) 運転する方法」という意味になる。

◇ It shows the robot learning system helps ... It は前文の内容，すなわち，「路上テストでは，このシステムを搭載した自動運転の自動車は，人間の運転方法を予測する能力が 25％向上した」ということを指している。

◇ driverless car「ドライバー [運転手] のいない自動車」 すわなち，自動運転の自動車を意味している。

◇ avoid 動「…を避ける」

◇ ... if it predicted the oncoming drivers would act ... it = the system

◇ predict 動「…を予想する [予言する]」

◇ oncoming 形「近づいてくる」 oncoming car で「近づいてくる車」，すなわち「対向車」という意味。oncoming driver で「対向車に乗っているドライバー [運転手]」という意味である。

◇ delay 图「遅滞；遅れ」

◇ warning 图「警戒；警告；注意」

◇ aggressively 副「攻撃的に；積極的に」

◇ They seem to believe in ... They = The researchers (研究者たち)

◇ believe in ...「… (の存在) を信じている」

◇ industry 图「産業」

◇ replace 動「(…に) 取って代わる」

◇ app 图「アプリ」 スマートフォンなどで用いる application (アプリケーション) の短縮形。

◇ customer 图「(店の) 客」

◇ interact with ...「…とかかわる [やり取りをする]」

◇ employee 图「従業員；被雇用者」

出典　*Original Material*

スクリプト

　In fact, robots could replace up to half the US workforce in the future, according to a study conducted by a university in the US. The study identified more than 700 occupations at risk of computer automation. Look at this graph. Here are the jobs that are most and least at risk, based on the study.

全訳

　実際，米国のある大学が実施した研究によると，ロボットは将来，米国の労働力の最大半分まで取って代わる可能性があります。この研究では，コンピューターによる自動化のリスクにさらされる700を超える職業が特定されました。このグラフを見てください。研究に基づいて，最もリスクが高い，逆に最もリスクが低い仕事は次のとおりです。

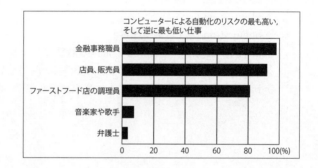

問33　33　正解 ④
① ファーストフード店の調理員はロボットによって自動化される可能性が最も高い。
② 従業員がより楽に，かつ効率的に作業できるようにするために，ますます多くのロボットが使用されるようになるだろう。
③ 弁護士の仕事も含めて700種類を超える仕事は，コンピューターによる自動化の影響を受けないままでいるだろう。
④ 近い将来，アメリカ人労働者の50%近くがロボットに取って代わられるかもしれない。

設問解説

　正解は ④。
　④について，講義の続きの中で，冒頭に robots could replace up to half the US workforce in the future（ロボットは将来，米国の労働力の最大半分まで取って代わる可能性があります）と述べている。「50%近く」（Nearly 50%）は「最大半分まで」（up to half）とほぼ同意に解釈されるので，正解は ④ となる。
　①については，確かに講義の中でも The fast-food industry is already using technology to replace human workers through the use of tablets and smartphone apps that allow customers to order their food without interacting with any employees.（ファーストフード業界では，タブレットやスマートフォンアプリを使用して，顧客が従業員とやり取りすることなく食品を注文できるようにすることで，人間の労働者に取って代わるテクノロジーをすでに使用しているのです）という言及があるが，それは主に販売員についてである。また，グラフを見てもファーストフード店の調理員は，ロボットによって自動化される可能性は高いが，他の職業や仕事に比べて「最も高い」というわけではない。よって，①は正解とはならない。
　②については，一般的にはそのように予測されるところかもしれないが，講義の内容としては触れられていない（講義の重点はむしろ，人間の労働者がロボットによって取って代わられることに置かれている）。また，グラフから読み取れるような内容でもない。よって，②も正解とはならない。

③については，確かにグラフからは弁護士という職業はロボットによって取って代わられるリスクは最も低いことが読み取れるが，講義の続きの中で，The study identified more than 700 occupations at risk of computer automation.（この研究では，コンピューターによる自動化のリスクにさらされる 700 を超える職業が特定されました）という言及があり，700 種類を超える仕事はコンピューターによる自動化のリスクにさらされると述べられている。これは，③ の内容とは逆の内容である。よって，③ も正解とはならない。

主な語句・表現

◇ in fact「実際；実のところ」

◇ up to ...「（最大）…まで」　範囲，期限，限度を表す。

◇ workforce 图「労働人口；労働力」

◇ study 图「調査；研究」

◇ conduct 動「…を行う［実施する］」

◇ identify 動「…を特定する」

◇ occupation 图「職業；仕事」

◇ at risk (of ...)「（…という）危険な状態に（いる［ある]）」

◇ automation 图「自動操作；オートメーション」

◇ based on ...「…に基づいて；…を根拠として」

第6問

解答	A 問34 - ④ 問35 - ③ (各3点)
	B 問36 - ① 問37 - ④ (各4点)

出題のねらい　A　身近な話題や馴染みのある社会的な話題に関する会話や議論を聞き，話者の発話の要点を選ぶことを通じて，必要な情報を把握する力や，それらの情報を統合して要点を整理，判断する力を問う問題です。

出典　*Original Material*

スクリプト　問34　34　正解④　問35　35　正解③

［設問解説のために，通し番号をふってあります］

① David : What makes people want to be together, Susie?

② Susie : What? Could you say that again?

③ David : I may sound strange, but I wonder what attracts people to each other.

④ Susie : Well, unfortunately, in the initial stages it's the physical appearance that attracts people.

⑤ David : I don't know what you mean by "unfortunately."

⑥ Susie : I mean it shouldn't be what somebody looks like that is important. You should be able to look beyond the physical appearance and see what sort of a person he or she is.

⑦ David : In pop songs, the idea of falling in love is always emphasized, so people have the idea that they have to be in love.

⑧ Susie : But the songs give us a romantic view of love. That can be the start of true love.

⑨ David : I don't understand "true love."

⑩ Susie : Well, it's an emotion that expands or builds up. It comes with shared experiences, enjoying doing the same things together, suffering together, going through bad times together, helping each other, and supporting each other.

⑪ David : Well, you're a great teacher of love, Susie. I think I should learn more from you.

全訳

①デイビッド：スージー，人が誰かと一緒になりたいと思う理由って何だろう？

②スージー　：なに？　もう一度言ってもらえる？

③デイビッド：ちょっと変に聞こえるかもしれないけど，何が人同士をお互いに惹きつけているのかなあって思っていて。

④スージー　：そうね，残念ながら，最初の段階では，見た目よ。人を惹きつけるのは。

⑤デイビッド：「残念ながら」とはどういう意味だかわからないな。

⑥スージー　：それは，人がどんなふうに見えるかなんてことが（本来）重要であってはならないということよ。外見だけを見るのではなくて，その人がどんな人なのかを見ることができるべきよ。

⑦デイビッド：ポップソングでは，恋に落ちるという考えが常に強調されているので，人々は恋をしなければならないという考えになっているんだよ。

⑧スージー　：でも，そんな歌は私たちにロマンチックな愛の見方を教えてくれるわ。それが本物の愛の始まりになったりするのよ。

— 英 L 89 —

⑨デイビッド：「本物の愛」ってわからないな。

⑩スージー　：う～ん，それはね，広がっていったり強まっていったりする感情よ。それは共有された経験，一緒に同じことをするのを楽しんだり，一緒に苦しんだり，一緒につらい時を経験したり，お互いを助け合ったり，そしてお互いを支え合ったりすることを伴うものなのよ。

⑪デイビッド：そうか，君は愛についての偉大な教師だね，スージー。僕は君からもっと学ぶべきだと思うよ。

設問解説

問34　34　正解④

（問い）スージーの要点は何ですか。

① すべては誰かを愛することから始まる。
② 人を理解するには第一印象が重要である。
③ 恋に落ちるのは簡単ではない。
④ 本物の愛は成長するのに時間が必要である。

正解は④。

発言⑥，⑧，⑩から，スージーにとって，人の第一印象の外見ですぐに恋に落ちるのは本物の愛の始まりでしかない。その人の中身を見て，さまざまな経験をお互いに共有することで愛が深まり，それが「本物の愛」へと成長すると彼女は考えている。それには時間が必要であるため，正解は④となる。

問35　35　正解③

（問い）次の文のうち，デイビッドが同意すると思われるのはどれですか。

① 結婚したいなら，ロマンチックな恋愛観が役に立つ。
② 人生のパートナーを急いで見つける必要がある。
③ 「本物の愛」とは何かを理解するのは簡単ではない。
④ 離婚率の高さが問題である。

正解は③。

デイビッドは発言⑨で，I don't understand "true love."（「本物の愛」ってわからないな）と言っている。その後の発言⑩で，スージーが「本物の愛」とは何かについて説明しているが，デイビッドはその説明を聞いて「わかった」とは言わず，発言⑪で，Well, you're a great teacher of love, Susie. I think I should learn more from you.（そうか，君は愛についての偉大な教師だね，スージー。僕は君からもっと学ぶべきだと思うよ）と述べている。つまり，「本物の愛」とは何かを理解するのは自分にはまだ容易なことではなく，スージーからもっと学ばなければならない，ということである。よって，正解は③となる。

主な語句・表現

◇ attract 動「…を（魅力で）惹きつける」
◇ initial 形「初期の；始めの；最初の」
◇ it's the physical appearance that attracts people. 〈it is ～ that ...〉の強調構文。「まさに～（こそ）が…である（…するのはまさに～である）」という意味。
◇ I mean (that) ...「つまり［言いたいのは］…ということである」
◇ it shouldn't be what somebody looks like that is important. これも基本的には〈it

— 英 L 90 —

is ～ that ...〉の強調構文である。ただし，is ではなく，助動詞の should を伴い，さらに否定文になっているので，〈it shouldn't be ～ that ...〉の形になっている。

◇ the physical appearance　physical は「肉体的な」という意味の形容詞。appearance は「様子；外見」という意味の名詞。よって，「外見の容姿容貌」「(人の) 見かけの様子」といった意味である。

◇ sort 图「種類」(= kind)

◇ fall in ...「…(の中) に落ちる」

◇ emphasize 動「…を強調する [力説する]」

◇ emotion 图「感情；気持ち」

◇ expand 動「広がる；拡大する」

◇ build up「積み上がる；徐々に強まる」

◇ suffer 動「苦しむ；悩む」

◇ go through ...「…を経験する」

出題のねらい

B　身近な話題や馴染みのある社会的な話題に関する会話や議論を聞き，それぞれの話者の立場を判断し，意見を支持する図表を選ぶことを通じて，必要な情報を把握する力や，それらの情報を統合して要点を整理，判断する力を問う問題です。

出典

Original Material

スクリプト

問36　 36 　正解 ①　　問37　 37 　正解 ④

［設問解説のために，通し番号をふってあります］

① Paul　：Oh, I'm getting fat. I think I need to do some exercise or learn to enjoy a particular sport.

② Yuta　：Then, how about trying judo, Paul? Actually, I've been practicing judo since I was a little child. Why don't all of us try it together?

③ Betty：I don't think I have to get any exercise, Yuta.

④ Joan　：Me neither, Betty. And as you know, I'm not as strong as all of you. I can't stick with hard training.

⑤ Paul　：Well, I don't think so, Joan. Anyway, at least I welcome hard training to lose weight.

⑥ Yuta　：Oh, Paul, the training is not so hard. It's just moderate.

⑦ Betty：But the thing is the instructors can't speak English, can they?

⑧ Paul　：Yuta will help us with that, Betty. Right, Yuta?

⑨ Yuta　：Of course I will.

⑩ Joan　：I'm most worried about injuries. You know, judo is dangerous. It hurts you more than many other sports, I believe.

⑪ Yuta　：Well, you'll be perfectly OK if you follow instructions, Joan.

⑫ Joan　：Really? I doubt it. Don't you agree, Betty?

⑬ Betty：Well, maybe you're right, Joan. Besides, I don't want to lose time for studying and doing my homework.

⑭ Yuta　：I'm sure you'll learn more important things from judo, Betty.

⑮ Paul　：Yes. We can experience Japanese culture directly.

⑯ Betty：Okay, you persuaded me. What about you, Joan?

⑰ Joan　：I may join you when I'm ready. But do what you want!

— 英 L 91 —

全訳

① ポール　：ああ，太ってきてるなあ。運動したり，何かのスポーツを楽しんだりするようにならなくちゃなあ。

② ユウタ　：じゃあ，柔道を試しにやってみないかい，ポール？　実は僕，小さい頃からずっと柔道をやってきているんだよ。みんなで一緒にやってみないかい？

③ ベティ　：私は運動をする必要はないと思うわ，ユウタ。

④ ジョウン：私もよ，ベティ。それに，知ってのとおり，私はみんなほど強くはないわ。厳しいトレーニングについていくことなんてできないわ。

⑤ ポール　：いやあ，そうは思わないな，ジョウン。とにかく，少なくとも僕は体重を減らすためならハードトレーニングは大歓迎さ。

⑥ ユウタ　：ちょっと，ポール，トレーニングはそれほど厳しくはないよ。ちょうどいいくらいさ。

⑦ ベティ　：でも，問題は，インストラクターは英語が話せないのよね？

⑧ ポール　：それについてはユウタが助けてくれるよ，ベティ。そうだよね，ユウタ？

⑨ ユウタ　：もちろんだよ。

⑩ ジョウン：ケガが一番心配よ。柔道は危険でしょ。それは他の多くのスポーツよりもケガが多いはずよ。

⑪ ユウタ　：いやいや，指示に従えば絶対に大丈夫だよ，ジョウン。

⑫ ジョウン：本当？　何だか疑わしいわ。そうよね，ベティ？

⑬ ベティ　：そうねえ，たぶんあなたが正しいわ，ジョウン。それに，勉強や宿題をする時間を減らしたくはないわ。

⑭ ユウタ　：きっと柔道からもっと大事なことを学べると思うよ，ベティ。

⑮ ポール　：そうさ。僕らは日本の文化を直接体験することができるんだ。

⑯ ベティ　：わかったわ。あなたたちの勝ちよ。ジョウン，あなたはどうする？

⑰ ジョウン：そのつもりになったら仲間に入るかもしれないわ。でもあなたたちは好きなようにして！

設問解説

問36　36　正解①

正解は①。

　ポールとユウタについては，最初から柔道場に通うことに積極的であることがすぐにわかる。ベティについては，最初は消極的であったが，発言⑯で Okay, you persuaded me.（わかったわ。あなたたちの勝ちよ）と言っていることから，柔道場に通うことに同意したことがわかる。一方，ジョウンについては，終始消極的であり，発言⑰でも I may join you when I'm ready.　But do what you want!（そのつもりになったら仲間に入るかもしれないわ。でもあなたたちは好きなようにして！）と，最後まで柔道場に通うことに決めてはいないことがわかる。以上のことから，正解は①の1人（＝ジョウン）となる。

— 英L 92 —

問37 [37] 正解 ④

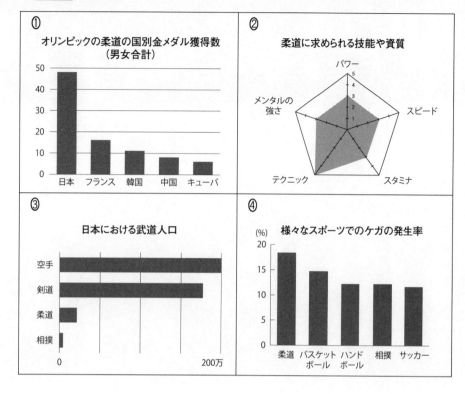

正解は ④。

　　ジョウンの発言⑩に，I'm most worried about injuries. You know, judo is dangerous. It hurts you more than many other sports, I believe.（ケガが一番心配よ。柔道は危険でしょ。それは他の多くのスポーツよりもケガが多いはずよ）という部分がある。そして，図表の ④ を見ると，柔道におけるケガの発生率が他のスポーツよりも高いことがわかり，ジョウンの発言内容と一致する。よって，正解は ④ となる。

主な語句・表現

◇ fat 形「太っている；肥えている」
◇ particular 形「（ある）特定の」
◇ Me neither, ... = I don't think I have to get any exercise, either, ...
◇ stick with ...「…を忠実に守る［行う］」
◇ moderate 形「適度な；節度のある；中くらいの」
◇ the thing is ... = the (important) thing is (that) ...
◇ be worried about ...「…を心配している」
◇ hurt 動「…を傷つける；…にケガを負わせる」
◇ experience 動「…を経験する」
◇ directly 副「直接的に；直に」
◇ persuade 動「…を説得する［説き伏せる］」

| 第4回 | 実戦問題　解答・解説 |

第4回　解答・解説

英語（リスニング） 第4回 （100点満点）

（解答・配点）

問題番号（配点）	設問	解答番号	正解	配点	自己採点欄	問題番号（配点）	設問	解答番号	正解	配点	自己採点欄
第1問（25）	A	1	③	4		第4問（12）	A	18	④	4*	
		2	④	4				19	③		
		3	④	4				20	①		
		4	②	4				21	②		
	B	5	③	3				22	①	1	
		6	②	3				23	⑤	1	
		7	①	3				24	②	1	
小 計								25	②	1	
第2問（16）		8	②	4			B	26	④	4	
		9	③	4		小 計					
		10	①	4		第5問（15）		27	③	3	
		11	②	4				28	⑤	2*	
小 計								29	②		
第3問（18）		12	①	3				30	⑥	2*	
		13	④	3				31	③		
		14	③	3				32	①	4	
		15	①	3				33	①	4	
		16	①	3		小 計					
		17	②	3		第6問（14）	A	34	②	3	
小 計								35	③	3	
（注）　＊は，全部正解の場合のみ点を与える。							B	36	②	4	
								37	②	4	
						小 計					
						合 計					

— 英L 96 —

第1問

解 答

A	問1 - ③	問2 - ④	問3 - ④	問4 - ②	(各4点)
B	問5 - ③	問6 - ②	問7 - ①		(各3点)

出題のねらい　A　身の回りの事柄に関して平易な英語で話される短い発話の聞き取りを通じて，情報を把握する力を問う問題です。

出典　*Original Material*

問1　□1□　正解③

スクリプト
You needn't run. We still have fifteen minutes.

全訳
走る必要はないよ。まだ15分もある。

① 彼らは15分間走っている。
② 彼らはもう少し速く歩かなければならない。
③ **彼らは今急ぐ必要はない。**
④ 彼らは15分間待つ必要がある。

設問解説　正解は③。
　話し手は「走る必要はない」と言っており，さらに「まだ15分ある」と言っていることから，③が正解となる。

問2　□2□　正解④

スクリプト
When is the next meeting? Ah, I just remembered. It's Thursday.

全訳
次の会合はいつ？　ああ，今思い出した。木曜日だ。

① 話し手は予定されていた会合を取り止めにした。
② 話し手は会合に出席するのを忘れた。
③ 話し手は今日が木曜日であることを忘れている。
④ **話し手は木曜日に会合に出席するだろう。**

設問解説　正解は④。
　話し手は次の会合の日がいつかを尋ねたものの，すぐに自分で思い出し，「木曜日だ」と言っていることから，④が正解となる。

主な語句・表現　◇I just remembered「たった今思い出した」　それまで忘れていたことを思い出したときに用いる表現。

問3　□3□　正解④

スクリプト
Kenta returned to his hometown, Sapporo, after working for a company in Tokyo for ten years.

全訳
健太は10年間東京の会社で働いた後，故郷の札幌に戻った。

— 英L 97 —

① 健太は 10 年間札幌にいる。
② 健太は東京で生まれ育った。
③ 健太は 10 年後に故郷に戻るだろう。
④ **健太は 10 年間東京で働いた。**

設問解説

正解は④。
「健太は 10 年間東京の会社で働いた後…」と話し手は言っていることから，④が正解となる。

問4 　4　 正解②

スクリプト

Miki won't come to the party today. She must be tired after finishing that amount of work.

全訳

　美樹は今日のパーティーに来ないだろう。あれほどの量の仕事を終えた後で疲れているに違いない。

① 美樹は忙しすぎてパーティーに参加できない。
② **美樹は非常に懸命に働いたに違いない。**
③ 美樹はパーティーに出席するよりむしろ仕事をしたい。
④ 美樹はパーティーの前に仕事を終わらせるだろう。

設問解説

正解は②。
　美樹について話し手は，「あれほどの量の仕事を終えた後で疲れているに違いない」と言っていることから，②が正解となる。
　「美樹はパーティーに来ないだろう」と話し手は予想しているが，その理由として言及されているのは「今忙しい」ことではなく，「（たくさんの仕事をした後で）疲れている」ことであるから，①は不正解となる。また，話し手の言っている仕事を美樹はすでに終えているのであって，これからする仕事についての言及は特にないので，③および④も不正解となる。

主な語句・表現

◇ that amount of ... 「あれほどの量の…；あんなに多量の…」 ... の位置には不可算名詞（ここでは work）が用いられる。これに対して that number of +〈可算名詞〉は「あれほどの数の…；あれほど多数の…」の意味となる。

— 英 L 98 —

出題のねらい　B　身の回りの事柄に関して平易な英語で話される短い発話を聞き，それに対応するイラストを選ぶことを通じて，発話内容の概要や要点を把握する力を問う問題です。

出典　*Original Material*

問5　5　正解 ③

スクリプト　Half of the girls in the picture are sitting with their legs crossed.

全訳　写真の少女たちの半数が足を組んで座っている。

設問解説　正解は ③。
　4枚のうち「（6人の）少女たちの半数（である3人）が足を組んで座っている」唯一の写真である ③ が正解となる。

主な語句・表現　◇ with ＋ O ＋ p.p.「O が－された状態で」　この with は付帯状況を示すもの。　（例）You must listen *with* your mouth *shut*.「口を開かずに耳を傾けなければならない」

問6　6　正解 ②

スクリプト　Let's make some cookies! We have eggs, milk, butter .... Oh, we need flour!

全訳　クッキーを作りましょう。卵，牛乳，バターはあるけど…。あっ，小麦粉が必要だわ！

設問解説　正解は ②。
　話し手は，「卵，牛乳，バターはある」と言い，さらに「小麦粉が必要」と付け加えているので，卵，牛乳，バターがテーブルの上にすでにあり，さらに小麦粉も必要なことを思いついたことが吹き出しを用いて描かれている ② が正解となる。

主な語句・表現　◇ flour 名「小麦粉」　flower（花）と同音であることに注意。

問7 ７ 正解 ①

[スクリプト]
The boy's dog is wearing a vest.

[全訳]
少年の犬はベストを着ている。

[設問解説]
正解は ①。
話し手は「少年の犬はベストを着ている」と言っているので、少年とベストを着た犬が描かれている ① が正解となる。

第2問

解答 問8 - ② 問9 - ③ 問10 - ① 問11 - ② (各4点)

出題のねらい 　身の回りの事柄に関して平易な英語で話される短い対話を，場面の情報とイラストを参考にしながら聞き取ることを通じて，必要な情報を把握する力を問う問題です。

出典 　*Original Material*

スクリプト

問8 　8 　正解 ②

M：What type of bag are you looking for?
W：A two-way bag with a strap and a handle.
M：Square or round?
W：I'd prefer a small square bag.

Question: Which type of bag will the woman probably buy?

全訳

男性：どんなタイプのバッグを探してるの？
女性：ストラップと持ち手のついたツーウェイバッグよ。
男性：四角いの，それとも丸いの？
女性：小さい四角いバッグの方がいいわ。

（問い）どの種類のバッグを女性はおそらく買うだろうか。

設問解説 　正解は ②。
　女性が探しているのは，男性の最初の質問に対する彼女の応答から「ショルダーにも手提げにもなるツーウェイタイプ」であること，2番目の質問への応答から「四角形」であることがわかるので，2つの条件を満たしている ② が正解となる。

主な語句・表現 　◇ strap 名「肩ひも；ストラップ」　　　◇ square 形「四角の」

スクリプト

問9 　9 　正解 ③

W：Which sandwich? Vegetable or egg-salad?
M：Both look delicious, but I want a hamburger, too.
W：How about the lunch plate?
M：Good idea! That includes everything.

Question: Which lunch will the man probably order?

全訳
女性：どっちのサンドイッチ？ 野菜それとも卵サラダ？
男性：どっちもおいしそうだけど，僕はハンバーガーも欲しいな。
女性：ランチプレートにしたら？
男性：それがいい！ 全部入っているからね。

(問い) どのランチを男性はおそらく注文するだろうか。

設問解説
正解は ③。
　女性から2種類のサンドイッチのうちのどちらを選ぶかを尋ねられた男性は，どちらもおいしそうであるのに加えてハンバーガーも欲しい，と答えている。それを聞いた女性が「ランチプレート」を提案すると，男性はそれに同意し「全部入っている」ことをその理由として挙げている。したがって彼が注文しようとしているランチプレートには，2種類のサンドイッチとハンバーガーが含まれているはずである。したがって ③ が正解となる。

主な語句・表現
◇ include 動「…を含む」

問10　10　正解 ①

スクリプト
W : Have you finished packing, Adam?
M : Probably. I've put in underwear, a jacket, socks, and something to read.
W : How about pajamas?
M : We're in Japan now. Yukatas are available in all hotels here.

Question: Which suitcase is Adam's?

全訳
女性：もう荷造りは終わったの，アダム？
男性：たぶんね。下着にジャケット，靴下，それに読む物も入れたよ。
女性：パジャマはどう？
男性：ここは日本なんだから。どこのホテルでも浴衣の用意があるよ。

(問い) どのスーツケースがアダムのものだろうか。

設問解説

正解は **①**。

荷作りについて女性が男性に確認をしている場面での対話である。「下着にジャケット、靴下、それに読む物も入れた」と言う男性にパジャマはどうなのかと女性が尋ねるが、これに対する男性の、日本のホテルではどこでも浴衣が利用できるという答えは、パジャマを持っていく必要はないという彼の考えを伝えている。したがって、前述の4点がスーツケースに入っている **①** が正解となる。

主な語句・表現

◇ underwear 名「下着」
◇ available 形「利用できる；入手できる」 人が主語になると「〈ある時間に〉手が空いている［都合がつく］」という意味になることもある。 （例）I am *available* every Thursday afternoon.「私は毎週木曜日の午後なら空いています」

問11 11 正解 **②**

スクリプト

M：Excuse me, I think I'm lost. I'm looking for the cafeteria.
W：Can you see the library building over there? Turn right there.
M：Ah ... all right. Turn right at the library ....
W：Yeah, the cafeteria is on your left. It's across from the gym.

Question: Where is the cafeteria?

全訳

男性：すみません、迷子になったようなんです。食堂を探しているんですが。
女性：向こうに図書館の建物が見えますか？ あそこを右に曲がるんです。
男性：ああ、わかりました。図書館のところを右に曲がって…。
女性：ええ、食堂は左手です。体育館の向かいになります。

（問い）食堂はどこにあるか。

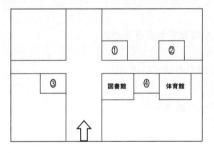

設問解説

正解は **②**。

キャンパス内で食堂の場所がわからずにいる男性に女性がその行き方を教えている場面。女性の言葉から、食堂は矢印の方向に進んで「図書館を右に曲がると左手にある建物で、体育館の向かい側にある」ことがわかる。したがってこの条件を満たす **②** が正解となる。

主な語句・表現

◇ on ...'s left「…の左側に［で］」   ◇ across from ...「…の向かい側に［で］」

第3問

解 答

問 12 - ①	問 13 - ④	問 14 - ③
問 15 - ①	問 16 - ①	問 17 - ②

(各3点)

出題のねらい　　身の回りの事柄に関して平易な英語で話される短い対話を，場面の情報を参考にしながら聞き取ることを通じて，概要や要点を目的に応じて把握する力を問う問題です。

出典　*Original Material*

問 12　[12]　正解①

スクリプト
M：Cathy! How have you been?
W：Fine. Are you here to do some shopping?
M：I'm just browsing. Actually, I came to the theater upstairs to see the new Johnny Depp movie.
W：Me, too! Let's go and watch it together.
M：But we still have forty minutes. How about a cup of coffee?
W：Why not?

全訳
男性：キャシー！　どうしてた？
女性：元気よ。ここへは買い物に？
男性：見て回ってるだけだよ。実は上の階の映画館でジョニー・デップの新作を観に来たんだ。
女性：私もよ！　一緒に観に行きましょうよ。
男性：でもまだ40分もあるよ。コーヒーでもどう？
女性：もちろん。

(問い) 彼らは次におそらく何をするだろうか。

① ショッピングモール内のカフェに行く。
② 上の階の映画館へ行く。
③ モールで商品を見て回り続ける。
④ そのまま話し続ける。

設問解説
正解は①。
　偶然出会ったらしい2人だが，対話から，同じ映画を観にモールに来ていることがわかる。男性が最後の発言で，映画が始まるまで「まだ40分ある」から「コーヒーでもどう？」と提案し，女性が「もちろん」と応じていることから，次の彼らの行動として予測できるのは「コーヒーを飲みに行くこと」なので，① が正解となる。

主な語句・表現
◇ browse 動「（商品などを）見て回る；（本などを）拾い読みする」
◇ upstairs 副「（今の場所より）上の階へ」　なお「下の階へ」は downstairs で表す。
◇ Why not?「（相手の誘いに乗って）もちろん；いいとも」　(例)"Shall we meet next Saturday?""*Why not?*"「来週の土曜日に会わない？」「もちろんいいよ」

— 英 L 104 —

問13 　13 　正解④

(スクリプト)

W：Oh, no! The printer's stopped working again. It's time we bought a new one.

M：But we need a new microwave oven. That's more urgent.

W：Even more urgent is a washing machine, isn't it?

M：I know. I wonder why everything goes wrong these days ....

(全訳)

女性：あら嫌だ！　またプリンターが止まっちゃったわ。新しいのを買う時期ね。

男性：でも新しい電子レンジが必要で，そっちの方が緊急だよ。

女性：それよりもっと緊急なのは洗濯機よね？

男性：そうだね。どういう訳でこのところ何でも故障するんだろう。

(問い) 夫婦はおそらく最初に何を買うだろうか。

① 電子レンジ
② プリンター
③ 冷蔵庫
④ **洗濯機**

(設問解説)

正解は④。

　新しいプリンターを買う時期だ，という妻の最初の発言に対し夫は，電子レンジの方が緊急だと応じ，妻はさらに，もっと緊急なのは洗濯機だと発言し，それに対して夫は同意している。この対話の流れから，2人とも最初に買うべきものは洗濯機であると考えているとわかるので，④が正解となる。

(主な語句・表現)

◇ it is time S V「もう S は V していい頃だ」　V には仮定法過去形が用いられる。

　(例) *It is time* you *learned* from failure.「そろそろ君は失敗から学んでもいい頃だ」

◇ microwave oven「電子レンジ」　　　　◇ urgent圏「緊急な」

問14 　14 　正解③

(スクリプト)

M：Two adults and one child, please. I have some coupons.

W：I'm afraid you can't use those coupons here.

M：Really? I thought we could use them for all attractions.

W：I'm sorry, but there's a notice in your coupon book.

M：Ah ... I see. So should I go and buy regular tickets?

W：No, you can pay here. It'll be 2,100 yen.

(全訳)

男性：大人2人に子ども1人でお願いします。クーポンがあります。

女性：すみません，ここではそのクーポン券はお使いになれません。

男性：本当に？　クーポンはどのアトラクションでも使えると思ってたけど。

女性：申し訳ありませんが，クーポン冊子に注意書きがございます。

男性：ああ…なるほど。それなら，普通のチケットを買いに行くべきなのかな？

女性：いいえ，こちらでお支払いになれます。2,100円になります。

(問い) 対話によれば正しいのはどれか。

① 男性が持っているクーポン券は料金を賄うには足りない。
② 男性のクーポン券はもう無効である。

③ 来園者はクーポン券ではこのアトラクションに乗れない。
④ 来園者は週末にはそのクーポン券を使えない。

設問解説

正解は **③**。
　アトラクションに乗るためにクーポン券を使おうとした男性に対し遊園地のスタッフと思われる女性は，そのクーポン券はそこでは使用できないと伝えているので，**③** が正解となる。
　① は，このアトラクションに乗れないのは男性の持っているクーポン券が足りないためではないので，誤り。クーポン券の有効期限が過ぎていること，あるいは週末はクーポン券を使えないことを示す情報は対話に一切登場しないため，**②**，**④** も不正解となる。

主な語句・表現

◇ attraction 名「(遊園地などの) アトラクション；遊戯施設」
◇ notice 名「注意書き」　　　　　　　　◇ valid 形「有効な」

問15　　**15**　　正解 **①**

スクリプト

W：Why don't we have Kevin's welcome party tomorrow?
M：Great! Let's make it a surprise party after the regular meeting.
W：But some of us need to go get some refreshments and snacks.
M：I can go and do the shopping at the convenience store before the meeting starts.

全訳

女性：明日ケビンの歓迎会をしない？
男性：いいね！　いつものミーティングの後のサプライズパーティーにしようよ。
女性：でも飲んだり食べたりするものを私たちの誰かが買いに行く必要があるわね。
男性：ミーティングが始まる前に，僕がコンビニに買いに行けるよ。

　(問い) 男性はおそらく明日何をするだろうか。

　① 普段通りミーティングに出席する。
　② ケビンへの思いがけない贈り物を買いに行く。
　③ ミーティングを欠席し買い物に行く。
　④ コンビニエンスストアでアルバイトをする。

設問解説

正解は **①**。
　ケビンの歓迎会を明日開こう，という女性に賛成した男性は，「いつものミーティングの後のサプライズパーティー」にすることを提案している。そして歓迎会用の飲食物の調達について心配する女性に対し男性は，ミーティングが始まる前に自分が買いに行くことを申し出ている。したがって，男性は明日コンビニエンスストアで飲食物を買った後で通常のミーティングに参加することになる，と考えられる。したがって，この推測に合う内容の **①** が正解となる。
　② は男性が買いに行くのは飲食物であるため，**③** は彼が買い物に行こうとしているのはミーティングの前であるため，**④** はコンビニエンスストアでのアルバイトの話は対話で触れられていないため，それぞれ不正解となる。

主な語句・表現

◇ surprise party「主役にはあらかじめ知らせないで行うパーティー」
◇ refreshment 名「軽い飲食物」　　　　◇ snack 名「軽食」
◇ as usual「いつも通りに」　　　　　　◇ surprise gift「思いがけない贈り物」
◇ work part-time「アルバイトをする」　この場合の part-time は「非常勤で」という意味の副詞。　(例) He teaches *part-time* at the college.「彼はその大学で非常勤講師をしている」

— 英 L 106 —

問16 　16　 正解①

スクリプト

M：Have you finished the essay on psychology yet?
W：Of course I have.
M：That's unusual for you. I think we still have a week before the due date.
W：The thing is, Masashi lent me a good book on the topic.
M：Really? He's always dependable when we need some help with assignments.

全訳

男性：心理学のレポートはもう終わった？
女性：もちろんよ。
男性：君にしては珍しいね。締切日までにまだ1週間あると思うけど。
女性：実は将司がテーマに関する良い本を貸してくれたの。
男性：本当？　僕たちが宿題で助けてもらいたいとき，彼はいつも頼りになるね。

（問い）女性に関しておそらく当てはまるのはどれか。

① 彼女は友人に手伝ってもらってレポートを完成した。
② 彼女は本を返すために友人に会う必要がある。
③ 彼女は友人の宿題を手伝うことがよくある。
④ 彼女は普通，締切日よりもかなり前に宿題を終える。

設問解説

正解は①。
　男性から心理学のレポートについて尋ねられて，もう書き終えたと答えた女性は，将司がテーマに関する良い本を貸してくれた，と事情を話しているので，①が正解となる。
　②は女性が本の返却については言及していないため，③は女性が友人の宿題を手伝うという話は対話に出てこないため，④は女性がレポートを締め切り1週間前に終わらせたことについて「君にしては珍しい」と男性が言っているため，それぞれ不正解となる。

主な語句・表現

◇ psychology 图「心理学」　　　　　　　　◇ unusual 厖「珍しい；めったにない」
◇ due 厖「（提出・支払いなどについて）締め切りの；期限となる」
◇ The thing is(,) ...「実は…だ」　実情を明かすときなどに用いる表現。　（例）*The thing is
　I completely forgot about the appointment.*「実はすっかり予約のことを忘れていたのです」
◇ dependable 厖「頼りになる」

問17 　17　 正解②

スクリプト

W：Hello, Tim. Do you have any plans for this Saturday?
M：Nothing in particular. Why?
W：I have two tickets for the Natural History Museum.
M：Wow! There's probably a special dinosaur exhibition on, right?
W：Exactly. If you're interested, let's meet at the south ticket gate of Green Park
　　Station at 10 a.m.

全訳

女性：こんにちは，ティム。今週の土曜日に何か予定はある？
男性：特にないけど。なぜ？
女性：自然史博物館のチケットが2枚あるのよ。
男性：わあ！　たしか今，恐竜の特別展をやってるんだよね？
女性：その通りよ。興味があるなら，朝の10時にグリーンパーク駅の南改札で待ち合わ
　　せましょう。

— 英 L 107 —

（問い）対話によれば正しいのはおそらくどれか。

① 女性は恐竜にはあまり興味がない。
❷ 彼らは土曜日の午前中に駅で待ち合わせる。
③ 彼らは博物館の入口で待ち合わせる。
④ 自然史博物館では恐竜展をいつでも見ることができる。

設問解説

正解は❷。

　今週土曜日に特に予定の入っていない男性は，女性からその日の自然史博物館行きに誘われる。彼は開催中の恐竜の特別展に大いに興味を持っている様子なので，女性の提案に従って朝の10時にグリーンパーク駅で待ち合わせて博物館に同行することになると思われる。したがって❷が正解となる。

　①は女性が恐竜に興味がないことを示す発言はなく，また男性を誘っていることからそうとは考え難いため，③は待ち合わせ場所は駅であるため，④は男性の「今，恐竜の特別展をやってるんだよね」との発言から恐竜展は常設展ではないため，いずれも不正解となる。

主な語句・表現

◇ nothing in particular「特に何もない」（例）I have *nothing in particular* to add to the plan.「計画に対して特に付け加えるものはありません」
◇ exhibition 名「展覧会」　special exhibition は「特別展」, permanent exhibition は「常設展」のこと。
◇ on 形「開催［上映；進行］中で」（例）What movie is *on* at the theater now?「劇場では今どの映画が上映中ですか」
◇ ticket gate「改札口」

— 英 L 108 —

第４問

解答

A　問18〜21　　18 ④　　19 ③　　20 ①　　21 ②　　（全部正解で４点）
　　問22〜25　　22 ①　　23 ⑤　　24 ②　　25 ②　　（各１点）
B　問26 — ④　　　　　　　　　　　　　　　　　　　　（４点）

出題のねらい

A　必要な情報を聞き取り、図表を完成させたり、分類や並べ替えをしたりすることを通じて、話し手の意図を把握する力を問う問題です。

出典

Original Material

問18　18　正解 ④　　問19　19　正解 ③
問20　20　正解 ①　　問21　21　正解 ②

スクリプト

One real estate company asked ten thousand suburban residents the following question: what is the most important factor for you in deciding where to live? The choices for the respondents were "cost of living," "crime rate," "ease of transportation," "weather" and "other." The answers were divided. "Cost of living" was chosen by 24%. The least selected category of the four was "crime rate." More than a quarter of the respondents chose "ease of transportation," but "weather" came first, which was chosen by exactly twice the percentage of those who chose "crime rate."

全訳

ある不動産会社が１万人の郊外の住民に、どこに住むべきかを決める際に最も重要な要素は何かを尋ねた。回答者に与えられた選択肢は、「生活費」、「犯罪発生率」、「交通の便」、「天候」、「その他」だった。回答は割れた。「生活費」は24％の人に選ばれた。４つのうちで最も選ばれなかった区分が「犯罪発生率」だった。４分の１以上の回答者が「交通の便」を選んだが、「天候」が１位で「犯罪発生率」を選んだ回答者のちょうど２倍のパーセンテージの回答者に選ばれた。

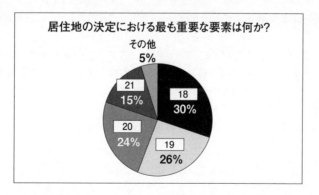

① 生活費　　② 犯罪発生率　　③ 交通の便　　④ 天候

設問解説

正解は 18 — ④, 19 — ③, 20 — ①, 21 — ②。
　説明されている内容から、論理的に空欄を埋めると以下のようになる。
　　18　正解は ④。最終文（More than a ...）で、「『天候』が１位」と言われている。
　　19　正解は ③。最終文（More than a ...）で、「４分の１以上の回答者が『交通の便』を選んだ」と言われている。

| 20 | 正解は ①。第4文（"Cost of living" ...）で，「『生活費』は24％の人に選ばれた」と言われている。 |

| 21 | 正解は ②。第5文（The least selected ...）で，「4つのうちで最も選ばれなかった区分が『犯罪発生率』だった」と言われている。

主な語句・表現

◇ real estate「不動産」　　　　　　　　　◇ suburban 形「郊外の」
◇ resident 名「住民」
◇ where to live「どこに住むべき［住むのが良い］か」「〈疑問詞〉＋ to − 」は名詞句。
　（例）You should learn *when* and *how to* speak in the meeting.「会議ではいつどのように発言すればよいかを学ぶべきだ」
◇ respondent 名「回答者」　　　　　　　　◇ crime rate「犯罪発生率」
◇ ease 名「容易さ」　反意語は difficulty（困難さ）。
◇ transportation 名「交通［輸送］（機関）」
◇ divided 形「〈意見などが〉割れた［分裂した］」
◇ The least selected category「最も選ばれなかった区分」　least は副詞の little（少なく）の最上級。
◇ quarter 名「4分の1」　（例）three *quarters*「4分の3」
◇ come first「1位になる；最重要である」　（例）What do you think *comes first* in doing business?「商売をするときには何が一番大切だと思いますか？」
◇ twice the percentage of ...「…の百分率の2倍」　倍数を表す twice の直後には of を補うことができる。　（例）Her salary is more than *three times* (*of*) mine.「彼女の給料は私の3倍以上だ」

問22　| 22 |　正解 ①　　問23　| 23 |　正解 ⑤
問24　| 24 |　正解 ②　　問25　| 25 |　正解 ②

スクリプト

　　We have three types of room: twin, triple and suite. If a single guest uses a twin room, we charge 200 dollars. The rate for a twin room used by two people is 150 dollars per person. Three people using a triple room are charged 100 dollars each. A suite is available for more than one guest, and it costs each of them 300 dollars regardless of the number.

全訳

　　当館にはツイン，トリプル，スイートと，3タイプの客室がございます。1名のお客様がツインルームにお泊りの場合は，200ドル頂戴致します。2名のお客様がツインルームにお泊りの場合，お1人当たりのお代は150ドルです。3名のお客様がトリプルルームにお泊りの際には，お1人当たり100ドル申し受けます。スイートは2名以上でご宿泊頂けますが，ご利用人数に関わらずお1人当たりお代は300ドルとなります。

予約者	部屋タイプ	宿泊者数	宿泊費総額
ウィリアムズ様	ツイン	1	22
チェン様	スイート	2	23
星野様	トリプル	3	24
グリーン様	スイート	4	
小池様	スイート	3	
バノン様	ツイン	2	25

① 200 ドル	② 300 ドル	③ 400 ドル
④ 500 ドル	⑤ 600 ドル	

設問解説

正解は 22 － ①, 23 － ⑤, 24 － ②, 25 － ②。

22 ウィリアムズ氏はツインルームに1名で宿泊することになるので、第2文（If a single ...）の内容から宿泊費は200ドルで、①が正解となる。

23 チェン氏は2名でスイートルームに宿泊するので、最終文（A suite is ...）の内容から宿泊費は300ドル×2＝600ドルで、⑤が正解となる。

24 星野氏は3名でトリプルルームに宿泊するので、第4文（Three people using ...）の内容から宿泊費は100ドル×3＝300ドルで、②が正解となる。

25 バノン氏は2名でツインルームに宿泊するので、第3文（The rate for ...）の内容から宿泊費は150ドル×2＝300ドルで、②が正解となる。

主な語句・表現

◇ charge 動「…を請求する」（例）How much do they *charge* you for shipping?「配送料はいくらかかるの？」

◇ rate 名「（一定の基準に基づく）料金」（例）postal *rate*「郵便料金」

◇ each 副「それぞれに；1つ［1人］につき」（例）The dinner cost 50 dollars *each*.「夕食は1人当たり50ドルかかった」

◇ regardless of ...「…に関係なく［関わらず］」（例）Anyone can join the club *regardless of* age or sex.「年齢，性別に関係なく，誰でもそのクラブに入会できます」

出題のねらい

B 複数の情報を聞き、最も条件に合う内容の提案を選ぶことを通じて、状況・条件に基づき比較して判断する力を問う問題です。

出典

Original Material

問26 26 正解 ④

スクリプト

1 : Why don't you choose *Enjoy Cooking and Parties!* Food always reflects culture. You'll understand Japanese tradition while enjoying delicious dishes every Wednesday and Saturday. Two-thirds of the learners are Japanese while the rest are from different cultures. Let's learn washoku and stay healthy.

2 : Why don't you take *Learn Japanese Through Literature!* and learn the Japanese language while reading contemporary literature? This course is for non-Japanese people, given in English, so don't worry about not having any experience of studying Japanese. Let's meet every Friday!

3 : Let's join *Train Your Body and Mind!* and practice martial arts. We meet every Sunday. You can learn the history of karate and other martial arts in addition to improving your skills. This course is popular with foreign students, so sign up right now!

4 : If you are interested in traditional culture, you should choose *Wear Authentic Japan!* Many young Japanese women have signed up for the course. You can learn to put on kimono by yourself. Let's meet every Wednesday.

全訳

1：『料理とパーティーを楽しもう！』をお選びになってはいかがでしょうか。食品にはいつでも文化が反映されるものです。毎週水曜日と土曜日においしい料理を楽しみながら，日本の伝統を理解していただけます。受講者の3分の2は日本人，残りはさまざまな文化の人たちです。和食を学んで健康を保ちましょう。

2：『文学を通して日本語学習を！』を受講なさって，現代文学を読みながら日本語を学ばれてはいかがでしょうか？ この講座は日本人以外の方向けで，英語で行われますので，日本語の学習経験がなくても心配ご無用です。毎週金曜日にお会いしましょう！

3：『心身を鍛えよう！』に参加して武道のけいこをしましょう。毎週日曜日に集まります。技を磨くことに加え，空手や他の武道の歴史を学ぶことができます。この講座は外国人学生に人気がありますので，今すぐ申し込んでください！

4：もしあなたが伝統文化に関心がおありなら，『和の正装を！』をお選びになるのがよいでしょう。若い日本人女性が大勢この講座に申し込んでいます。自分で着付けができるようになります。毎週水曜日にお会いしましょう。

（問い） 26 はジュリアが最も選ぶ可能性の高いコースである。

コース名	条件A	条件B	条件C
① 料理とパーティーを楽しもう！	○	○	×
② 文学を通して日本語学習を！	？	×	○
③ 心身を鍛えよう！	○	？	×
④ 和の正装を！	○	○	○

① 料理とパーティーを楽しもう！
② 文学を通して日本語学習を！
③ 心身を鍛えよう！
④ 和の正装を！

設問解説

正解は④。

ジュリアが選ぶ講座の条件は，A.「日本の伝統を理解する助けになること」，B.「多くの日本人と一緒に学べること」，C.「開講日が土曜・日曜以外であること」の3つである。

④『和の正装を！』は，説明に「伝統文化に関心が」あるなら選ぶとよいとあるためにAに，「若い日本人女性が大勢」申し込んでいるとあるためBに，「毎週水曜日」に開講されるとあるためCに，それぞれ当てはまることになるので，この④が正解となる。

①『料理とパーティーを楽しもう！』は，「日本の伝統を理解して頂けます」と言われているのでA，「受講者の3分の2は日本人」なのでBにはそれぞれ当てはまるが，開講日は「毎週水曜日と土曜日」であるため，Cの条件を満たさないので不正解となる。②『文学を通して日本語学習を！』は，「毎週金曜日」の開講なのでCに当てはまるが，「現代文学を読みながら」と説明されており「伝統」についての言及はないのでAの，また「日本人以外の方向け」であるためBの条件にはそれぞれ合っていないので不正解となる。③『心身を鍛えよう！』は，「空手や他の武道の歴史を学ぶ」と説明されておりAには当てはまるが，Bに関わる言及はなく，また「毎週日曜日」に開講されるためCを満たさないので，不正解となる。

— 英 L 112 —

主な語句・表現

◇ Why don't you － ?「－してはどうですか」 勧誘や提案をするときに用いられる表現。

◇ reflect 動「…を反映する」 (例) The language *reflects* its culture.「言語にはその文化が反映されている」

◇ two-thirds「3分の2」 分数の表記は分子を基数（普通の数字），分母を序数（「…番目」を表す形）を用い，分子が複数のときには分母の序数を複数形にする。

◇ rest 图「残り」　　　　　　　　　◇ contemporary 形「現代 [同時代] の」

◇ not having ...「…を持っていないこと」 動名詞が否定形で用いられている。　(例) I apologize for *not being* able to help you.「お力になれずに申し訳ない」

◇ martial art「武道；格闘技」

◇ in addition to ...「…に加えて」 (例) I have to write an essay *in addition to* the final test.「期末テストに加えて，レポートも書かなければならない」

◇ sign up for ...「…に申し込む」 (例) I have *signed up for* the three-month-course.「私は3ヵ月コースに申し込んだ」

◇ authentic 形「真正の；正式な」

第5問

解答

問27 - ③		（3点）
問28 - ⑤	問29 - ②	（両方正解で2点）
問30 - ⑥	問31 - ③	（両方正解で2点）
問32 - ①	問33 - ①	（各4点）

出題のねらい

　身近な話題や知識のある社会的な話題に関する講義を聞きメモを取ることを通じて，概要や要点をとらえる力や，聞き取った情報と図表から読み取れる情報を組み合わせて判断する力を問う問題です。ここでは，アメリカの大学での，野生生物の違法な利用についての講義を聞きます。

出典　*Original Material*

スクリプト

　We are often told about the importance of conserving wildlife including plants, fish, and animals. According to one report, in the last 40 years the world has lost 52 percent of its wildlife. Decreasing wildlife numbers indicate that habitats are being seriously threatened. Some people or organizations that are very much concerned about this problem have been working hard to maintain the biodiversity of the Earth.

　It is reported that one reason for the decreasing wildlife population is illegal exploitation, such as illegal fishing, logging, and hunting. These activities must be stopped not only for the welfare of plants and animals but also to maintain the local ecosystems that are supported by the mutual dependence of a variety of wildlife.

　The habitats of wild animals are usually in developing countries, where people's average income is low. So some people may say the economy is more important than ecology. However, you can persuade those who say so of the importance of wildlife conservation from an economic point of view also.

　In those countries, people's livelihoods depend mostly on natural resources, including wildlife. Illegal exploitation of wildlife robs them of the profits they could have gained legally. In addition, the governments of those countries may lose the money they could have collected in taxes from citizens. For example, according to a report by an international organization, it is estimated that in 2017, illegal logging accounted for 56% of logging production in Indonesia, and the government lost 1.804 billion dollars they could have gained in taxes from citizens who are doing legal business.

全訳

　植物，魚，動物を含む野生生物保護の重要性について語られることは多い。ある報告によれば，過去40年の間に，世界はその野生生物の52％を失った。野生生物の数の減少は，生息地が深刻な脅威にさらされていることを示している。この問題に深刻な憂慮を覚える人々や組織は，地球の生物多様性を維持するため懸命な活動を行ってきた。

　野生生物の個体数が減少している1つの理由は，違法な漁獲，森林伐採，狩猟といった，資源の違法な利用であると報告されている。動植物の福利のためばかりでなく，多様な野生生物の相互依存によって支えられている地域の生態系を維持するためにも，このような活動は阻止されなければならない。

　通常，野生動物が生息するのは人々の平均収入が低い発展途上国である。だから，生態より経済の方が大事だと言う人たちもいるかもしれない。しかしそのように言う人々に，経済的な見地からも野生生物保護の重要性を納得させることはできるのである。

　そうした国々では，人々の生活の糧は主に野生生物を含む天然資源に依存している。野生

— 英 L 114 —

生物の違法な利用は，人々が合法的に手にすることができたであろう利益を彼らから奪うことになるのである。これに加え，市民から税として徴収できたであろう金銭をそうした国々の政府が失う可能性がある。たとえば，ある国際機関の報告によれば，2017年にインドネシアでは，概算で木材生産の56%を違法な伐採が占めたのであり，合法的な取り引きをしている市民から税金として得られたはずの18億4百万ドルを政府は失ったのである。

○野生生物の数の減少：世界中で過去40年間に52%減

なぜ問題か？ ⇨ 生物多様性への脅威

考えられる原因は？ ⇨ 　27　／違法な利用など

⇩

何を利用？	魚／　28　／動物
誰に影響？	29　国々の人々
何に影響？	野生生物の　30　／生態系／地域の　31　 ⇧ 合法的利益及び税の損失

設問解説

問27　　27　　正解 ③

① 病気が蔓延(まんえん)すること
② 経済が崩壊すること
③ **生息地が脅かされること**
④ 税金収入が減少すること

正解は ③。
　講義の第1段落第3文（Decreasing wildlife numbers ...）で，「野生生物の数の減少は，生息地が深刻な脅威にさらされていることを示している」と述べられているので，③ が正解となる。
　① については講義で言及されていない。② の「経済」や ④ の「税金」についての問題は，野生生物の減少の原因ではなく，野生生物の違法利用の結果として挙げられている問題なので，不正解となる。

問28　　28　　正解 ⑤　　問29　　29　　正解 ②
問30　　30　　正解 ⑥　　問31　　31　　正解 ③

① 先進の　　　　　　② 発展途上の　　　　③ 経済
④ 人間　　　　　　　⑤ 植物　　　　　　　⑥ 福利

　ワークシートの表は，資源の違法な利用の具体的な内容を説明したものである。
　　28　　表の1行目には資源として利用される生物種が挙げられている。第2段落第1文（It is reported ...）で，「資源の違法な利用」の具体例として，「違法な漁獲，森林伐採，狩猟」が挙げられているので，空所に入るのは「魚」，「動物」と並んで挙げられるべき ⑤ の「植物」であるため，これが正解となる。
　　29　　2行目は，「資源の違法な利用」の影響を受ける人々が挙げられている。第3段落第1文（The habitats of ...）で，「通常，野生動物が生息するのは発展途上国である」と述べられていることから，空所には ② の「発展途上の」が入るはずなので，これが正解となる。

― 英 L 115 ―

30 3行目には，「資源の違法な利用」に影響を受けるものが挙げられており，この空所に入る語は野生生物の何が影響を受けるかを表している。第2段落第2文（These activities must ...）で，「動植物の福利のためばかりでなく…」野生生物の違法な利用をやめるべきだと述べられているので，空所には⑥の「福利」が入ればよく，これが正解となる。

31 引き続き「資源の違法な利用」に影響を受けるものとして，地域の何が挙げられているかを考えればよい。第3段落最終文（However, you can ...）では，「そのように［＝生態より経済の方が大事だ］言う人々に，経済的な見地からも野生生物保護の重要性を納得させることはできる」と述べられ，その経済的影響の事例が第4段落で説明されているので，空所には③の「経済」が入ることになるため，これが正解となる。

問32 **32** 正解 ①
① インドネシアでは，違法な森林伐採が木材生産において半分を超える割合を占めている。
② 野生生物の合法的な使用がおそらく増加していくだろう。
③ 着実な経済発展が地域の生態環境を維持するのに役立つだろう。
④ より厳しい規制を行うと，税金の一部を失う政府が出てくるだろう。

正解は①。

最終段落最終文（For example, according ...）で，「2017年にインドネシアでは，概算で木材生産の56%を違法な伐採が占めた」と述べられていることから，①が正解となる。

②および③については本文に言及されていないので不正解となる。④は，最終段落第3文（In addition, the ...）の，「市民から税として徴収できたはずの金銭をそうした国々の政府が失う可能性がある」という説明と明らかに矛盾するため，誤り。

（スクリプト） In addition, the illegal wildlife trade has seriously affected tourism in many countries. The report shows that the lost tourism benefit caused by illegal hunting and the wildlife trade in Africa amounts to 3.91 million dollars. Apparently, the decreasing wildlife population has reduced the charm of visiting wildlife reserves in Africa.

（全訳） さらに，違法な野生生物の取引は，多くの国で観光業に深刻な影響を及ぼしてきた。報告書によれば，アフリカにおいて，違法な狩猟と野生生物取引が原因で観光業の利潤に生じた損失額は391万ドルに達している。野生生物の個体数が減少することでアフリカの野生生物保護区を訪れる魅力が減少したことは明らかなのである。

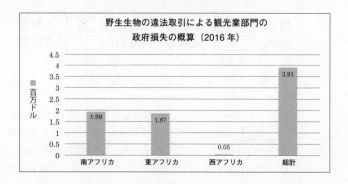

問33 **33** 正解 ①
① 生物多様性は生態環境のためだけではなく経済のためにも重要である。
② 発展途上国は生物多様性を維持するためにより多くの税金を徴収すべきである。

③ 生物多様性の低下にもかかわらず，アフリカは依然として魅力的な観光地である。
④ 生物多様性を維持するためには発展途上国に多額の金がかかりすぎる。

設問解説

正解は**①**。
　グラフは，野生生物の違法取引が，アフリカ諸国の政府の観光業部門に与えた損失を表したものである。講義の［続き］の方でも，第2文（The report shows ...）で，「アフリカにおいて，違法な狩猟と野生生物取引が原因で観光業の利潤に生じた損失額は391万ドルに達している」との報告が紹介されており，これは，野生生物の違法な利用が生態環境の見地からだけではなく，経済的見地からも大いに問題であることを示しているので，**①**が正解となる。
　②，**④**については講義の中でもグラフにおいても示されていない内容であるため，不正解となる。**③**は講義内容やグラフの示す結果に反しているため，誤り。

主な語句・表現

［講義］
◇ conserve 動「…を保護［保存］する」　　◇ wildlife 名「野生生物」
◇ habitat 名「生息地」　　　　　　　　　◇ threaten 動「…を脅かす」
◇ biodiversity 名「生物多様性」
◇ it is reported that ...「…であると報告されている」（**例**）*It is reported that* the number of people aged 100 or older exceeded 80,000 in Japan.「日本で100歳以上の人々は8万人を超えたと報告されている」
◇ population 名「個体数」
◇ exploitation 名「（資源などの）過度の利用；搾取」 動詞形は exploit となる。
◇ logging 名「木材伐採」
◇ not only for ... but also to maintain ～「…のためばかりでなく，～を維持するためにも」
◇ welfare 名「福祉；福利」　　　　　　　◇ ecosystem 名「生態系」
◇ mutual 形「互いの；相互的な」　　　　◇ ecology 名「生態環境；生態学」
◇ persuade O of ...「O に…を納得させる；…のことを O に確信させる」（**例**）It is difficult to *persuade* them *of* another spending on the project.「彼らにその計画へのさらなる出費を納得させるのは困難だ」
◇ from ... point of view「…の観点から」（**例**）You should consider the problem *from local point of view*.「地元の視点から問題を考えるべきだ」
◇ livelihood 名「生計；暮らし」　　　　　◇ rob O of ...「O から…を奪う」
◇ the profits they could have gained legally「合法的に手にすることができたであろう利益」 they could have gained legally は形容詞節として the profits を修飾しており，直前に関係代名詞の which または that を補うことができる。could have gained は仮定法過去完了形を用いた条件節に対する帰結節におけるのと同様の動詞形で，「野生動物の違法な利用がなかったならば」という「過去の事実に反する仮定条件」が含意されている。
◇ in addition「これに加えて；さらにその上」
◇ the money they could have collected in taxes from citizens「市民から税として集めることができたであろう金」 they could have ... citizens は形容詞節として the money を修飾しており，直前に関係代名詞の which または that を補うことができる。could have collected は仮定法過去完了形を用いた条件節に対する帰結節におけるのと同様の動詞形で，前文同様「野生動物の違法な利用がなかったならば」という「過去の事実に反する仮定条件」が含意されている。
◇ it is estimated that ...「…と見積もられて［概算されて］いる」
◇ account for ...「…（の割合）を占める」

[ワークシート・ グラフ] [講義（続き）]	◇ problematic 形「問題のある」	◇ estimate 图「見積；概算」
	◇ tourism 图「観光業」	◇ amounts to ...「…（の数量）に達する」
	◇ apparently 副「明らかに」「見かけ上」という意味もある。	
	◇ wildlife reserve「野生生物保護区」	
[選択肢]	◇ prevail 動「普及［蔓延］する」	◇ collapse 動「崩壊する」
	◇ make ... up / make up ...「…を構成する」	
	◇ steady 形「着実な」	

第6問

解 答	A 問 34 – ② 問 35 – ③	（各 3 点）
	B 問 36 – ② 問 37 – ②	（各 4 点）

出題のねらい　A　身近な話題や馴染みのある社会的な話題に関する会話や議論を聞き，話者の発話の要点を選ぶことを通じて，必要な情報を把握する力や，それらの情報を統合して要点を整理，判断する力を問う問題です。

出典　*Original Material*

スクリプト　問34　34　正解②　問35　35　正解③

［設問解説のために，通し番号をふってあります］

① Lucy：You look a bit worried, Jun. Anything wrong?

② Jun：It's about this form regarding our future plans. Yesterday we had a career guidance talk.

③ Lucy：You have to write about your career plan?

④ Jun：Yeah. I have no idea what to write.

⑤ Lucy：Didn't you say you're interested in working as a social worker or something?

⑥ Jun：Maybe. It was just after I did some volunteering.

⑦ Lucy：You said you were impressed by meeting many volunteers working hard for others.

⑧ Jun：But when choosing a future career, I have to consider a lot of factors, like salary and the working environment.

⑨ Lucy：So you're kind of stuck.

⑩ Jun：Exactly. Do you think I should find a job related to social welfare?

⑪ Lucy：It's up to you to decide. But most jobs have been created to serve the needs of people. So whatever job you do, you can help others in one way or another.

⑫ Jun：Hmm .... I can see that.

⑬ Lucy：So the problem is in what way you'd like to help others.

⑭ Jun：That's a good question! Probably I should first consider what type of work can make me happy.

⑮ Lucy：That's it! You can't make others happy unless you yourself feel happy.

全訳

①ルーシー：ちょっと心配事があるみたいね，純。どうかしたの？

②純　　　：将来の計画に関して記入するこの用紙のことなんだけど。昨日職業についてのガイダンスがあったんだ。

③ルーシー：職業計画について書かなきゃならないの？

④純　　　：うん。何を書いたらいいかわからなくて。

⑤ルーシー：ソーシャル・ワーカーか何かとして働くのに興味があるって言ってなかった？

⑥純　　　：言ったかもしれない。何かボランティアをした直後にね。

⑦ルーシー：他の人のために一生懸命働くボランティアの人たちにたくさん出会って感銘を受けたって言ってたわ。

⑧純　　　：でも将来の職業を選ぶとなると，給料とか労働環境とか，色んなことを考えなきゃならないよ。

⑨ルーシー：それで行き詰まってるってところなわけね。

— 英L 119 —

⑩純　　　：その通りだよ。社会福祉関係の仕事を見つけるのがいいと思う？
⑪ルーシー：決めるのはあなたよ。でも，たいていの仕事は人々のニーズに応えるために生み出されたわけだから，どんな仕事をするにしても，何かの形で他の人たちの役に立てるわよ。
⑫純　　　：うーん。なるほど。
⑬ルーシー：だから，問題はあなたがどんな風に人の役に立ちたいかね。
⑭純　　　：それはいい質問だ！　たぶん，どんなタイプの仕事をすれば自分が幸せになれるかをまず考えるべきなんだね。
⑮ルーシー：それよ！　自分自身が幸せだと感じなければ，他の人たちを幸せにできないわ。

設問解説

問34　　34　　正解②

（問い）ルーシーの中心となる主張は何か。

① ボランティアをすることにより，自分にとって最良の仕事を見つけることができる。
② どのような仕事を選んでも，普通は他者の役に立つことができる。
③ 自分の仕事が多くの人の役に立つかどうか考えるべきである。
④ 自分自身の幸福よりも人々の幸福のことを先に考えるべきである。

正解は②。
　ルーシーは発言⑪で，「どんな仕事をするにしても，何かの形で他の人たちの役に立てる」と言っているので，②が正解となる。
　①，③，④のような発言をルーシーはしていないので，いずれも不正解となる。

問35　　35　　正解③

（問い）純は用紙に必要事項を記入するときにおそらくどのようなことを考慮するだろうか。

① どのような種類の仕事が儲かるか。
② どのような種類の仕事が多くの人々に役立つことができるか。
③ どのような種類の仕事を自分は楽しむことができるか。
④ どのような種類の仕事をすれば自分を誇らしく思うことができるか。

正解は③。
　ルーシーの助言を受けた後で，純は発言⑭で「どんなタイプの仕事をすれば自分が幸せになれるかをまず考えるべき」と言っていることから，③が正解である。
　②は，対話の前半から，職業選びに際して「人の役に立つかどうか」が最初から純の視野に入っていないわけではないが，最終的に上記⑭の結論に至っているわけであるし，「多くの人々に」役立つかどうかを特に気に掛けている様子は窺えないため，不正解となる。また①および④に関わる発言はなされていないため，いずれも不正解となる。

主な語句・表現

◇ Anything wrong?「どうかした？；どこかおかしいの？」　Is there anything wrong? に省略が起きたもの。
◇ regarding 前「…に関して」　(例) I have no objection *regarding* this proposal.「この提案に関して私に異議はありません」
◇ ... or something「…か何か」　(例) Do you have a part-time job *or something* today?「今日はアルバイトか何かあるの？」

— 英 L 120 —

◇ be impressed by ... 「…に感銘を受ける」

◇ kind of ... 「どちらかというと…；…といったところ」 断定調を避け，あいまいに言いよどむ際に用いられる。 （例）I'm *kind of* disappointed.「がっかりしたってところよ」

◇ stuck 形「途方に暮れた；行き詰まった」 他動詞 stick（…を貼り付ける［固定する］）の過去分詞形が形容詞化したもの。

◇ Exactly.「まったくその通り」 相手の発言に対する全面的な同意の表現。

◇ social welfare「社会福祉」

◇ it's up to ... to −「−するのは…の責任［…次第］である」 （例）*It's up to you to make* a detailed plan.「詳細な計画を立てるのは君の責任だ」

◇ in one way or another「何らかの形で」 （例）I will share information with you *in one way or another*.「何らかの形で君と情報を共有します」

◇ That's it!「まさにその通り」 状況によっては「以上［これ］でおしまい」という意味を表すこともある。

出題のねらい

B 身近な話題や馴染みのある社会的な話題に関する会話や議論を聞き，それぞれの話者の立場を判断し，意見を支持する図表を選ぶことを通じて，必要な情報を把握する力や，それらの情報を統合して要点を整理，判断する力を問う問題です。

出典

Original Material

スクリプト

問36 　36　 正解 ②　　問37 　37　 正解 ②

［設問解説のために，通し番号をふってあります］

① Machiko : Hey, Ryan. You look very sleepy.

② Ryan : I am, Machiko. I finished my assignment at two a.m.

③ George : Why? I thought it was assigned a week ago.

④ Ryan : I'm in a kind of vicious circle, George.

⑤ Emily : I know. You can't start this week's homework before finishing the previous week's.

⑥ Ryan : Exactly, Emily. I really miss face-to-face classes. We had fewer assignments then.

⑦ Machiko : I prefer on-line classes, especially the on-demand type. I can watch the lecture again and again.

⑧ Emily : I understand that, Machiko. But I still like face-to-face classes. I prefer fewer assignments.

⑨ George : But even in a face-to-face class, we are supposed to study at home for as long as the class lasts.

⑩ Emily : But, George, none of my friends were studying that much.

⑪ Machiko : That's another reason I like on-line classes.

⑫ George : What do you mean?

⑬ Machiko : I've understood the subjects far better thanks to longer hours of self-study. Now I'm more positive about learning.

⑭ Ryan : Maybe you belong to a different species from me, Machiko. I need more sleep, anyway!

⑮ Emily : I bet you can sleep longer by using your time more efficiently, Ryan.

⑯ Ryan : It's not so easy to change my lifestyle.

⑰ George : Why don't you start by reducing the time you spend playing on-line games by half?

— 英L 121 —

全訳

① 真知子：あら，ライアン。とっても眠そうね。
② ライアン：そうなんだよ，真知子。課題を終えたのは午前2時だよ。
③ ジョージ：どうして？　出されたのは1週間前だと思ったけど。
④ ライアン：僕は悪循環みたいになっているんだよ，ジョージ。
⑤ エミリー：わかるわ。前の週の宿題を終えないうちは今週のに手をつけられないのよね。
⑥ ライアン：その通りだよ，エミリー。対面授業が本当に恋しいよ。あの頃の方が課題は少なかったから。
⑦ 真知子：私はオンライン授業の方がいいわ。オンデマンド型の方は特にね。繰り返し講義を見ることができるから。
⑧ エミリー：それはわかるけど，真知子。でも私はやはり対面授業の方が好きよ。課題が少ない方がいいわ。
⑨ ジョージ：でも対面授業だって，僕たちは授業と同じだけの時間，家で勉強することになっているんだよ。
⑩ エミリー：でもジョージ，私の友だちは誰もそんなにたくさん勉強していなかったわ。
⑪ 真知子：それが，私がオンライン授業を好きな別の理由なのよ。
⑫ ジョージ：どういう意味？
⑬ 真知子：自習時間が延びたおかげで，科目をずっとよく理解できるようになったわ。学ぶことに関して前より積極的になったわ。
⑭ ライアン：たぶん君は僕とは違う生き物なんだね，真知子。僕はとにかくもっと眠ることが必要なんだ！
⑮ エミリー：時間をもっと上手に使えば，きっともっと長く眠れると思うわよ，ライアン。
⑯ ライアン：自分の生活スタイルを変えるのはそう簡単じゃないよ。
⑰ ジョージ：まずはオンラインゲームに使う時間を半分に減らしたらどう？

設問解説

問36　36　正解 ②

正解は ②。

　4人のうち，ライアンは発言⑥で，「対面授業が本当に恋しい」と言っており，また，エミリーは発言⑧で，「私はやはり対面授業の方が好き」と言っているので，この2人は対面授業賛成派ということになる。真知子は，発言⑦の「私はオンライン授業の方がいいわ」という言葉に始まり，一貫してオンラインの利点を述べている。ジョージはどちらを好むかを明言していないが，発言⑨の「対面授業だって，僕たちは授業と同じだけの時間，家で勉強することになっている」という言い回しなどから，対面授業を支持しているとは思われない。
　以上より ② の2人が正解となる。

問37　37　正解 ②

①

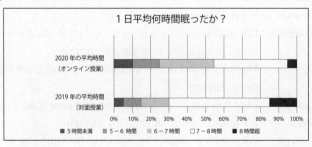

②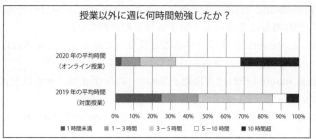

③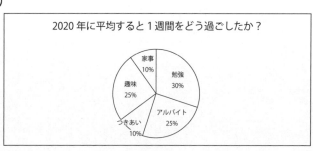

④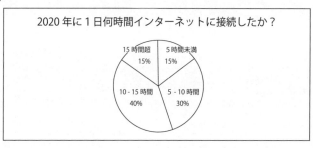

正解は**②**。

　真知子は発言⑬で，オンライン授業の利点として，「自習時間が延びたおかげで，科目をずっとよく理解できるようになった」と言っている。グラフ②は，オンライン授業に移行した後の2020年と，対面授業だった2019年における生徒の授業外での学習時間を比較したもので，前者の方がはるかに多いことがわかる。これは，前述の真知子の発言を後押しする内容なので，この②が正解となる。

　①の2020年と2019年の学生の平均睡眠時間を比較したグラフからは，オンライン授業を行なった2020年の方が睡眠時間は少ないことがわかるが，これは真知子ではなくライアンの意見の根拠となり得るものである。③は1週間の過ごし方，④は1日あたりのインターネットへの接続時間を表しているが，いずれのグラフもオンライン授業へ移行後の2020年だけに関するもので，「対面授業よりオンライン授業の方が良い」とする真知子の立場を支持するものではないため，不正解となる。

主な語句・表現

◇ assignment 图「課題；宿題」　　　　　　　◇ assign 動「…を割り当てる［課す］」
◇ vicious circle「悪循環」
◇ miss 動「…がなく（いなく）なって寂しい」　（例）I really *miss* my grandmother's chocolate cake.「祖母のチョコレートケーキが食べられなくて本当に寂しい」

◇face-to-face class「対面授業」 オンラインではない，教室で行う通常の授業のこと。

◇on-demand type「オンデマンド型（の授業)」 自分の好きなときに，パソコン上で資料や動画などを使って学習する授業形態のこと。

◇be supposed to - 「-することになっている；-しなければならない」

◇as long as ...「…である［する］のと同じだけ長い間」

◇that much「それほどにたくさん」 この that は「それほどに」という意味の副詞。

◇species图「(生物学的な分類上の) 種；種類」

◇I bet ...「きっと…と思う」 (例) *I bet* you will win the next race.「君は次のレースはきっと勝てると思うよ」

◇efficiently圖「効率よく」

第 5 回　実戦問題　解答・解説

英語(リスニング)　第5回（100点満点）

（解答・配点）

問題番号（配点）	設問		解答番号	正解	配点	自己採点欄
第1問（25）	A	1	1	④	4	
		2	2	①	4	
		3	3	③	4	
		4	4	③	4	
	B	5	5	②	3	
		6	6	①	3	
		7	7	③	3	
小　計						
第2問（16）		8	8	④	4	
		9	9	④	4	
		10	10	③	4	
		11	11	①	4	
小　計						
第3問（18）		12	12	②	3	
		13	13	①	3	
		14	14	②	3	
		15	15	④	3	
		16	16	③	3	
		17	17	④	3	
小　計						

（注）　*は，全部正解の場合のみ点を与える。

問題番号（配点）	設問		解答番号	正解	配点	自己採点欄
第4問（12）	A	18	18	④	4*	
		19	19	③		
		20	20	①		
		21	21	②		
		22	22	①	1	
		23	23	②	1	
		24	24	④	1	
		25	25	⑤	1	
	B	26	26	②	4	
小　計						
第5問（15）		27	27	④	3	
		28	28	②	2*	
		29	29	④		
		30	30	①	2*	
		31	31	④		
		32	32	④	4	
		33	33	①	4	
小　計						
第6問（14）	A	34	34	③	3	
		35	35	①	3	
	B	36	36	③	4	
		37	37	④	4	
小　計						
合　計						

第1問

解答	A	問1 - ④	問2 - ①	問3 - ③	問4 - ③	（各4点）
	B	問5 - ②	問6 - ①	問7 - ③		（各3点）

出題のねらい　A　身の回りの事柄に関して平易な英語で話される短い発話を聞いて，「話者の言いたいこと」を把握する力を問う問題です。

出典　*Original Material*

問1　□1□　正解 ④

スクリプト
I've just left the store. I'm on my way home now.

全訳
たった今，店を出たよ。今，帰っているところ。

① 話者は家にいる。
② 話者は店にいる。
③ 話者は店に向かっている。
④ 話者はまだ家に帰っていない。

設問解説
正解は ④。
　left（原形は leave）は「…を去る」という意味。また，have p.p. で「完了」なので，「すでに店を去った」ということになる。I'm on my way home は「私は家に帰る途中です」という意味なので，④ が正解。

主な語句・表現
◇ be on one's way home は「家に帰る途中である」という意味。home 以外の副詞や前置詞句を用いることも可能。**(例)** *(be) on one's way* to the station「駅に向かう途中（である）」

問2　□2□　正解 ①

スクリプト
My teacher has asked us a tough question about this country. I wish I knew the answer.

全訳
私の先生は私たちにこの国について難しい質問をしてきた。答えがわかればよいのになあ。

① 話者は答えを知らない。
② 話者はその質問を気に入っていない。
③ 話者はその質問に答えたいとは思っていない。
④ 話者はその問題を簡単だと思っている。

設問解説
正解は ①。
　I wish I knew the answer. は「答えがわかればよいのになあ」という意味。I wish の目的語となる that 節（wish の後ろに that が省略されている）は事実に反する内容となる。すなわち I knew は「実際には答えがわかっていない」ということを示している。よって ① が正解となる。

主な語句・表現
◇ tough「難しい」

— 英L 127 —

◇ I wish (that) SV ... における (that) SV ... は「事実に反する」内容となる。wish が現在時制の場合，that 節内が現在の事実に反する願望である場合は，節内の動詞は過去形に，過去の事実に反する願望の場合は過去完了形を用いる。**(例)** *I wish* I *had* more money.（もっとお金を持っていればなあ） *I wish* I *had bought* the concert ticket.（そのコンサートのチケットを買っておけばよかった）

問3 　3　 正解③

スクリプト
Peter enjoyed visiting the temple, but he didn't have enough time to go to the park.

全訳
ピーターはそのお寺に行くことを楽しんだが，公園に行くための十分な時間はなかった。

① ピーターはどこにも行かなかった。
② ピーターは公園だけに行った。
③ ピーターはお寺だけに行った。
④ ピーターはお寺と公園に行った。

設問解説
正解は③。
　enjoyed visiting the temple は「お寺に行くことを楽しんだ」という意味であり，要するに「お寺に行った」ということを示している。but 以下で「公園に行くために十分な時間がなかった」と述べているため，正解は③。

主な語句・表現
◇ enough 〈名詞〉 to – 「– するための十分な〈名詞〉」

問4 　4　 正解③

スクリプト
I'm meeting Kate next Tuesday because we need to talk about our presentation.

全訳
プレゼンテーションについて話す必要があるので，来週の火曜日にケイトに会う予定です。

① 話者は火曜日にプレゼンテーションを行った。
② 話者はケイトと話したところだ。
③ 話者はこれからケイトと会う予定だ。
④ 話者は今ケイトと一緒にいる。

設問解説
正解は③。
　現在進行形で「近い未来の予定」を意味するので「来週ケイトに会う予定」だとわかる。よって③が正解。

主な語句・表現
◇ give a presentation「プレゼンテーションを行う」

— 英 L 128 —

[出題のねらい] B 身の回りの事柄に関して平易な英語で話される短い発話を聞いて、それに対応するイラストを選ぶことを通じて、発話内容を把握する力を測るとともに、文法が生きた知識として身についているかどうかを問う問題です。

[出典] *Original Material*

問5　5　正解②

[スクリプト] He didn't forget to close the window but he left the door open.

[全訳] 彼は窓を閉め忘れなかったが、ドアを開けっぱなしにした。

[設問解説] 正解は②。
　forget to − は「−することを忘れる」という意味。また、leave A open は「Aを開けっぱなしにする」という意味。よって「窓は閉めたが、ドアは閉めなかった」ということなので、②が正解。

問6　6　正解①

[スクリプト] There are a boy and a girl sitting between two old ladies on the bench.

[全訳] 男の子と女の子が、2人のお年寄りの女性の間に挟まれて、ベンチに座っている。

[設問解説] 正解は①。
　There be S −ing は「Sが−している」という意味。よって、There are a boy and a girl sitting は「男の子と女の子が座っている」と解釈することになる。さらに、between two old ladies は「2人のお年寄りの女性の間に」という意味なので男の子と女の子がお年寄りの間に座っていることがわかる。よって①が正解。

問7　7　正解 ③

スクリプト
She should have brought a camera because there were many beautiful flowers in the park.

全訳
公園には多くの美しい花が咲いていたので，彼女はカメラを持って来るべきだった。

設問解説
正解は ③。
　should have p.p. は「…するべきだった」という意味で用いることができる。これは「実際にはしなかった」ことについて用いるため，彼女がカメラを持って来なかったことがわかる。さらに，because 以下で「多くの美しい花がある」とあるので，③ が正解。

第2問

解答　問8 − ④　　問9 − ④　　問10 − ③　　問11 − ①　　　　　（各4点）

出題のねらい　身の回りの事柄に関して平易な英語で話されている短い対話を，場面の情報とイラストを参考にしながら聞いて，必要な情報を把握する力を問う問題です。

出典　*Original Material*

スクリプト

問8　8　正解 ④

M：Look at that building! It looks like a hat placed upside down.
W：Yeah, and what's that up near the top floor?
M：I think it's supposed to be a ribbon.
W：Oh, I see. That's kind of cute.

Question：What does the building look like?

全訳

男性：あの建物を見て！　帽子を逆さまにしたみたい。
女性：そうね。それにあの最上階の近くにあるものは何？
男性：リボンのつもりだと思うよ。
女性：あぁ，なるほど。ちょっとかわいらしいわね。

（問い）建物はどのように見えるか。

設問解説

正解は ④。

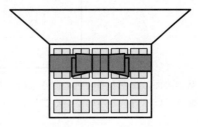

男性が「上下逆さまに置かれた帽子のようだ」と述べていることから，正解は ② か ④ に絞られる。また「最上階の近くにあるのはリボンのつもりらしい」とも述べられているので，正解は ④ に決まる。

主な語句・表現

◇ look like ...「…のように見える」
◇ placed upside down「逆さまに置かれた」　placed は過去分詞で直前の a hat を修飾している。upside down は「逆さまに」の意の副詞句で placed を修飾している。
◇ Yeah　Yes と同義。
◇ up near the top floor　up は「上に」の意。near the top floor は「最上階の近くに」の意。この文を直訳すれば「あの，上に，最上階の近くにあるものは何だ」となるが，仮に和訳を求められた場合は up near the top floor をまとめて「あの，上の最上階近くにあるものは何だ」などとすればよい。（例）He lives *here in Tokyo*.（彼はここに，東京に住んでいる。→彼はここ東京に住んでいる）
◇ be supposed to be ...「…と思われている；…ということになっている」（例）He *is*

supposed to be a liberal.（彼はリベラル派と見られている）
◇I see.「わかった；なるほど」
◇kind of ...「ちょっと…；なんだか…」の意の熟語の副詞句。(例) She looks *kind of* sad.（彼女，ちょっと悲しそうに見えるね）

問9　　9　　正解 ④

（スクリプト）
M：Where shall I put this desk?
W：Put it in the corner, please.
M：Which corner do you mean?
W：The one farthest from the window.

Question：Where does the woman want the man to put the desk?

（全訳）
男性：この机はどこに置いたらいいかな？
女性：角に置いてくれるかしら。
男性：どの角のこと？
女性：窓から一番離れている角。

(問い) この女性は男性にどこに机を置いてほしいのか。

（設問解説）正解は ④。

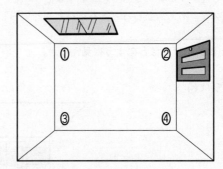

対話の場面の説明から「机の置き場所」を聞き取ればよいことがわかる。女性が「窓から一番離れている角」と述べていることから正解は ④ に決まる。

（主な語句・表現）
◇shall I ... は「相手の意志」を尋ねるときに用いる表現。(例) *Shall I* make you a sandwich?（サンドイッチを作ってあげましょうか）　Where *shall I* meet you?（どこで会いましょうか）
◇The one　one は corner を受ける代名詞。
◇farthest 以下は後ろから the one を修飾している。farthest は far の最上級。

問10　　10　　正解 ③

（スクリプト）
W：Don't you think it's rained a lot this year?
M：Well it rained a lot last month, but it hasn't rained that much this month.
W：Oh, really?
M：Probably you feel that way because it's been much cooler this month.

Question：Which of the following graphs is correct?

全訳
女性：今年はたくさん雨が降ったと思わない？
男性：まぁ先月はよく降ったけど，今月はあまり降ってないよ。
女性：えー，本当？
男性：たぶんそんな風に感じるのは今月の方がずっと涼しいからだよ。

(問い) 以下のうち正しいグラフはどれか。

設問解説
正解は ❸。

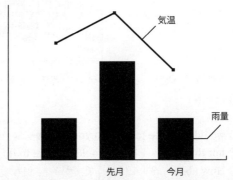

男性が「先月はよく降ったけど，今月はあまり降っていない」と述べていることから，先月の方が雨量が多かったことを示す，❷ か ❸ に絞られる。また「今月の方がずっと涼しい」とも述べていることから，❸ が正解だとわかる。

主な語句・表現
◇ that much「それほど多く」 rained を修飾する副詞句。that は「それほど」の意の副詞で much を修飾している。
◇ much cooler「はるかに涼しい」 much は cooler を修飾し，差がとても大きいことを示している。

問11　11　正解 ①

スクリプト
W：Which activity would you like to do?
M：Definitely, not this one. I'm not good at swimming and I'm afraid of heights.
W：So not this one, either. How about this one?
M：Yeah, that's the one I need to sign up for.

Question：Which activity seems to be the best for the man?

全訳
女性：どのアクティビティをやってみたい？
男性：これは絶対だめだな。泳ぎは得意じゃないし，高いところも怖いし。
女性：じゃ，これもダメね。これはどう？
男性：うん，それが申し込まなきゃいけないヤツだね。

(問い) この男性にはどのアクティビティが最適だと思われるか。

設問解説
正解は ①。

　男性は「『泳ぎ』と『高い所』が苦手」と述べているので，そのいずれの要素も含まない ① が正解。

主な語句・表現

◇ would you like to ～ は do you like to ～ よりも丁寧な言い方。
◇ not this one = I [you] would not like to do *this one*.
◇ How about ...?「…はどうですか？」 何かを提案するときに用いる表現。What about ...? でもよい。
◇ sign up for ...「…に申し込む」

第3問

解答

問 12 － ②	問 13 － ①	問 14 － ②
問 15 － ④	問 16 － ③	問 17 － ④

（各3点）

出題のねらい

　身の回りの事柄に関して平易な英語で話される短い対話を，場面の情報を参考にしながら聞いて，設問に対する答えを（イラストやグラフではなく）英語で書かれた選択肢から選ぶ問題です。

出典

Original Material

問 12 　12　 正解 ②

スクリプト

M：How about using black and red?

W：Hm, that combination is too common. I think orange would be nice. It is a mixture of red and yellow and has nice meanings like joy and happiness.

M：What great messages the color conveys! Let's use it for our logo.

全訳

男性：黒と赤を使うのはどう？

女性：うーん，その組み合わせはあまりにありふれているわ。オレンジがいいんじゃないかしら。赤と黄色の混合だし，喜びや幸せというようないい意味もあるわ。

男性：その色でなんてすばらしいメッセージが伝わるんだろう！　僕らのロゴにはそれを使おう。

（問い）　話し手たちはどの色を自分たちのロゴに使うだろうか。

① 黒
② オレンジ
③ 赤
④ 黄色

設問解説

正解は ②。

　男性が赤と黒の使用を提案したところ，女性がそれを退け，代わりにオレンジを提案している。男性は女性から聞いたオレンジが持つ意味を肯定的にとらえ，それを使おうと言っているので，正解は ② になる。

主な語句・表現

◇ How about ...?「…してはどうか？」　提案・勧誘の表現。

◇ combination「組み合わせ」

◇ common「普通の；ありふれた」

◇ mixture「組み合わせ；混合」

◇ convey「…を伝える」

問 13 　13　 正解 ①

スクリプト

M：Excuse me, but is this 17C? I think this is my seat.

W：Oh yes, it is, but do you mind switching with me? I want to sit next to my daughter.

M：Not at all. What was your seat number?

W：33A. I really appreciate your kindness.

— 英L 135 —

（全訳）

男性：すみませんが，こちらは 17 C ですか？　私の席だと思うのですが。
女性：ええ，そうです。でも，私と交換していただいてもいいですか？　娘の隣に座りたいもので。
男性：かまいませんよ。あなたの座席番号はいくつでしたか？
女性：33 A です。本当にご親切にありがとうございます。

（問い）　**男性はおそらく何をするだろうか。**

  ① **自分の新しい席を探しに行く。**
  ② 女性の隣に座る。
  ③ 別の話題に変える。
  ④ 別の飛行機に乗る。

設問解説

正解は **①**。

Do you mind −ing に対する返答に注意。Do you mind −ing? は「−していただけますか？」と訳されることが多いが，mind は本来「気にする」という意味の動詞。つまり，Do you mind −ing は「−するのを気にしますか」と相手に聞いていることになるので，「−していい時（＝気にしない時）」は Not at all.（いいえ，気にしません）のように否定の形で答えることになる。一方，「−してほしくない時（＝気にする時）」は Yes と答えることになるが，実際には I'd rather you didn't.（−しないでいてくれるとうれしい）のような婉曲的な表現が好まれる。

さて，本会話では女性の「（席を）私と交換するのを気にしますか」という発言に対し男性が Not at all. と答えていることから，男性と女性は席を交換することがわかる。また，男性が女性の座席番号を聞いていることから，男性が次にすることは女性が座ることになっていた席，つまり自分の新しい席を探すことだとわかる。したがって，正解は **①** となる。

主な語句・表現

◇ mind −ing「−するのをいやに思う［気にする］」
◇ switch「変更する」
◇ appreciate「…をありがたく思う；…に感謝する」

問 14　┃ 14 ┃　正解 ②

（スクリプト）

W：Good morning, Jake. What a lovely day it is today!
M：It's certainly going to be a pleasant day. But why are you still in your pajamas?
W：What do you mean?
M：Don't you have to meet a friend at the airport this morning?
W：Oh, I almost forgot! I'd better hurry!

（全訳）

女性：おはよう，ジェイク。今日はなんてすばらしい日でしょう！
男性：きっと楽しい 1 日になるよ。ところで，なぜ君はまだパジャマを着ているんだい？
女性：どういう意味？
男性：今朝は友だちと空港で会わなければならないのではないの？
女性：まあ，危うく忘れるところだったわ！　急がなきゃ！

（問い）　**女性はおそらく次に何をするだろうか。**

  ① 男性にタクシーを呼んであげる。
  ② **着替える。**

— 英 L 136 —

③ 友人を車で送ってあげる。
④ 空港へ行く。

設問解説

正解は **②**。

男性の2番目のセリフと女性の最後のセリフから，女性は友だちと空港で会う約束を危うく忘れるところで，これから出かけるのだとわかる。ただし，男性がその1番目のセリフで「なぜ君はまだパジャマを着ているんだい？」と聞いていたことを踏まえると，女性はまずパジャマから服に着替えて，それから出かけることになる。したがって，女性がこの会話の直後にとる行動は ② の「着替える」になる。

主な語句・表現

◇ certainly「確かに；きっと」
◇ pleasant「〈天候が〉よい；快適な」
◇ be in +〈服など〉「〈服など〉を着ている」
◇ would better −「−したほうがいい；−すべきだ」
◇ hurry「急ぐ」
◇ give ... a ride「…を〈車など〉に乗せてあげる」

問15 | 15 | 正解 ④

スクリプト

M：This book is due back today, but I'd like to keep it a little longer.
W：Sure, can I see your student ID, please?
M：Here it is.
W：Thanks. Oh, I'm sorry. This book has been requested by someone else. You may borrow it again if you make another request in a week.

全訳

男性：この本は今日が返却期日なんですが，もう少し借りていたいのです。
女性：わかりました。学生証を見せてください。
男性：どうぞ。
女性：どうも。あら，すみません。この本は他の人が予約しています。1週間後に再度予約をすれば，この本をもう一度借りることができます。

（問い） **男性は次に何をするか。**

① 同じ本を借りる。
② 図書館カードを作る。
③ 学生証を更新する。
④ **本を返却する。**

設問解説

正解は **④**。

男性は1番目のセリフで今日が返却期日の本の貸出期間延長を申し出ている。ところが，女性の最後のセリフによると，その本は他の人から貸出の予約が入っている。「1週間後に別の予約をすれば，この本をもう一度借りることができる」とは，つまり今日は返却して，1週間後に予約を入れることで再度借りられるという意味。したがって，男性が次にとる行動は本の返却手続きになるので，④ が正解になる。

① は女性の最後のセリフから，今日は同じ本を借りることができないことがわかるので誤り。② の「図書館カード」と ③ の「学生証の更新」については何も述べられていないので誤りである。

— 英L 137 —

主な語句・表現	◇ due back「返却期日」
	◇ Here it is.［はい，どうぞ］ 人に物を渡したり提示したりするときに使う表現。
	◇ in +〈期間〉「〈期間〉の後に」
	◇ renew「〈免許・契約・会員など〉を更新する」

問16　16　正解③

スクリプト	W：George, you're late again.
	M：I'm sorry, Ms. Kato. The bus was delayed.
	W：That's exactly what you said last Wednesday.
	M：I think it was a train delay last time.
	W：In the future you should leave home earlier in case of delays.

全　訳	女性：ジョージ，また遅刻ね。
	男性：すみません，カトウ先生。バスが遅れたんです。
	女性：それって，先週の水曜日に君が言ったことと全く同じよ。
	男性：前回は電車の遅れだったと思います。
	女性：今後は，遅れる場合に備えて早めに家を出るべきです。

（問い）　先週の水曜日，ジョージに何が起こったか。

① 彼は間違った電車に乗ってしまった。
② 彼は授業を休んだ。
③ 彼は授業に遅れた。
④ 彼のバスが遅れた。

設 問 解 説	正解は③。

　最初の男女のやりとりから，教室内での男子生徒と女性教師の会話だと推測できるが，2番目のセリフで女性は生徒の言い訳が「先週の水曜日とそっくり同じだ」と言っているので，男子生徒が先週の水曜日にも授業に遅刻したことがわかる。したがって正解は③である。

　教師の指摘に対して生徒が「前回は電車の遅れだった」と言っていることから，①，④は誤りである。また，先週の水曜日にこのようなやりとりをしたということは，生徒はその日の授業に出席していたはずなので，②も誤りである。

主な語句・表現	◇ be delayed「遅れる」　この delay は他動詞だが，後に出てくる 2 つの delay は「遅れ」
	という意味の名詞。
	◇ in the future「今後は」
	◇ in case of ...「…に備えて」

問17　17　正解④

スクリプト	W：I'm so bored.
	M：Me, too. Why don't we go to the movies?
	W：I don't feel like going out.
	M：How about a DVD? Let's watch Star Wars.
	W：I saw it last week.
	M：Really? OK then ... how about Pirates of the Caribbean?
	W：Great! Let's order pizza and eat it while we watch.
	M：OK.

― 英 L 138 ―

全訳

女性：とても退屈だわ。

男性：僕もだ。映画を見に行かない？

女性：出かける気分ではないわ。

男性：それじゃ，ＤＶＤはどう？　スター・ウォーズを見ようよ。

女性：それは先週見たわ。

男性：本当？　うーん…それじゃパイレーツ・オブ・カリビアンはどう？

女性：いいわね！　ピザを注文して，見ながら食べましょうよ。

男性：ＯＫ。

　(問い)　**女性が「スター・ウォーズ」を見たくないのはなぜか。**

　① 彼女はそれがあまり好きではない。

　② 彼女はＤＶＤを見られないほど疲れている。

　③ 彼女は映画を見に行きたい。

　④ 彼女はごく最近それを見た。

設問解説

正解は④。

　退屈に感じている男女が室内で会話をしているようである。「スター・ウォーズのＤＶＤを見るのはどうか？」という男性の２つ目の提案に対し，女性は３番目のセリフで，「それは先週見た」と応答している。したがって④が正解である。

　①，②のような発言を女性はしていない。③は女性が２番目のセリフで「出かける気分ではない」と言っていることから，誤りである。

主な語句・表現

◇ Why don't we ...?「…しないか？」 勧誘の表現。

— 英 L 139 —

第４問

解答

A 問18〜21 18 ④ 19 ③ 20 ① 21 ② （完答で4点）
　 問22〜25 22 ① 23 ② 24 ④ 25 ⑤ （各1点）
B 問26 － ②　　　　　　　　　　　　　　　　　　　　　　（4点）

出題のねらい

A　問18〜21では100語程度の英文、そして問22〜25では70語程度の英文を聞いて、図表を完成させることを通じて、話し手の意図を把握する力を問う問題です。

出典

Original Material

問18〜21　正解　18 ④　19 ③　20 ①　21 ②

スクリプト

A grade of junior high school students were asked to answer the following question: What worries you most about starting a new school year? They had to choose between "appearance," "club activities," "making friends," "schoolwork," and "nothing." Only around one tenth of students didn't worry about anything and few worried about joining "club activities." The most students worried about "schoolwork," and exactly one quarter of students who responded said that they were concerned about their "appearance." Almost as many students who worried about "schoolwork" worried about "making friends."

全訳

　ある学年の中学生たちが以下の質問に答えるよう求められた。その質問とは、新しい学年を始めるにあたって、最も心配なことは何ですか、というものだった。中学生たちは「外見」と「クラブ活動」と「友だち作り」と「学校の勉強」と「何もなし」の中から選ばなければならなかった。何も心配することがなかったのは生徒たちの約10分の1だけであり、「クラブ活動」への参加を心配した生徒はほとんどいなかった。「学校の勉強」を心配した生徒が最も多く、質問に答えた生徒たちのうち「外見」について心配していると語った生徒はちょうど4分の1だった。「学校の勉強」を心配する生徒とほぼ同じぐらいの生徒が「友だち作り」に関して心配していた。

設問解説

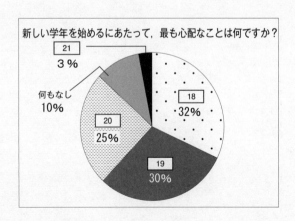

① 外見
② クラブ活動

③　友だち作り
④　学校の勉強

　　第3文後半で「『クラブ活動』への参加を心配した生徒はほとんどいなかった」と述べられ
ていることから，3％を示している　21　には②Club activities が入る。続く第4文前半に
「『学校の勉強』を心配した生徒が最も多く」とあるので，円グラフの中で最大の割合である
32％を示す　18　には④Schoolwork が入り，第4文後半では「質問に答えた生徒たちのう
ち『外見』について心配していると語った生徒はちょうど4分の1だった」と述べられてい
ることから，25％という「ちょうど4分の1」の割合を示している　20　には
①Appearance が入ることになる。最後に，最終文に「『学校の勉強』を心配する生徒とほぼ
同じぐらいの生徒が「友だち作り」に関して心配していた」とあることから，32％とほぼ同
じぐらいの割合である30％を示す　19　には③Making friends が入る。このように，
almost という副詞は「ほとんど」という意味だが，「もう少しというところであるレベルに
達していない状態」を表している。(例) It's *almost* five o'clock.「あと少しで5時だ」

主な語句・表現

◇ grade「(小・中・高等学校の) 学年」
◇ be asked to −「−するよう求められる」
◇ worry「…を心配させる」
◇ choose between ...「…から選ぶ」
◇ one tenth of ...「…の10分の1」
◇ worry about ...「…について心配する」
◇ exactly「正確に；ちょうど」
◇ one quarter of ...「…の4分の1」
◇ who responded は直前の students を先行詞とする関係代名詞節。
◇ respond「答える；返答する」
◇ be concerned about ...「…について心配している」
◇ who worried about "schoolwork" は直前の many students を先行詞とする関係代名詞節。
◇ as many ...「同数の」 (例) In the summer of 2019, 287 students from this high school
　left for a three-day trip, while *almost as many* students — 271 — did not make the trip.
　「2019年の夏には，この高校の287人の生徒が3日間の旅行に出たが，ほぼ同じ数の生徒
　—271人—は旅行に出かけなかった」

問22〜25　正解　22　①　　23　②　　24　④　　25　⑤

スクリプト

　　We've decided to charge lower fees for some of our options. I want you to type in the
new fees to complete this new ad. First, the fee for renting a dress only will be two
hundred dollars, and a dress with hairstyling only will be three hundred dollars. Also, a
bag, a pair of shoes, and any accessory will be twenty dollars each, or fifty dollars for
three or more rented at once.

全訳

　　私たちはオプションの一部の料金を下げることに決めました。この新しい広告を完成させ
るのに新しい料金を打ち込んでもらいたいと思います。まず，ドレスのみをレンタルする場
合の料金は200ドルで，ドレスのレンタルとヘアスタイリングのみの場合は300ドルになり
ます。また，鞄，靴1足，およびアクセサリーはどれでも，1つあたり20ドルか，3つ以
上同時にレンタルした場合は50ドルになります。

— 英 L 141 —

① 200ドル　② 250ドル　③ 260ドル　④ 300ドル　⑤ 320ドル

	オプション	料金
ドレス	ドレスのみ	22
	鞄＋靴＋ネックレスを追加	23
ドレス＋ヘアスタイリング	ドレス＋ヘアスタイリング のみ	24
	ヘアアクセサリーを追加	25

設問解説

22　正解①

第3文（First, the fee ...）で First, the fee for renting a dress only will be two hundred dollars「まず，ドレスのみをレンタルする場合の料金は200ドル」と述べられているので ① 200ドルが正解。

23　正解②

この設問には注意が必要。第4文（Also, a bag, ...）の前半では Also, a bag, a pair of shoes, and any accessory will be twenty dollars each「また，鞄，靴1足，およびアクセサリーはどれでも，1つあたり20ドル」と述べられているが，同文の後半では or fifty dollars for three or more rented at once「あるいは，3つ以上同時にレンタルした場合は50ドル」と述べられている。つまり，鞄，靴，およびネックレスの3点をレンタルする料金は20ドル×3点＝60ドルではなく，50ドルとなる。このことと第3文（First, the fee ...）で First, the fee for renting a dress only will be two hundred dollars「まず，ドレスのみをレンタルする場合の料金は200ドル」と述べられていることを合わせると，200ドルに50ドルを加えた ② 250ドルが正解となる。

24　正解④

第3文（First, the fee ...）の後半で a dress with hairstyling only will be three hundred dollars「ドレスのレンタルとヘアスタイリングのみの場合は300ドル」と述べられているので，④ 300ドルが正解。

25　正解⑤

第3文（First, the fee ...）の後半で a dress with hairstyling only will be three hundred dollars「ドレスのレンタルとヘアスタイリングのみの場合は300ドル」と述べられていることと，第4文（Also, a bag, ...）で Also, a bag, a pair of shoes, and any accessory will be twenty dollars each「また，鞄，靴1足，およびアクセサリーはどれでも，1つあたり20ドル」と述べられていることから，ドレスとヘアスタイリングの300ドルにヘアアクセサリーの20ドルを加えた ⑤ 320ドルが正解となる。

— 英L 142 —

主な語句・表現

◇ charge「…（= 料金）を請求する」
◇ lower「より低い」 low の比較級。
◇ fee「料金」
◇ option「オプション；付属品；選択可能なもの」
◇ type ... in [in ...]「…を打ち込む」
◇ complete「…を完成させる」
◇ ad = advertisement「広告」
◇ first「まず；はじめに」
◇ dress「ドレス」
◇〈名詞〉+ only「〈名詞〉のみ」
◇ hundred「百」
◇ dollar「ドル」 多くの国での通貨単位。
◇ hairstyling「ヘアスタイリングを行うこと；ヘアセット」
◇ a pair of ...「（2つ）1組の…」
◇ accessory「アクセサリー」
◇〈名詞〉+ each「各〈名詞〉」
◇〈数〉or more「〈数〉以上」（←〈数〉またはそれより多く）
◇ at once「一度に；同時に」

出題のねらい

B 全体で 190 語程度からなる複数の情報を聞いて，それを比較して，最も条件に合う留学先を選ぶ問題です。英語の非母国語話者が登場するのもこの問題の特徴の一つです。

出典

Original Material

問26 26 正解 ②

スクリプト

1 I recommend Scotland. At the school I went to, for example, we were able not only to take various language courses, but also to learn about Scotland's traditional culture. Some English courses are taught by teachers who speak Japanese, so even beginners can learn a lot. You can stay one month or more.

2 You should come to the United States. Our school holds events every week that give you opportunities to interact with American students. You can stay a month or more. There are also a lot of tours of historic sites, so you can get a deeper understanding of the country.

3 You should come to Australia. Since we have students from all over the world, you'll be able to learn about many different cultures. Also, during our weekend parties, you can have fun with Australian students. The program lasts two months.

4 I recommend Canada. The local students will help you learn English. You'll surely make friends with some of them. Also, you can go to local festivals on weekends, so you'll have a chance to learn about the local culture. You can stay up to three weeks.

全訳

1 スコットランドをお勧めします。たとえば，私が通っていた学校では，様々な語学講座を受講できるだけではなく，スコットランドの伝統文化について学ぶこともできました。英語講座の中には，日本語を話す教師が教えるものもあるため，初学者でも多くのことを学ぶことができます。1か月以上滞在できます。

— 英 L 143 —

2　アメリカに来るべきです。私たちの学校では，アメリカの学生と交流する機会を提供するイベントを毎週開催しています。1か月以上滞在できます。また，史跡を巡るツアーもたくさんありますので，この国についてより深く理解することができます。

3　オーストラリアに来るべきです。世界中から学生が集まるため，多様な文化について学ぶことができます。また，週末のパーティーでは，オーストラリアの学生たちと楽しい時間を過ごすことができます。プログラムは2か月続きます。

4　カナダをお勧めします。地元の学生が英語を学ぶお手伝いをしてくれます。きっと彼らの中の何人かと友だちになれるでしょう。また，週末に地元のお祭りに行くことができるので，地元の文化について学ぶ機会があります。最大で3週間滞在できます。

(問い)　| 26 |はあなたが選ぶ可能性が最も高い国である。

① スコットランド
② アメリカ合衆国
③ オーストラリア
④ カナダ

設問解説

① 不正解。
　留学先として「スコットランド」を紹介している。担当者から，留学内容として4つの情報が提示されている。第1に，「様々な語学講座が受講できる」である。第2に，「伝統文化を学ぶことができる」であるが，これはAの条件（留学先の伝統文化体験）に当てはまる。第3に，「日本語を話す教師が指導してくれる英語の講座もあるため，初学者でも多くのことを学べる」である。最後に，「1か月以上の滞在が可能」とあるが，これはCの条件（1か月以上の滞在）に当てはまる。以上より，Bの条件（地元学生との交流）が欠けているため，不正解である。

② **正解。**
　留学先として「アメリカ合衆国」を紹介している。担当者から，留学内容として3つの情報が提示されている。第1に，「アメリカの学生と交流できる」であるが，これはBの条件（地元学生との交流）に当てはまる。第2に，「1か月以上の滞在が可能」であるが，これはCの条件（1か月以上の滞在）に当てはまる。最後に，「史跡巡りのツアーを通じてこの国を深く学べる」であるが，これはAの条件（留学先の伝統文化体験）に当てはまる。以上より，すべての条件を満たすため，正解である。

③ 不正解。
　留学先として「オーストラリア」を紹介している。担当者から，留学内容として3つの情報が提示されている。第1に，「世界中から来る学生を通じて多様な文化を学べる」であるが，これはAの条件にある「その国の伝統文化に広く触れられる」とは合致しない。第2に，「パーティーでオーストラリアの学生たちと楽しめる」であるが，これはBの条件（地元学生との交流）に当てはまる。最後に，「プログラムは2か月続く」とあり，これはCの条件（1か月以上の滞在）に当てはまる。以上より，Aの条件（留学先の伝統文化体験）が欠けているため，不正解である。

④ 不正解。
　留学先として「カナダ」を紹介している。担当者から，留学内容として3つの情報が提示されている。第1に，「地元の学生が英語学習を手伝ってくれるうえ，そうした学生と友だちになれる」とあり，これはBの条件（地元学生との交流）に当てはまる。第2に，「お祭りに

— 英L 144 —

参加して地元の文化に触れられる」であるが，これはAの条件にある「その国の伝統文化に広く触れられる」とは合致しない。最後に，「最大3週間滞在が可能」であるが，これはCの条件（1か月の滞在）には当てはまらない。以上より，AとCの条件が欠けているため，不正解である。

主な語句・表現
スクリプト

◇ recommend「…を推薦する」
◇ not only ... but also ～「…ばかりでなく～も」
◇ various「様々な」
◇ course「講座」
◇ traditional「伝統的な」
◇ culture「文化」
◇ even「(で) さえ」
◇ beginner「初学者」
◇ a lot「たくさんのこと [もの]」
◇ or more「あるいはそれ以上」
◇ hold「(会・式など) …を催す [開く]」
◇ opportunity「機会」
◇ interact with ...「…とふれ合う」
◇ tour「旅行；見学」
◇ historic「歴史上重要な [有名な]」
◇ site「場所；遺跡」
◇ deep「深い」 英文中では deeper（より深い）と比較級になっている。
◇ understanding「理解」
◇ since + S + V ...「…だから」
◇ have fun「楽しむ；楽しく遊ぶ」
◇ program「プログラム；学習課程」
◇ last「続く」
◇ local「その土地の」
◇ help + O + (to) －「Oが－するのを手伝う [助ける]」 to は省略可能。
◇ surely「確かに；必ず」
◇ make friends with ...「…と友だちになる」
◇ festival「お祭り」
◇ chance「機会」
◇ up to ...「(最高) …まで」

[表]
◇ interaction「(人の) ふれ合い」
◇ length「長さ；全期間」

第5問

解答

問 27 – ④				（3点）
問 28 ～ 31	28　②		29　④	（完答で2点）
	30　①		31　④	（完答で2点）
問 32 – ④				（4点）
問 33 – ①				（4点）

出題のねらい

　320 語程度の社会的な話題に関する講義を聞いて（今回は「自然災害と人間社会の関わり」がテーマ），ワークシートを完成させたり，内容一致問題に答えることを通じて，概要や要点をとらえる力を問う問題です。さらには問 33 では，聞き取った情報と，図表から読み取れる情報を組み合わせて判断する力が問われています。

出典

（参考）*ResearchGate* (November 2015)

スクリプト

[講義]

　When you hear the phrase "natural disaster," you may think it is something you cannot avoid. But is this really true? The number of people affected by natural disasters in the world declined from approximately 4.3% to 2.6% of the population during the years from 1994 to 2013. Probably measures such as earlier warning systems contributed to the prevention of serious disasters.

　On the other hand, when we turn our eyes to poorer countries, things are quite different. Natural hazards are far more likely to become deadly disasters when they happen in vulnerable areas where people have few defenses. Just compare the 2010 Haiti earthquake, which had more than 200,000 victims and the Chilean earthquake a few weeks later, which had fewer than 500. Or consider that the number of victims of hurricanes, storms and floods in Haiti is more than ten times as high as in the Dominican Republic, a rich neighbor of Haiti.

　The governments of poor nations usually cannot afford to take effective measures against natural hazards. However, if the government focuses on disaster prevention, the number of victims will surely be reduced. One good example is Peru, which succeeded in reducing the number of deaths from the El Niño that started in 2014 to only twenty. Just compare that number to the total of 9,300 lives lost during the El Niño that started in 1982 and the El Niño that started in 1997.

　Unfortunately people in poor countries are often creating further threats to their environment when they burn land for farming or cut down trees in the forests. That may also help to increase the share of climate-related disasters in the whole of natural disasters.

[講義（続き）]

　Let's look at the data about the changes in the number of disasters by major category. You'll find geophysical disasters caused by earthquakes or volcanic activities almost remained at the same level. However, disasters caused by drought, extreme temperature, floods and wildfires increased.

全訳

[講義]

「自然災害」という言葉を聞くと，皆さんはそれは何か避けることができないものと考えるかもしれません。でもこれは本当に真実でしょうか？　世界で自然災害の影響を受ける人々の数は 1994 年から 2013 年の間に人口のおよそ 4.3% から 2.6% に減少しています。おそらく早めの警報システムといった対策が重大な災害の予防に役立ったのでしょう。

他方，より貧しい国々に目を向けると事態は全く異なります。自然災害は，人々が防御手段をほとんど持たない災害に対し脆弱な地域で起こると，壊滅的な大災害になる可能性がはるかに高くなるのです。20 万人を超える犠牲者を出した 2010 年のハイチの地震と，その数週間後に起き，500 人未満の犠牲者しか出さなかったチリの地震を比べてみてください。あるいは，ハイチにおけるハリケーンや，嵐，洪水による犠牲者数が，豊かな隣国であるドミニカ共和国の 10 倍を超えることを考えてみてください。

貧しい国々の政府は自然災害に対して有効な手段を講じる余裕がないのが常なのです。しかしながら，もし政府が災害予防に注力するなら，犠牲者の数は確実に減少するでしょう。そのよい例がペルーで，2014 年に始まったエルニーニョに起因する死者数をわずか 20 人に減らすことに成功しました。その数を，1982 年に始まったエルニーニョおよび 1997 年に始まったエルニーニョで亡くなった犠牲者の総数 9,300 人と比べてみてください。

残念ながら，貧しい国々の人々が農業のために土地を焼いたり，森林の木を伐採したりすると，環境に対するさらなる脅威を生んでいることが多いのです。それがまた，自然災害全体における気象関連の災害の割合を高める一因になるかもしれません。

[講義（続き）]

主要なカテゴリー別の災害件数の変化を示すデータを見てください。地震や火山活動のような地球物理的な要因による災害はほぼ同じ水準のままです。しかし，干ばつや極端な気温，洪水，山火事によって引き起こされる災害は増えています。

設問解説

問 27 ～ 31 はワークシートの空欄を補う問題である。ワークシートは講義を聞きながら取るメモのようなものなので，完全な文で書かれてはいない。メモの意味を考えながら，講義の内容と合致するように言葉を補っていかねばならない。

[ワークシート]

○　**自然災害の影響を受けた人の割合の変化**

1994 年：人口の □ %

影響を受けた人の数　　　　　　　　　　＝全体的な結果：27

2013 年：人口の □ %

○　**貧困が自然災害に及ぼす影響**

比較される国	災害の種類	犠牲者数
ハイチ対チリ	28	ハイチ＝チリより 400 倍　29
ハイチ対ドミニカ共和国	30	ハイチ＝ドミニカ共和国より 10 倍以上　31
ペルー 1982 年からおよび 1997 年から対ペルー 2014 年から	気象関連の災害	2014 年から＝ 1982 年からおよび 1997 年からよりはるかに少ない

問27 　27 　正解 ④

① 0.7％の増加 　　　　② 0.7％の減少

③ 1.7％の増加 　　　　④ 1.7％の減少

⑤ 2.7％の増加 　　　　⑥ 2.7％の減少

正解は ④。

　講義の第1段落第3文 (The number of ...) で，「世界で自然災害の影響を受ける人々の数は1994年から2013年の間に人口のおよそ4.3％から2.6％に減少している」と言われていることから，この間の変動は「1.7％の減少」ということになる。

問28〜31 　正解 　28 　②　　　29 　④　　　30 　①　　　31 　④

① 気象関連の災害 　　② 地震 　　　③ より少ない 　　④ より多い

　ワークシートにある表の1行目ではハイチとチリが比較されている。講義の第2段落第3文 (Just compare the ...) でこの両国への言及があり，「20万人を超える犠牲者を出した2010年のハイチの地震」と「500人未満の犠牲者しか出さなかったチリの地震」が比較されている。したがって，災害の種類として　28 　には②の「地震」が入る。また，犠牲者数の欄は，　29 　に④の「より多い」を入れて「ハイチ＝チリより400倍多い」とすればよい。

　表の2行目ではハイチとドミニカ共和国が比較されているが，講義の中では，第2段落最終文 (Or consider that ...) でこの両国への言及がある。比較されている災害は，「ハリケーン，嵐，洪水」で，これらは「気象関連の災害」と言えるので，　30 　には①が入る。また，同文でハイチの犠牲者数が「ドミニカ共和国の10倍を超える」と述べられていることから，　31 　には④を入れて，「ハイチ＝ドミニカ共和国より10倍以上多い」とすればよい。

問32 　32 　正解 ④

① 技術の進歩によって私たちは近い将来自然災害を克服することができるだろう。

② 気象関連の災害は他の自然災害ほど深刻ではない。

③ 人間の活動が主に自然に害を与えてきた。

④ 人間は一部の自然災害により生じる被害を減少させることに成功してきた。

正解は ④。

　まず話し手は第1段落第3文 (The number of ...) で，「世界で自然災害の影響を受ける人々の数は1994年から2013年の間に減少している」という事実を示している。さらに，第3段落では，エルニーニョによる犠牲者数を劇的に減らすことに成功したペルーの例も紹介されている。これらのことから④が正しい。

　①のようなことは講義の中で述べられていない。②は最終段落で述べられている話し手の「気象関連災害の割合が高まることへの懸念」と矛盾する。また，貧しい国々における焼き畑農業や森林伐採への言及はあるものの，人間の活動全般が自然に害をおよぼしていると言っているわけではないので③も誤りである。

— 英 L 148 —

問33 33 正解 ①

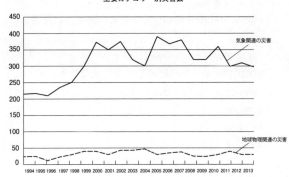

① 自然災害の件数の中で気象関連の災害が占める割合がより高くなるだろう。
② 自然災害によって生じる被害を減少させるためにより多くのお金を費やすべきである。
③ 地球物理的な災害の数は確実に減少するだろう。
④ 気象関連の災害による犠牲者数は確実に増加するだろう。

正解は①。
　グラフを見ると，気象関連の災害の数は年ごとの増減はあるにしても，1994年当時と比較すると増加している。また，続きの講義の中で「干ばつや極端な気温，洪水，山火事によって引き起こされる災害は増え続けている」と言われていることを考慮すると，①が正しい。
　被害を減らすための費用の問題は，講義でもグラフでも取り上げられていないので②は誤り。地球物理的な要因による災害の数は大きな変化がなく推移しており，講義の中でも，「地震や火山活動のような地球物理的な要因による災害はほぼ同じ水準のままだ」と述べられている。したがって③も誤りである。グラフの示しているのは犠牲者数ではなく災害件数であり，前半の講義で自然災害による犠牲者数の数が減少していると言われていることを考えると，④も誤りである。

主な語句・表現
［講義］
◇ natural disaster「自然災害」
◇ decline「減少する」
◇ approximately「おおよそ」
◇ warning system「警報システム」
◇ contribute to ...「…に貢献する」
◇ turn one's eyes to ...「…に目を向ける」
◇ hazard「危険；危険を引き起こすもの」
◇ deadly「致命的な」
◇ vulnerable「傷つきやすい；もろい」
◇ defense「防御策」
◇ Haiti「ハイチ（の）」
◇ Chilean「チリの」　名詞形は Chile。
◇ Dominican Republic「ドミニカ共和国」
◇ can afford to －「－する余裕がある」
◇ effective「効果的な」
◇ prevention「予防策」

◇ reduce「…を減らす」
◇ further「さらなる；それ以上の」
◇ threat「脅威」
◇ climate-related disaster「気象に関連した災害」

[講義（続き）]
◇ category「種類；範疇」
◇ geophysical「地球物理学的な；地球物理に関わる」
◇ volcanic activity「火山活動」
◇ drought「干ばつ」
◇ extreme「極端な」
◇ wildfire「山火事；野火」

[ワークシート]
◇ affect「…に影響する」
◇ overall「全体的な；総合的な」

[設問]
◇ increase「増加」　ここでは名詞。
◇ decrease「減少」　ここでは名詞。
◇ advancing「発展を続ける」
◇ enable ... to –「…が–できるようにする」
◇ conquer「…を克服する」
◇ account for ...「（全体の）…を占める」

第6問

解 答	A 問34 − ③	問35 − ①		（各3点）
	B 問36 − ③	問37 − ④		（各4点）

出題のねらい A 学生が遭遇する可能性が十分にある状況に関わる140語程度の会話を聞いて，話者の発話の要点を選ぶことを通じ，必要な情報を把握する力を問う問題です。今回の問題では，就職活動の面接試験において物事を誇張して語ることの是非が論じられています。

出 典 *Original Material*

問34 ▢34 正解③　問35 ▢35 正解①

スクリプト ［設問解説のために，通し番号をふってあります］
① Emily ： How did your job interview go, Takeshi?
② Takeshi ： It went okay, Emily. But perhaps I won't get the job.
③ Emily ： What makes you say that?
④ Takeshi ： The other students gave much better presentations than I did. They all had such interesting stories about their experiences. Compared to theirs, my life sounded very boring.
⑤ Emily ： I see. Some people talk about themselves really interestingly, don't they?
⑥ Takeshi ： Yeah. In reality, their lives aren't so exciting, but they talk as if they were. It's a kind of cheating. It's not fair.
⑦ Emily ： I don't agree with you. Everyone exaggerates things. But it's different from lying.
⑧ Takeshi ： I think exaggeration is a kind of lying. It's not acceptable, especially in job interviews.
⑨ Emily ： But there're no records left about what you do or say every day in your life. So, who can tell if you're exaggerating or not, anyway?

全 訳 ①エミリー：就活の面接はどうだったの，タケシ？
②タケシ　：大丈夫だったよ，エミリー。でもおそらくそこには採用されないだろうな。
③エミリー：どうしてそう思うの？
④タケシ　：他の学生たちのプレゼンの方が僕のよりずっと良かったんだよ。自分の経験について皆すごくおもしろい話をしてたんだ。それに比べると，僕の人生はとても退屈そうだったね。
⑤エミリー：なるほどね。自分のことを本当におもしろく話す人たちっているよね？
⑥タケシ　：うん。現実にはそれほどエキサイティングな人生ではないのにね，まるでそうであるかのように語るわけさ。一種のズルだよ。フェアじゃないね。
⑦エミリー：私はあなたとは考え方が違うわね。誰でも物事を大げさに言うものよ。でもそれって嘘をつくのとは違うでしょ。
⑧タケシ　：誇張は一種の嘘だと僕は思うけどなあ。そんなのダメだよ。特に就活の面接ではさ。
⑨エミリー：でも毎日の生活で人がしたり言ったりすることって，何の記録も残っていないでしょ。だったら，どっちにしても，人が大げさな話をしているかどうかって誰にわかるわけ？

— 英L 151 —

設問解説 　問34 　（問い）　エミリーの主張の中心は何か。

① 　よい仕事を探すことに価値があるのかどうかは誰にもわからない。
② 　話術の伸ばし方は誰にもわからない。
③ 　**我々は皆完全に正確とは言えないことを口にする。**
④ 　我々は皆他者が自分に言うことを信じる傾向がある。

正解は③。
　セリフ⑦で，エミリーは「誰でも物事を大げさに言うものよ」と述べていることから，正解は③。他の選択肢は，いずれもエミリーのセリフの中にそれらに該当する表現は含まれず，誤り。

問35 　（問い）　タケシはみんながどうするべきだと信じているか。

① 　**就職活動の面接では物事を正確に述べる。**
② 　就職活動の面接はできるだけ多数受ける。
③ 　就職活動の面接ではゆっくりはっきり話す。
④ 　就職活動の面接の準備には十分な時間をかける。

正解は①。
　セリフ⑦でエミリーが「誰でも物事を大げさに言うものよ。でもそれって嘘をつくのとは違うでしょ」と述べたのに対して，タケシはセリフ⑧で「誇張は一種の嘘だと僕は思うけどなあ。そんなのダメだよ。特に就活の面接ではさ」と応答しており，「就職活動の面接では物事を誇張して語るべきではなく，正確に語るべきだ」とタケシが考えていることがわかる。よって，正解は①。他の選択肢は，いずれもタケシのセリフの中に該当する表現は含まれず，誤り。

主な語句・表現
◇ How did ... go?「…はどうだったか」
◇ job interview「就職活動の面接」
◇ go okay「順調に進む」
◇ What makes you − ?「どうして−するのか」
◇ presentation「口頭発表；プレゼンテーション」
◇ experience「経験」
◇ compared to ...「…と比べると」
◇ sound ...「〈話の内容が〉…のように聞こえる」
◇ I see.「なるほど」
◇ in reality「現実には」
◇ as if ...「まるで…であるかのように」　as if の節内では仮定法が使われることが多い。ここでは were が仮定法過去を表している。
◇ a kind of ...「一種の…」
◇ cheating「不正行為；ズル」
◇ fair「公平な；フェアな」
◇ agree with ...「…と同意見である」
◇ exaggerate「…を大げさに言う；…を誇張する」
◇ things「物事」
◇ lying「嘘をつくこと」
◇ exaggeration「大げさな物言い；誇張」

◇ acceptable「容認可能な；許容できる」
◇ record「記録」
◇ can tell if ...「…かどうか言うことができる；…かどうかわかる」
◇ anyway「いずれにせよ；どっちにしても」
◇ it is worth −ing「−する価値がある」
◇ look for ...「…を探す」
◇ improve「…を向上させる；…を伸ばす」
◇ talking skill「話術」
◇ not ... perfectly「完璧に…というわけではない」 部分否定を表す。
◇ accurate「正確な」
◇ tend to −「−する傾向がある」
◇ describe「…を述べる；…を説明する」
◇ accurately「正確に」
◇ prepare for ...「…の準備をする」

出題のねらい
B　200語程度の会話や議論を聞いて，それぞれの話者の立場を判断する問題です。さらに，意見を支持する図表を選ぶことを通じて，必要な情報を統合し，要点を整理，判断する力が問われています。

出典
Original Material

問36　36　正解③　　問37　37　正解④

スクリプト
[設問解説のために，通し番号をふってあります]
① Dominic：Watch out Kylie! Sorry, I didn't notice that car coming. It was so quiet!
② Kylie　：Yeah, it was an electric vehicle. Get used to the lack of noise, Dominic. In the future we'll all drive them!
③ George　：Seriously, Kylie? They can't travel far at one time, and it takes ages to recharge them.
④ Kylie　：But George, they're fantastic for the environment. That's a major concern right now! Don't you think so, Ella?
⑤ Ella　：True, but electric cars are far more expensive than ordinary ones.
⑥ Kylie　：Correct, but ...
⑦ George　：Hey guys, they're boring! There really isn't much choice on the market.
⑧ Dominic：The number of electric car companies is growing rapidly. With governments pushing for greener products, they probably make a comfortable profit.
⑨ George　：Really? I didn't know that, Dominic.
⑩ Kylie　：They don't require much work, George, so therefore they are cheaper to maintain.
⑪ Ella　：But Kylie, I hardly ever see charging stations. How inconvenient!
⑫ Dominic：More will appear, though, Ella. On some busy American highways, not only full cars but also electric cars can drive in a special lane during rush hour to avoid traffic jams!
⑬ George　：That's cool! I guess we have to move with the times. Gasoline will not last forever, unfortunately!
⑭ Ella　：Wait and see. Scientists will definitely find a more efficient alternative fuel.

— 英 L 153 —

全訳

①ドミニク：気をつけて，カイリー！　ごめん，あの車が来ているのに気がつかなかった。ほとんど音がしなかった！

②カイリー：そうね，あれは電気自動車だったわね。音がしないことに慣れなきゃね，ドミニク。将来はみんな電気自動車を運転することになるのよ！

③ジョージ：正気かい，カイリー？　電気自動車じゃ一度に遠くまで行くことができないし，充電するにもすごく時間がかかるよ。

④カイリー：でもねジョージ，電気自動車は環境にとてもいいのよ。今はそれが主な関心事でしょ！　エラ，そう思わない？

⑤エラ　　：それは確かだけど，電気自動車は普通の車よりはるかに値段が高いのよ。

⑥カイリー：その通りだけど…

⑦ジョージ：なあみんな，電気自動車なんかつまらないって！　実際の話，市場での選択の余地はそれほど多くないんだ。

⑧ドミニク：電気自動車の企業数は急速に増えている。政府がより環境にやさしい製品を求めているから，おそらくそうした企業は十分な利益を上げているだろう。

⑨ジョージ：本当？　それは知らなかったよ，ドミニク。

⑩カイリー：ジョージ，電気自動車は多くの仕事を必要としないから，維持費もより安く済むのよ。

⑪エラ　　：でもカイリー，充電スタンドはめったに見かけないわよ。なんて不便なの！

⑫ドミニク：けど，もっと増えてくるよ，エラ。アメリカの一部の混雑した幹線道路では，交通渋滞を避けるために，ラッシュアワーには満員の車だけじゃなく電気自動車も特別車線を走ることができるんだよ。

⑬ジョージ：それ最高！　思うに，僕たちは時代とともに動いていかなければならない。残念だが，ガソリンはいつまでも続かないだろう。

⑭エラ　　：少し様子を見ることね。科学者はきっともっと効率のいい代わりの燃料を見つけ出すわよ。

設問解説

問36　36　正解 ③

正解は ③。

　ドミニクは2回目の発言で「電気自動車の企業数は急速に増えている。政府がより環境にやさしい製品を求めているから，おそらくそうした企業は十分な利益を上げているだろう」と，さらに3回目の発言で，充電スタンドはめったに見かけない，というエラの非難を受けて「けど，（充電スタンドは）もっと増えてくるよ，エラ。アメリカの一部の混雑した幹線道路では，交通渋滞を避けるために，ラッシュアワーには満員の車だけじゃなく電気自動車も特別車線を走ることができるんだよ」と電気自動車を製造する企業や電気自動車に対する社会の対応に肯定的なことを述べているので，ドミニクは将来すべての車が電気によって動くようになるだろうと感じている，と推測できる。

　カイリーは2回目の発言で「電気自動車は環境にとてもいいのよ。今はそれが主な関心事でしょ！」と，さらに3回目の発言で「電気自動車は多くの仕事を必要としないから，維持費もより安く済むのよ」と電気自動車の長所を強調しているので，カイリーは将来すべての車が電気によって動くようになるだろうと感じている，と判断できる。

　ジョージは1回目と2回目の発言で，電気自動車のバッテリーと市場での選択の幅に関し否定的な意見を述べているが，ラッシュアワーには電気自動車が特別車線を走ることができる幹線道路もあるというドミニクの3回目の発言を聞いた途端，4回目の発言で「それ最高！　思うに，僕たちは時代とともに動いていかなければならない。残念だが，ガソリンはいつまでも続かないだろう」と一転して電気自動車賛成派となる。よってジョージは最後には将来すべての車が電気によって動くようになるだろうと感じている，と判断できる。

エラは1回目の発言では「電気自動車は普通の車よりはるかに値段が高いのよ」と，2回目の発言では「充電スタンドはめったに見かけないわよ。なんて不便なの！」，さらに3回目の発言でも「少し様子を見ることね。科学者はきっともっと効率のいい代わりの燃料を見つけ出すわよ」と終始一貫して最後まで電気自動車に対して否定的な発言を繰り返している。したがって，エラが将来すべての車が電気によって動くようになるだろうと感じている，とは到底思われない。

以上のことから，正解はドミニクとカイリーとジョージの3人となる。

問37 　37　 正解 ④

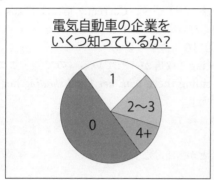

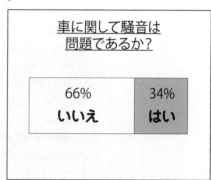

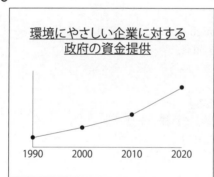

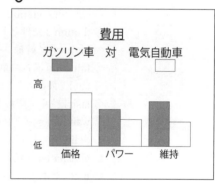

正解は④。

カイリーは3回目の発言で「電気自動車は多くの仕事を必要としないから，維持費もより安く済むのよ」と述べている。ここでの「仕事（量）（work）」とは物理学で言う「仕事」，すなわち外から受ける力の作用のことであり，物体は仕事をされるとそれだけ運動エネルギーは増加する。車で言えば，動力や推進力といった「パワー（power）」が増すということである。「電気自動車は多くの仕事を必要としない」ということは「車が発揮するパワーも少ない」ということであり，④の図表の中央の棒グラフがそのことを示している。また，④の図表の右の棒グラフが「維持費もより安く済む」ということを示している。以上から正解は④となる。

【主な語句・表現】
［図表］

◇ funding「資金提供」
◇ maintenance「維持」

[会話文]

◇ watch out「気をつける」

◇ vehicle「車；乗り物」

◇ get used to ...「…に慣れる」

◇ Seriously?「〈相手の発話を受けて〉本気［正気］かい？」

◇ at one time「一度に」

◇ it takes ages to -「-するのにとても時間がかかる」

◇ recharge「〈電池など〉を充電する」

◇ concern「関心事」

◇ right now「まさに今」 right は，ここでは「まさに」という意味の強意の副詞。

◇ far は，ここでは比較級を強調して「はるかに」という意味。

◇ ordinary「普通の」

◇ Correct, but ...「その通りだけど…」 Correct の前には That's が省略されている。

◇ Hey guys「〈注意を引くために呼びかけて〉なあみんな」

◇ boring「〈事・物が〉退屈な；つまらない」

◇ With governments -ing「政府が-している（ので）」 ここでの with は付帯状況の with。(例) She was sitting there *with her hand shading* her eyes.「彼女は手を目にかざしてそこに座っていた」

◇ push for ...「…を求め（続け）る」

◇ green「環境にやさしい」

◇ comfortable「〈生計などが〉十分な」

◇ profit「利益」

◇ maintain「維持する」

◇ hardly ever ...「めったに…ない」

◇ charging station「充電スタンド」

◇ though「だけど」 though は，ここでは副詞。

◇ highway「幹線［主要］道路」

◇ full car「満員の車」

◇ cool「最高の」

◇ last「続く；持ちこたえる」

◇ wait and see「少し（待って）様子を見る」

◇ definitely「きっと；確かに」

◇ alternative「代わりの」

◇ fuel「燃料」

'23
解答・解説

2023 年度

大学入学共通テスト 本試験

英語（リスニング）

解答・解説

■2023 年度（令和 5 年度）本試験「英語（リスニング）」得点別偏差値表
下記の表は大学入試センター公表の平均点と標準偏差をもとに作成したものです。

平均点　62.35　　標準偏差　18.82　　　　　　受験者数　461,993

得 点	偏差値	得 点	偏差値
100	70.0	50	43.4
99	69.5	49	42.9
98	68.9	48	42.4
97	68.4	47	41.8
96	67.9	46	41.3
95	67.3	45	40.8
94	66.8	44	40.2
93	66.3	43	39.7
92	65.8	42	39.2
91	65.2	41	38.7
90	64.7	40	38.1
89	64.2	39	37.6
88	63.6	38	37.1
87	63.1	37	36.5
86	62.6	36	36.0
85	62.0	35	35.5
84	61.5	34	34.9
83	61.0	33	34.4
82	60.4	32	33.9
81	59.9	31	33.3
80	59.4	30	32.8
79	58.8	29	32.3
78	58.3	28	31.7
77	57.8	27	31.2
76	57.3	26	30.7
75	56.7	25	30.2
74	56.2	24	29.6
73	55.7	23	29.1
72	55.1	22	28.6
71	54.6	21	28.0
70	54.1	20	27.5
69	53.5	19	27.0
68	53.0	18	26.4
67	52.5	17	25.9
66	51.9	16	25.4
65	51.4	15	24.8
64	50.9	14	24.3
63	50.3	13	23.8
62	49.8	12	23.2
61	49.3	11	22.7
60	48.8	10	22.2
59	48.2	9	21.7
58	47.7	8	21.1
57	47.2	7	20.6
56	46.6	6	20.1
55	46.1	5	19.5
54	45.6	4	19.0
53	45.0	3	18.5
52	44.5	2	17.9
51	44.0	1	17.4
		0	16.9

英語(リスニング)　2023年度　本試験　（100点満点）

（解答・配点）

問題番号 （配点）	設問	解答番号	正解	配点	自己採点欄	問題番号 （配点）	設問	解答番号	正解	配点	自己採点欄
第1問 （25）	A	1	1	①	4		第4問 （12）	A	18	18	①	4*
		2	2	①	4				19	19	④	
		3	3	①	4				20	20	③	
		4	4	④	4				21	21	②	
	B	5	5	③	3				22	22	①	1
		6	6	①	3				23	23	⑥	1
		7	7	②	3				24	24	②	1
小　計									25	25	①	1
第2問 （16）		8	8	④	4			B	26	26	④	4
		9	9	④	4		小　計					
		10	10	③	4		第5問 （15）		27	27	②	3
		11	11	②	4				28	28	②	2*
小　計									29	29	⑥	
第3問 （18）		12	12	②	3				30	30	⑤	2*
		13	13	④	3				31	31	③	
		14	14	④	3				32	32	③	4
		15	15	④	3				33	33	④	4
		16	16	①	3		小　計					
		17	17	①	3		第6問 （14）	A	34	34	③	3
小　計									35	35	①	3
（注）　＊は，全部正解の場合のみ点を与える。								B	36	36	①	4
									37	37	②	4
							小　計					
							合　計					

— 英 L 158 —

解　説

第1問

A

問1　1　正解—①

〈放送内容〉

W：Sam, the TV is too loud. I'm working. Can you close the door?

〈全訳〉

女性「サム，テレビの音が大きすぎるわ。私は仕事をしているの。ドアを閉めてくれる？」

① **話し手はサムにドアを閉めてくれと頼んでいる。**
② 話し手はサムにテレビをつけてくれと頼んでいる。
③ 話し手は今すぐドアを開けるつもりだ。
④ 話し手は仕事をしながらテレビを見るつもりだ。

〈ポイント〉

正解は①。話し手は，サムのいる部屋から聞こえてくるテレビの音が大きすぎて，仕事に集中できないことから，サムに部屋のドアを閉めてくれと頼んでいることがわかればよい。close the door と shut the door は同じ意味である。

問2　2　正解—①

〈放送内容〉

W：I've already washed the bowl, but I haven't started cleaning the pan.

〈全訳〉

女性「ボウルはもう洗いましたが，フライパンみがきはまだ始めていません」

① **話し手はボウルはきれいにし終えた。**
② 話し手はフライパンを洗い終えた。
③ 話し手は今フライパンをきれいにしている。
④ 話し手は今ボウルを洗っている。

〈ポイント〉

正解は①。話し手は，「ボウルは洗い終えている（I've already washed the bowl）」ので，④は誤り。「フライパンみがきはまだ始めていない（I haven't started cleaning the pan）」ので，②や③も誤りとなる。

問3　3　正解—①

〈放送内容〉

W：Look at this postcard my uncle sent me from Canada.

〈全訳〉

女性「おじがカナダから送ってくれたこの葉書を見て」

① **話し手はおじさんから葉書を受け取った。**
② 話し手はカナダにいるおじさんにその葉書を送った。
③ 話し手のおじさんはその葉書を送るのを忘れた。
④ 話し手のおじさんはカナダからの葉書を受け取った。

〈ポイント〉

正解は①。「おじがカナダから私に送ってくれたこの葉書（this postcard (that) my uncle sent me from Canada）」の部分が正しく聞き取れれば，①のみが正しいとわかる。

問4　4　正解—④

〈放送内容〉

W：There are twenty students in the classroom, and two more will come after lunch.

〈全訳〉

女性「教室には20人の生徒がいて，昼食が終わるとさらに2人やって来ます」

① 現在教室にいる生徒の数は20人未満だ。
② 現在教室にいる生徒の数は22人だ。
③ 教室にいる生徒の数は，後にちょうど18人になる。
④ **教室にいる生徒の数は，後に20人を超える。**

〈ポイント〉

正解は④。現在教室にいる生徒の数は20人（twenty students）で，昼食後に2人増える（two more），つまり22人になるので，④が正解となる。

— 英 L 159 —

B

問5　　5　　正解－③

〈放送内容〉

W : There's not much tea left in the bottle.

〈全訳〉

女性「ボトルの中にお茶はあまり残っていません」

〈ポイント〉

　正解は③。ボトルの中に残されているお茶の量は「多くはない（not much）」と言っているので，たくさんお茶が残っている①と②や，全くお茶が残っていない④は誤りとなる。

問6　　6　　正解－①

〈放送内容〉

W : I can't see any cows.　Oh, I see one behind the fence.

〈全訳〉

女性「ウシが1匹もいないわ。ああ，柵の後ろに1匹いるわ」

〈ポイント〉

　正解は①。話し手の2番目の発言中の one は，a cow の意味なので，「柵の後ろ（behind the fence）」にウシが1匹いる①が正解となる。

問7　　7　　正解－②

〈放送内容〉

M : I'm over here.　I'm wearing black pants and holding a skateboard.

〈全訳〉

女性「私はここよ。黒のズボンをはいて，スケートボードを抱えているわ」

〈ポイント〉

　正解は②。話し手は「黒のズボンをはいている（wearing black pants）」ことから，①と③は誤り。また，「スケートボードを抱えている（holding a skateboard）」ことから，④も誤りとなる。

第2問

問8　　8　　正解－④

〈放送内容〉

M : This avatar with the glasses must be you!

W : Why, because I'm holding my favorite drink?

M : Of course!　And you always have your computer with you.

W : You're right!

Question :

　Which avatar is the woman's?

〈全訳〉

男性「メガネをかけているアバターが君にちがいないね！」

女性「なぜ？　大好きなドリンクを持っているから？」

男性「もちろんだよ！　それに君はいつもパソコンを持ち歩いているしね」

女性「その通りよ！」

〈問い〉

「女性のアバターはどれか」

〈ポイント〉

　正解は④。会話の内容から，この女性のアバターは「メガネをかけている（with the glasses）」，「大好きなドリンクを持っている（holding my favorite drink）」，「パソコンを持ち歩いている（have your computer with you）」ことから，④が正解に決まる。

問9　　9　　正解－④

〈放送内容〉

M : Plastic bottles go in here, and paper cups here.

W : How about this, then?　Should I put this in here?

M : No, that one is for glass.　Put it over here.

W : OK.

Question :

　Which item is the woman holding?

〈全訳〉

男性「プラスチックのボトルはここに入れて，紙コップはこっちだよ」

女性「じゃあこれはどうするの？　これはここに入れるのがいいの？」

男性「いや，それはガラス用だよ。こっちに入れて」

女性「わかったわ」

〈問い〉

「女性が手に持っている物はどれか」

〈ポイント〉

　正解は④。男性から「プラスチックのボトルはここ

— 英 L 160 —

に入れて，紙コップはこっちだよ」と言われた女性は，手に持っている物を見せて，「じゃあこれはどうするの？（How about this, then?）」と尋ねていることから，下線部の「これ（this）」は②の上段のようなプラスチック容器でもなければ，①の上段のような紙容器でもないことがわかる。そして女性は「これはここに入れるのがいいの？（Should I put this in here?）」と尋ねることから，下線部の「ここ（here）」とは③と④の下段にあるゴミ入れのいずれかを指していることになる。すると男性は「いや，それはガラス用だよ（No, that one is for glass.）」と応じる。この中の for glass とは，「ガラス用の」つまり「ガラスを入れるための」という意味であるから，「それ（that one）」は「ガラス用のゴミ入れ」，つまり③の下段のゴミ入れを指すことになる。つまり男性のこの発言は，女性が手に持っている物を③の下段のゴミ入れに捨ててはいけないということを示している。そして男性は「こちらに入れて（Put it over here.）」と言う（over here は特定の場所を指して「こちらに」と言う時に用いられる）。消去法で考えれば，「こちらに（over here）」とは，④の下段のゴミ入れを指すとしか考えられないので，女性が手に持っているものは，④の上段の空き缶であることがわかる。

問 10　⎯10⎯　正解 — ③

〈放送内容〉

W：How about this pair?

M：No, tying shoelaces takes too much time.

W：Well, this other style is popular.　These are 50% off, too.

M：Nice!　I'll take them.

Question：

　Which pair of shoes will the man buy?

〈全訳〉

女性「この靴はどう？」

男性「いや，靴ひもを結ぶのに時間がかかるから」

女性「じゃあ，この別のスタイルも人気があるわよ。これは 50 パーセント引きにもなっているし」

男性「いいね！　これにしよう」

〈問い〉

　「男性はどの靴を買うのか」

〈ポイント〉

　正解は③。男性の「いや，靴ひもを結ぶのに時間がかかるから（No, tying shoelaces takes too much time.）」という発言から，靴ひもの付いている①や②の靴は正解ではないことがわかる。そして女性から

「じゃあ，この別のスタイルも人気があるわよ。これは 50 パーセント引きにもなっているし（These are 50% off, too.）」と提案された男性は，「いいね！　これにしよう」と応じる。したがって，靴ひもの付いていない③と④のうち，男性が買うのは（60 ドルから 30 ドルへ）50 パーセント値引きされている③の方であるとわかる。

問 11　⎯11⎯　正解 — ②

〈放送内容〉

W：Where shall we meet?

M：Well, I want to get some food before the game.

W：And I need to use a locker.

M：Then, let's meet there.

Question：

　Where will they meet up before the game?

〈全訳〉

女性「どこで会いましょうか」

男性「そうだね，僕は試合前に食べ物を買いたいな」

女性「それに私はロッカーを利用する必要があるわ」

男性「じゃあ，あそこで会おう」

〈問い〉

　「彼らは試合前にどこで落ち合うのか」

〈ポイント〉

　正解は②。男性は「僕は試合前に食べ物を買いたいな（I want to get some food before the game）」と言っていることから，売店のマーク（ペットボトルとサンドイッチのイラスト）がある②か③が適している。また女性は，「それに私はロッカーを利用する必要があるわ（And I need to use a locker.）」と言っていることから，ロッカーのマークがある①か②が適している。したがって 2 人とも都合の良い場所は②である。

— 英 L 161 —

第3問

問12　12　正解－②

〈放送内容〉

M：Excuse me. I'd like to go to Central Station. What's the best way to get there?

W：After you take the Green Line, just transfer to the Blue Line or the Yellow Line at Riverside Station.

M：Can I also take the Red Line first?

W：Usually that's faster, but it's closed for maintenance.

〈全訳〉

男性「すみません。セントラル駅に行きたいのですが，どうやって行くのが一番いいでしょうか」

女性「グリーンラインに乗った後で，リバーサイド駅でブルーラインかイエローラインに乗り換えてください」

男性「最初にレッドラインに乗ってもいいですか」

女性「普通はそちらの方が速いのですが，整備点検のために運休しています」

〈問い〉

「男性はどの地下鉄線を最初に利用するか」

① ブルーライン

② グリーンライン

③ レッドライン

④ イエローライン

〈ポイント〉

正解は②。会話の内容から，男性が行こうとしているセントラル駅へ行くには，普段はまずグリーンラインかレッドラインに乗ればよいが，レッドラインは現在整備点検のために運休している（it's closed for maintenance）ことから，②のグリーンラインが正解となる。ブルーラインとイエローラインは，途中のリバーサイド駅で乗り換えて（transfer）利用することはできるが，男性が最初に利用できる地下鉄線ではない。

問13　13　正解－④

〈放送内容〉

M：Would you like to go out for dinner?

W：Well, I'm not sure.

M：What about an Indian restaurant?

W：You know, I like Indian food, but we shouldn't spend too much money this week.

M：Then, why don't we just cook it ourselves, instead?

W：That's a better idea!

〈全訳〉

男性「夕食は外で食べたくない？」

女性「うーん，どうかしら」

男性「インド料理の店はどう？」

女性「そうねえ，私はインド料理は好きだけど，私たちは今週出費を抑えるべきだわ」

男性「それじゃあ，代わりに僕たちでそれを作ってみない？」

女性「その方がいいわ！」

〈問い〉

「彼らは何をするか」

① より安いレストランを選ぶ

② レストランで一緒に食べる

③ インド料理を配達してもらう

④ 家でインド料理を作る

〈ポイント〉

正解は④。会話の最後で男性は「それじゃあ，代わりに僕たちでそれを作ってみない？」と提案して，女性は「その方がいいわ！」と応じることから，これから彼らがすることは「代わりに僕たちでそれを作る（cook it ourselves, instead）」ことである。この中の「それ（it）」は，「インド料理（Indian food）」を指していて，「代わりに僕たちで（ourselves, instead）」とはこの会話においては「インド料理店で外食する代わりに自宅で」と同じ意味であることから，④が正解となる。

問14　14　正解－④

〈放送内容〉

M：I can't find my dictionary!

W：When did you use it last? In class?

M：No, but I took it out of my backpack this morning in the bus to check my homework.

W：You must have left it there. The driver will take it to the office.

M：Oh, I'll call the office, then.

〈全訳〉

男性「辞書が見つからないや！」

女性「最後に使ったのはいつ？　授業の時？」

男性「そうじゃなくて，今朝バスの中で宿題を調べるためにバックパックから辞書を取り出したんだ」

女性「きっとそこに忘れてきたのよ。運転手さんが事務所に届けてくれるわ」

男性「そうか，じゃあ事務所に電話してみるよ」

— 英 L 162 —

〈問い〉

「少年は何をしたのか」

① 授業中に辞書を調べた。

② 家にバックパックを忘れてきた。

③ バックパックを事務所へ持って行った。

④ **バスの中で辞書を使った。**

〈ポイント〉

正解は④。少年の2番目の発言に,「そうじゃなくて,今朝バスの中で(in the bus)宿題を調べるためにそれ[＝辞書]をバックパックから取り出したんだ(I took it out of my backpack)」とあることから,下線部の内容と合っている④が正解となる。

問15 15 正解－④

〈放送内容〉

W：How was your first week of classes?

M：Good! I'm enjoying university here.

W：So, are you originally from here? I mean, London?

M：Yes, but my family moved to Germany after I was born.

W：Then, you must be fluent in German.

M：Yes. That's right.

〈全訳〉

女性「最初の週の授業はどうだった?」

男性「いいですね。ここでの大学生活を楽しんでいます」

女性「それであなたは元々ここの出身なの?　つまりロンドンの?」

男性「はい,でも僕のうちは僕が生まれた後ドイツに移住しました」

女性「それじゃあドイツ語がペラペラでしょうね」

男性「はい。その通りです」

〈問い〉

「この新入生に当てはまることは何か」

① イングランドで育った。

② ちょうどロンドンを訪問中である。

③ ドイツで勉強している。

④ **英国で生まれた。**

〈ポイント〉

正解は④。先輩から「それであなたは元々ここの出身なの?　つまりロンドンの?」と尋ねられた新入生は,「はい,でも僕のうちは僕が生まれた後ドイツに移住しました」と応じていることから,彼は英国(の首都ロンドン)で生まれたことがわかるので,④が正解となる。この後で女性が「それじゃあドイツ語がペラ

ペラでしょうね」と言うと,新入生は「はい。その通りです」と答えることから,彼は生まれた後で家族と一緒にドイツに移住し,そこで成長したと考えられるので,①は正解になれない。また彼はロンドンの大学に在学中であり,一時的にロンドンを訪れているわけではないので,②や③も正解になれない。

問16 16 正解－①

〈放送内容〉

W：How are you?

M：Well, I have a runny nose. I always suffer from allergies in the spring.

W：Do you have some medicine?

M：No, but I'll drop by the drugstore on my way home to get my regular allergy pills.

W：You should leave the office early.

M：Yes, I think I'll leave now.

〈全訳〉

女性「具合はどう?」

男性「それがね,鼻水が止まらないんだ。いつも春になるとアレルギーでつらいよ」

女性「薬はあるの?」

男性「いや,でもうちに帰る途中でドラッグストアに寄って,常用してるアレルギー錠を買うよ」

女性「会社を早退するのがいいわ」

男性「うん,すぐに退社しようと思う」

〈問い〉

「男性は何をするか」

① **ドラッグストアで薬を買う**

② 帰宅途中で診療所に寄る

③ 仕事を続けて薬を飲む

④ すでに持っているアレルギー錠を飲む

〈ポイント〉

正解は①。鼻水が止まらず(have a runny nose),アレルギー症状(allergies)に苦しんでいる男性は,女性から薬を持っているかどうか尋ねられて,「いや,でもうちに帰る途中でドラッグストアに寄って(drop by the drugstore),常用してるアレルギー錠を買うよ(to get my regular allergy pills)」と答えることから,この内容と合っている①が正しい。

問17 17 正解－①

〈放送内容〉

M：What a cute dog!

W：Thanks. Do you have a pet?

— 英 L 163 —

M : I'm planning to get a cat.
W : Do you want to adopt or buy one?
M : What do you mean by 'adopt'?
W : Instead of buying one at a petshop, you could give a new home to a rescued pet.
M : That's a good idea. I'll do that!

〈全訳〉
男性「可愛い犬だね！」
女性「ありがとう。あなたはペットを飼っているの？」
男性「猫を飼う予定なんだ」
女性「引き取りたいの，それとも買いたいの？」
男性「『引き取る』ってどういうこと？」
女性「ペットショップで買う代わりに，保護されたペットに新しい家庭を作ってあげるのよ」
男性「それはいい考えだね。僕はそうするよ！」

〈問い〉
「男性は何をすることになりそうか」
① 猫を引き取る
② 犬を引き取る
③ 猫を買う
④ 犬を買う

〈ポイント〉
正解は①。男性がこれからすると予想されることは，最後の発言の中の「僕はそうするよ（I'll do that!）」が具体的に指すことである。この「そうする (do that)」は，直前の女性の発言の中の「保護されたペットに新しい家庭を作ってあげる（give a new home to a rescued pet）」を指している。そしてこれは，女性が「〈ペットを〉引き取る（adopt）」とはどういうことなのかを説明している言葉なので，結局男性はペットを（買うのではなく）引き取ろうとしていることがわかる。また，男性が希望するペットは，彼の2番目の発言に「猫を飼う予定なんだ（I'm planning to get a cat.）」とあることから，（犬ではなく）猫とわかる。したがって①が正解となる。

第4問
A
問18～21　正解　18 -①，19 -④
20 -③，21 -②

〈放送内容〉
Each year we survey our graduating students on why they chose their future jobs. We compared the results for 2011 and 2021. The four most popular factors were "content of work," "income," "location," and "working hours." The graph shows that "content of work" increased the most. "Income" decreased a little in 2021 compared with 2011. Although "location" was the second most chosen answer in 2011, it dropped significantly in 2021. Finally, "working hours" was chosen slightly more by graduates in 2021.

〈全訳〉
毎年，私たちは本校を卒業する学生たちに，なぜ自分がこれからする仕事を選んだのかについて調査をしています。私たちは2011年と2021年の結果を比較しました。最も多く挙げられた4つの要因は，「仕事の内容」，「収入」，「所在地」，「勤務時間」でした。グラフは，(a)「仕事の内容」が最も増えたことを示しています。(b)「収入」は，2011年と比べて，2021年はやや減少しました。(c)「所在地」は2011年には選ばれることが2番目に多かった回答でしたが，2021年には著しく下落しました。最後に，(d)「勤務時間」を選んだ卒業生は，2021年にわずかに増えました。

① 仕事の内容
② 収入
③ 所在地
④ 勤務時間

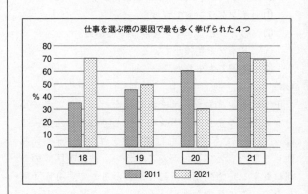

〈ポイント〉

全訳中の下線部(a)から，グラフにおいて 2011 年から 2021 年にかけての増加幅が，約 35 パーセントから約 70 パーセントと最も大きい $\boxed{18}$ が①の「仕事の内容」であるとわかる。下線部(b)から，2011 年から 2021 年にかけての減少幅が，約 75 パーセントから約 69 パーセントと小さい $\boxed{21}$ が②の「収入」であるとわかる。下線部(c)から，2011 年のグラフが約 60 パーセントで 2 番目に長く，2021 年には約 30 パーセントへと著しく下落している $\boxed{20}$ が③の「所在地」であるとわかる。下線部(d)から，2011 年が約 45 パーセントで，2021 年には約 49 パーセントと微増している $\boxed{19}$ が④の「勤務時間」だとわかる。

〈主な語句・表現〉

survey A on B「B に関して A に調査を行う」／ graduating students「卒業していく学生たち」／ the four most popular factors「最も人気の高かった 4 つの要因」／ compared with ...「…と比べて」／ the second most chosen answer「2 番目に最も多く選ばれた答え」／ significantly 副「著しく」／ slightly more「わずかに多く」／ graduate 名「卒業生」

問 22 ～ 25　正解　 $\boxed{22}$ －①， $\boxed{23}$ －⑥
　　　　　　　　 $\boxed{24}$ －②， $\boxed{25}$ －①

〈放送内容〉

We are delighted to announce the prizes! Please look at the summary of the results on your screen. First, the top team in Stage A will be awarded medals. The top team in Stage B will also receive medals. Next, the team that got the highest final rank will win the champion's trophies. Team members not winning any medals or trophies will receive a game from our online store. The prizes will be sent to everyone next week.

〈全訳〉

いよいよ賞品を発表いたします。画面上で結果の概要をご覧ください。まず(a)ステージ A で第 1 位のチームにはメダルが授与されます。(b)ステージ B で第 1 位のチームもメダルがもらえます。次に，(c)最終順位が最高だったチームは，優勝トロフィーを獲得します。(d)メダルもトロフィーも獲得しなかったチームのメンバーは，オンラインストアからゲームがもらえます。賞品は来週全員に送られます。

国際ゲーム大会：結果の概要

チーム	ステージ A	ステージ B	最終順位	賞品
Dark Dragons	3 位	3 位	4 位	$\boxed{22}$
Elegant Eagles	1 位	2 位	1 位	$\boxed{23}$
Shocking Sharks	4 位	1 位	2 位	$\boxed{24}$
Warrior Wolves	2 位	4 位	3 位	$\boxed{25}$

① ゲーム
② メダル
③ トロフィー
④ ゲーム，メダル
⑤ ゲーム，トロフィー
⑥ メダル，トロフィー

〈ポイント〉

全訳中の下線部(a)から，ステージ A で第 1 位の Elegant Eagles はメダルを獲得することがわかる。下線部(b)から，ステージ B で第 1 位の Shocking Sharks もメダルを獲得することがわかる。下線部(c)から，最終順位が 1 位である Elegant Eagles はトロフィーも獲得することがわかる。下線部(d)から，（上記 2 つのチーム以外の）Dark Dragons と Warrior Wolves はゲームを獲得することがわかる。下線部の情報から， $\boxed{22}$ は①， $\boxed{23}$ は⑥， $\boxed{24}$ は②， $\boxed{25}$ は①が正解となる。

〈主な語句・表現〉

be delighted to−「−することができて嬉しい」／ summary 名「要約；概要」／ award 動「…を授与する」／ final rank「最終順位」／ trophy 名「トロフィー」

— 英 L 165 —

B

問 26 ☐26☐ **正解－④**

〈放送内容〉

① Hi there! Charlie, here. I'll work to increase the opening hours of the computer room. Also, there should be more events for all students. Finally, our student athletes need energy! So I'll push for more meat options in the cafeteria.

② Hello! I'm Jun. I think school meals would be healthier if our cafeteria increased vegetarian choices. The computer lab should also be open longer, especially in the afternoons. Finally, our school should have fewer events. We should concentrate on homework and club activities!

③ Hi guys! I'm Nancy. I support the school giving all students computers; then we wouldn't need the lab! I also think the cafeteria should bring back our favorite fried chicken. And school events need expanding. It's important for all students to get together!

④ Hey everybody! I'm Philip. First, I don't think there are enough events for students. We should do more together! Next, we should be able to use the computer lab at the weekends, too. Also, vegans like me need more vegetable-only meals in our cafeteria.

〈全訳〉

① どうも！　僕はチャーリーです。僕は<u>コンピューター室の開室時間を増やすために働きます</u>（→C○）。さらに，<u>全校生徒のための行事を増やすべきです</u>（→A○）。最後に，我が校の学生アスリートにはエネルギーが必要です。だから僕は，食堂の肉のメニューを増やすよう働きかけます。

② こんにちは！　私はジュンです。私は，<u>食堂がベジタリアン向けのメニューを増やせば学校の食事がより健康的になると考えています</u>（→B○）。<u>コンピューター室も，特に午後はより長く開室すべきです</u>（→C○）。最後に，<u>学校行事の数は減らすべきです</u>（→A×）。私たちは宿題やクラブ活動に集中するべきです。

③ みなさん元気ですか！　私はナンシーです。私は学校が全生徒にコンピューターを支給することに賛成です。<u>そうすればコンピューター室は必要なくなるでしょう</u>（→C×）。食堂は私たちの大好きなフライドチキンを復活させるべきだとも思います。そし

て<u>学校行事は拡大する必要があります</u>（→A○）。全生徒が一堂に会するのは大事なことです。

④ やあ，みなさん！　僕はフィリップです。まず第1に，<u>生徒のための行事が足りないと僕は思います</u>（→A○）。僕たちはより多くのことを一緒にやるべきです。次に，<u>コンピューター室は週末にも使えるようにするべきです</u>（→C○）。また，僕のようなヴィーガンには，<u>食堂に野菜のみのメニューがもっと必要です</u>（→B○）。

〈問い〉

「☐26☐があなたが選ぶ可能性が最も高い候補者である」

〈ポイント〉

　正解は④。全訳中の下線部分が正しく聞き取れればよい。各条件の適否をまとめると以下のようになる。

候補者	条件A	条件B	条件C
① チャーリー	○	×	○
② ジュン	×	○	○
③ ナンシー	○	×	×
④ フィリップ	○	○	○

〈主な語句・表現〉

　student athlete「学生アスリート」／ push for ...「…を要求する」／ option 名「選択（できるもの）」= choice ／ cafeteria 名「食堂」／ vegetarian 形「ベジタリアンの」／ lab 名「実験室；研究室」／ concentrate on ...「…に集中する」／ guys 名「〈呼びかけて〉みんな」／ support the school -ing「学校が－することを支持する」／ bring back「元に戻す；復活させる」／ expand 動「拡大する」（need expanding = need to be expanded）／ vegan 名「完全菜食主義者；ヴィーガン」

— 英 L 166 —

第5問

〈放送内容〉

Today, our topic is the Asian elephant, the largest land animal in Asia. They are found across South and Southeast Asia. Asian elephants are sociable animals that usually live in groups and are known for helping each other. They are also intelligent and have the ability to use tools.

The Asian elephant's population has dropped greatly over the last 75 years, even though this animal is listed as endangered. Why has this happened? One reason for this decline is illegal human activities. Wild elephants have long been killed for ivory. But now, there is a developing market for other body parts, including skin and tail hair. These body parts are used for accessories, skin care products, and even medicine. Also, the number of wild elephants caught illegally is increasing because performing elephants are popular as tourist attractions.

Housing developments and farming create other problems for elephants. Asian elephants need large areas to live in, but these human activities have reduced their natural habitats and created barriers between elephant groups. As a result, there is less contact between elephant groups and their numbers are declining. Also, many elephants are forced to live close to humans, resulting in deadly incidents for both humans and elephants.

What actions have been taken to improve the Asian elephant's future? People are forming patrol units and other groups that watch for illegal activities. People are also making new routes to connect elephant habitats, and are constructing fences around local living areas to protect both people and elephants.

Next, let's look at the current situation for elephants in different Asian countries. Each group will give its report to the class.

〈全訳〉

今日は，アジアで最大の陸上動物であるアジアゾウがトピックです。これは南および東南アジアの全体にいます。アジアゾウは社交的な動物で，たいてい集団で生活し，互いに助け合うことで知られています。知能が高く，道具を使う能力も持っています。

アジアゾウの個体数は，この動物が絶滅危惧種に加えられているにもかかわらず，最近の75年間で大きく減少しました。なぜこれが起こったのでしょう。この減少の1つの理由は，人間の不法な活動です。野生のゾウは，昔から象牙を取るために殺されてきました。しかし現在では，象皮や尾の毛を含む，体の他の部位の売買も盛んになりつつあります。こういった部位は，装飾品，スキンケア製品，さらには薬にも利用されます。また，演技をするゾウは観光の呼び物として人気があるため，不法に捕獲される野生のゾウの数は増え続けています。

宅地開発や農業が，他の問題をゾウに引き起こします。アジアゾウは広大な生活空間を必要としますが，こういった人間活動はその自然の生息地を減らし，ゾウの集団間に障壁を作ってしまったのです。その結果，ゾウの集団同士の接触は少なくなり，その数は減少しています。さらに，多くのゾウは人間の近くで生活することを余儀なくされているので，その結果人間にとってもゾウにとっても致死的な事故が起こります。

アジアゾウの未来をより良いものにするために，どのような行動が取られてきたのでしょう。人々は不法活動を監視するパトロール隊などのグループを編成しています。また，ゾウの生息地をつなげるための新しい道を作り，人間とゾウの両方を守るために各地の生息地域の周囲にフェンスを建設しています。

では次に，様々なアジアの国々でのゾウの現状について見てみましょう。それぞれのグループがクラスに報告を行います。

ワークシート

アジアゾウ

◇一般的な情報

- ◆大きさ：　アジアで最大の陸上動物
- ◆生息地：　南および東南アジア
- ◆特徴：　〔 27 〕

◇ゾウに対する脅威

第1の脅威：不法な商行為

- ◆ゾウの体の部位を装飾品，28 ，薬などに利用すること
- ◆29 のために生きたゾウを捕獲すること

第2の脅威：土地開発による生息地の喪失

- ◆ゾウの 30 交流の減少
- ◆人間とゾウの 31 の増加

問 27　[27]　正解－②

① 攻撃的で力強い
② 協調性があり頭が良い
③ 友好的でおとなしい
④ 自立的で知能が高い

〈ポイント〉

　正解は②。アジアゾウの特徴として適切なものを選ぶ。第1段落第3文（Asian elephants are ...）及び第4文（They are also ...）に，「アジアゾウは社交的な動物で，たいてい集団で生活し，互いに助け合うことで知られています。知能が高く，道具を使う能力を持っています」とあり，下線部の「互いに助け合う（helping each other）」が②の中の「協調性があり（cooperative）」とほぼ同じで，下線部の「知能が高く（intelligent）」が②の中の「頭が良い（smart）」とほぼ同じであることがわかれば，②が正解に決まる。

　①のようなことは述べられていない。③は「おとなしい（calm）」，④は「自立的（independent）」に相当する表現が本文中にはない。

問 28 ～ 31　正解　[28] － ②，[29] － ⑥
　　　　　　　　　[30] － ⑤，[31] － ③

① 衣服
② 化粧品
③ 死亡（事例）
④ 友情
⑤ 集団
⑥ 演技

〈ポイント〉

　アジアゾウに対する脅威を説明する表現を完成させる。[28]には，第2段落第6文（These body parts ...）に「こういった部位は，装飾品，スキンケア製品（skin care products），さらには薬にも利用されます」とあることから，下線部の意味に最も近い②の「化粧品（cosmetics）」が入る。

　[29]には，第2段落最終文（Also, the number ...）に「また，演技をする（performing）ゾウは観光の呼び物として人気があるため，不法に捕獲される野生のゾウの数は増え続けています」とあることから，下線部の意味に等しい⑥の「演技（performances）」が入る。

　[30]については，第3段落第2文（Asian elephants need ...）及び第3文（As a result, ...）に「アジアゾウは広大な生活空間を必要としますが，こういった人間活動はその自然の生息地を減らし，ゾウの集団間に障壁を作ってしまったのです。その結果，ゾウの

集団同士の接触は少なくなり（there is less contact between elephant groups），その数は減少しています」とある。[30]に⑤の「集団（group）」を入れることで，これを含む表現は「ゾウの集団同士の交流の減少（a decrease in elephant group interaction）」となり，下線部の内容と等しくなる。

　[31]には，第3段落最終文（Also, many elephants ...）に「さらに，多くのゾウは人間の近くで生活することを余儀なくされているので，その結果人間にとってもゾウにとっても致死的な（deadly）事故が起こります」とあることから，下線部の意味に対応する③の「死亡事例（deaths）」が入る。

問 32　[32]　正解－③

① 不法行為をやめさせる取り組みは，人間が住宅プロジェクトを拡大するのを可能にする点で効果がある。
② 異なるゾウの集団間の遭遇は，農業開発の減少の原因である。
③ 人間とアジアゾウが共存するのを助けることは，ゾウの生活と生息地を保存するのに重要な鍵となる。
④ アジアゾウを絶滅危惧種に加えるのは，環境問題を解決する1つの方法である。

〈ポイント〉

　正解は③。第4段落最終文（People are also ...）に，「また，ゾウの生息地をつなげるための新しい道を作り，人間とゾウの両方を守るために各地の生息地域の周囲にフェンスを建設しています」とあり，下線部分は③の中の「人間とアジアゾウが共存するのを助けること」に対応すると考えられる。また，この文は第4段落第1文（What actions have been taken ...）の「アジアゾウの未来をより良いものにするために，どのような行動が取られてきたのでしょう」という問いに対する1つの答えと見なすことができる。この中の「アジアゾウの未来をより良いものにする（improve the Asian elephant's future）」という表現は，③の中の「ゾウの生活と生息地を保存する（preserving elephants' lives and habitats）」をより一般的に表したものと考えられることから，③は講義の内容と合っていることになる。

　他の選択肢のようなことは，本文からは読み取れない。

— 英 L 168 —

問33　33　正解 ― ④

〈放送内容〉
　Our group studied deadly encounters between humans and elephants in Sri Lanka. In other countries, like India, many more people than elephants die in these encounters. By contrast, similar efforts in Sri Lanka show a different trend. Let's take a look at the graph and the data we found.

〈全訳〉
　私たちのグループは，スリランカにおける人間とゾウとの致死的な遭遇を調べました。他の国々でも，インドと同様に，ゾウよりもはるかに多くの人々が，このような遭遇によって亡くなっています。これに対して，スリランカにおける同様の取り組みは，異なる傾向を示しています。私たちが見つけたグラフとデータを見てみましょう。

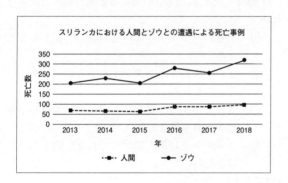

① 絶滅危惧種の動物を保護する取り組みにより，スリランカではゾウの数が増えた。
② スリランカでの不法行為の監視は，ゾウの死亡事例をなくすのに効果的である。
③ スリランカでは，人間とゾウの遭遇によって死亡したゾウの数が増加していない。
④ ゾウを保護するために取られた対策は，スリランカではまだ望ましい結果を生み出していない。

〈ポイント〉
　正解は④。グループの発表の第2文 (In other countries, ...) と第3文 (By contrast, similar ...) に「他の国々でも，インドと同様に，ゾウよりもはるかに多くの人々が，このような遭遇によって亡くなっています。これに対して，スリランカにおける同様の取り組みは，異なる傾向を示しています」とある。そして与えられたグラフから言えることは，スリランカにおける「異なる傾向」とは，ゾウよりも人間の死亡数の方が少ない，ということである。つまりスリランカにおける取り組みは，人間の死亡数を減らすことはできたが，ゾウの死亡数を減らすことについてはそれほどうまくいっていないと考えることができる。④の内容はこれと合っていることから，④が正解となる。
　①の「スリランカではゾウの数が増えた」の部分は，本文からもグラフからも読み取れない。②のようなことを裏付ける記述やデータもない。③については，グラフによれば，死亡したゾウの数は2013年（約200頭）から2018年（約320頭）にかけて，増減を繰り返しながらも，結果的に増加していることから，やはり誤りである。

〈主な語句・表現〉
第1段落
　land animal「陸上動物」／ sociable 形「社交的な」／ intelligent 形「知能が高い」
第2段落
　population 名「人口；個体数」／ endangered 形「絶滅の恐れがある」／ decline 動「下落（する）；衰退（する）」／ illegal 形「不法な」／ ivory 名「象牙」／ developing market「発展の見込まれる市場」／ medicine 名「薬」／ tourist attraction「観光の呼び物」
第3段落
　housing development「宅地開発；住宅団地」／ farming 名「農業」／ habitat 名「生息地」／ barrier 名「障壁」／ contact 名「接触」／ close to ...「…に接近して」／ result in ...「…という結果になる」／ deadly 形「致死的な」／ incident 名「出来事；事件」
第4段落
　improve 動「…を改善する」／ patrol unit「パトロール隊」／ route 名「道」／ construct 動「…を建設する」／ protect 動「…を保護する」
最終段落
　current 形「現在の」
問33
　encounter 名「遭遇」／ by contrast「対照的に」／ trend 名「傾向」

第6問

A

〈放送内容〉

David : Hey, Mom! Let's go to Mt. Taka tomorrow. We've always wanted to go there.

Sue : Well, I'm tired from work. I want to stay home tomorrow.

David : Oh, too bad. Can I go by myself, then?

Sue : What? People always say you should never go hiking alone. What if you get lost?

David : Yeah, I thought that way too, until I read a magazine article on solo hiking.

Sue : Huh. What does the article say about it?

David : It says it takes more time and effort to prepare for solo hiking than group hiking.

Sue : OK.

David : But you can select a date that's convenient for you and walk at your own pace. And imagine the sense of achievement once you're done, Mom!

Sue : That's a good point.

David : So, can I hike up Mt. Taka by myself tomorrow?

Sue : David, do you really have time to prepare for it?

David : Well, I guess not.

Sue : Why not wait until next weekend when you're ready? Then you can go on your own.

David : OK, Mom.

〈全訳〉

① David 「ねえ, お母さん。明日タカ山に行こうよ。ずっと行きたいと思っていたじゃない」

② Sue 「でも, 仕事で疲れているのよ。明日は家にいたいよ」

③ David 「えー, 残念だな。じゃあ僕1人で行ってもいい?」

④ Sue 「何ですって? 1人でハイキングに行っては絶対にいけないって, いつも言われてるでしょ。もし道に迷ったらどうするの?」

⑤ David 「うん, 僕もそう思ってたよ。ソロハイキングについての雑誌記事を読むまではね」

⑥ Sue 「へえ。記事はそれについて何て言っているの?」

⑦ David 「ソロハイキングはグループハイキングよりも準備に時間と労力がかかるって言ってるよ」

⑧ Sue 「なるほどね」

⑨ David 「でも自分に都合のいい日を選べるし, 自分のペースで歩けるんだ。そしてやり終えた時の達成感を考えてごらんよ, お母さん」

⑩ Sue 「その点はいいわね」

⑪ David 「それじゃあ, 明日1人でタカ山にハイキングに行ってもいい?」

⑫ Sue 「David, あなたには準備する時間が本当にあるの?」

⑬ David 「うーん, ないと思う」

⑭ Sue 「次の週末には準備ができているでしょうから, それまで待ってはどう? その時には1人で行ってもいいわよ」

⑮ David 「わかったよ, お母さん!」

問34 〔34〕 **正解－③**

〈問い〉

「Davidの考えに最も合っていると思われる言葉はどれか」

① 楽しいハイキングは, 長距離の歩行を必要とする。

② グループハイキングをすることは, 達成感を与えてくれる。

③ 1人でハイキングをするのは, いつ行くかを選べるので都合が良い。

④ ハイキングは誰も助けてくれないのでしばしば難しい。

〈ポイント〉

正解は③。Davidは1人で行うハイキング, つまり「ソロハイキング (solo hiking)」について⑨の発言で,「でも自分に都合のいい日を選べる (you can select a date that's convenient for you) し, 自分のペースで歩けるんだ」と述べていることから, 下線部の内容と合っている③が正解となる。

他の選択肢のようなことは, Davidの発言からは読み取れない。

問35 〔35〕 **正解－①**

〈問い〉

「会話の終わりまでに, 1人でハイキングをすることについてSueが持った意見を最も適切に言い表しているのはどれか」

① それは受け入れられる。

② それは創造的だ。

③ それは素晴らしい。

④ それは馬鹿げている。

— 英 L 170 —

〈ポイント〉

　正解は①。1人でハイキングをすることについて，Sue は最初は否定的な意見を持っていた（④の発言）が，最終的には十分な準備を行うことを条件に容認することにした（⑭の発言参照）ので，①の「それは受け入れられる（It is acceptable.）」が正解となる。acceptable は，「（特にすぐれてはいないが）受諾できる；（一応）満足できる」という意味である。

　②や③のように考える根拠はない。④は Sue の当初の意見と考えることはできるが，最終的な意見としては不適切である。

〈主な語句・表現〉

　too bad「とても残念な」／ by oneself「自分1人で（≒ alone; on one's own）」／ What if ...?「…したらどうなるのか」／ get lost「道に迷う」／ that way「〈副詞的に〉そういうふうに；そのように」／ magazine article「雑誌記事」／ solo 形「単独の」／ prepare for ...「…に備えて準備をする」／ sense of achievement「達成感」／ once you're done「いったんやり終えたら」／ hike 動「ハイキングをする」／ I guess not.「そうじゃないと思う」／ Why not ＋原形？「－してはどうか」

B
〈放送内容〉

Mary ：Yay! We all got jobs downtown! I'm so relieved and excited.

Jimmy：You said it, Mary! So, are you going to get a place near your office or in the suburbs?

Mary ：Oh, definitely close to the company. I'm not a morning person, so I need to be near the office. You should live near me, Lisa!

Lisa ：Sorry, Mary. The rent is too expensive. I want to save money. How about you, Kota?

Kota ：I'm with you, Lisa. I don't mind waking up early and commuting to work by train. You know, while commuting I can listen to music.

Jimmy：Oh, come on, you guys. We should enjoy the city life while we're young. There are so many things to do downtown.

Mary ：Jimmy's right. Also, I want to get a dog. If I live near the office, I can get home earlier and take it for longer walks.

Lisa ：Mary, don't you think your dog would be happier in the suburbs, where there's a lot more space?

Mary ：Yeah, you may be right, Lisa. Hmm, now I have to think again.

Kota ：Well, I want space for my training equipment. I wouldn't have that space in a tiny downtown apartment.

Jimmy：That might be true for you, Kota. For me, a small apartment downtown is just fine. In fact, I've already found a good one.

Lisa ：Great! When can we come over?

〈全訳〉

① Mary 「わーい！　みんな街で働くことになったわね！　私はとてもほっとしてワクワクしているわ」

② Jimmy「本当だね，Mary！　それで，君は職場の近くに住むの？　それとも郊外？」

③ Mary 「あら，絶対に会社の近くよ。私は朝型じゃないから，職場が近くないとダメなの。私の近くに住みなさいよ，Lisa！」

④ Lisa 「ごめん，Mary。家賃が高すぎるわ。私はお金を貯めたいの。あなたはどう，Kota」

⑤ Kota 「君と同じだよ，Lisa。僕は早起きして電車通勤でもかまわないさ。ほら，通勤中に音楽が聴けるからね」

⑥ Jimmy「おいおい，君たち。僕たちは若いうちに都会生活を楽しんでおくべきだよ。街ではやることがとてもたくさんあるからね」

⑦ Mary 「Jimmy の言う通りだわ。それに，私は犬を飼いたいの。職場が近ければ，そのぶん早く帰宅して犬の散歩がより長くできるわ」

⑧ Lisa 「Mary，より広い空間がある郊外の方が，犬は喜ぶと思わない？」

⑨ Mary 「まあ，そうかもしれないわね，Lisa。うーん，じゃあもう一度考えないと」

⑩ Kota 「えーと，僕はトレーニング機器を置くスペースが欲しいんだ。街の中の小さなアパートだとそのスペースがないだろうね」

⑪ Jimmy「それは君には言えるかもね，Kota。僕は街の中の小さなアパートで十分だよ。実はもういいところを見つけたんだ」

⑫ Lisa 「やったね！　私たちはいつお邪魔できる？」

— 英 L 171 —

問36 [36] 正解 − ①

〈ポイント〉

正解は①。4人の発言の要点は次の通り。

Mary：③や⑦の発言の時点では，街の中心部に住むことにしているが，最後の⑨の発言でその気持ちが揺らいでいることがわかる。したがって正解にはなれない。

Jimmy：最後の⑪の発言からわかるように，すでに街の中心部に住むことに決めているので，正解となる。

Lisa：④と⑧の発言から，家賃や空間の広さを理由に，郊外に住むのを好んでいることがわかるので，正解にはなれない。なお，最後の⑫の「やったね！　私たちはいつお邪魔できる？（Great! When can we come over?）」という発言は，街の中心部にアパートを見つけたJimmyの家にみんなで遊びに行きたいという趣旨の発言であって，Lisa自身が街の中心部に住みたいという意味にはとれないことに注意。

Kota：⑤と⑩のいずれの発言においても，街の中心部に住むことには消極的なので，正解にはなれない。

以上により，正解は①のJimmyに決まる。

問37 [37] 正解 − ②

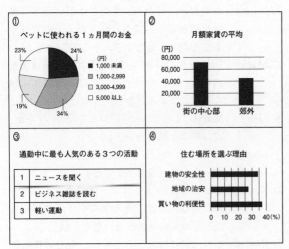

〈ポイント〉

正解は②。Lisaの④の発言に，「ごめん，Mary。〈会社の近くに住むと〉家賃が高すぎるわ（The rent is too expensive.）。私はお金を貯めたいの。あなたはどう，Kota」とあり，②の「月額家賃の平均（Average Monthly Rent）」のグラフは，郊外よりも街の中心部の方が家賃が高いことを示しており，下線部の発言の根拠となることから，これが正解となる。

Lisaは⑧の発言で，「Mary，より広い空間がある郊外の方が，犬は喜ぶと思わない？」とペットについて触れているものの，これは「ペットに使われる1ヵ月間のお金」とは直接関係がないので，①は正解になれない。③や④の表やグラフに関連する発言も，Lisaはしていない。

〈主な語句・表現〉

downtown 名形副「中心街（の［で］）」／You said it「本当にそうだね」／the suburbs「郊外」／definitely 副「間違いなく；絶対に」／morning person「朝型の人」／I'm with you.「私はあなたと同意見です」／commute 動「通勤する」／come on「まさか；おいおい」／you guys「君たち」／equipment 名「装備；機器」／come over「会いに来る；立ち寄る」

2022 年度
大学入学共通テスト 本試験
英語（リスニング）

解答・解説

'22
解答・解説

■ 2022 年度（令和 4 年度）本試験「英語（リスニング）」得点別偏差値表
下記の表は大学入試センター公表の平均点と標準偏差をもとに作成したものです。

平均点　59.45　　標準偏差　18.16　　　　　　受験者数　479,040

得 点	偏差値	得 点	偏差値
100	72.3	50	44.8
99	71.8	49	44.2
98	71.2	48	43.7
97	70.7	47	43.1
96	70.1	46	42.6
95	69.6	45	42.0
94	69.0	44	41.5
93	68.5	43	40.9
92	67.9	42	40.4
91	67.4	41	39.8
90	66.8	40	39.3
89	66.3	39	38.7
88	65.7	38	38.2
87	65.2	37	37.6
86	64.6	36	37.1
85	64.1	35	36.5
84	63.5	34	36.0
83	63.0	33	35.4
82	62.4	32	34.9
81	61.9	31	34.3
80	61.3	30	33.8
79	60.8	29	33.2
78	60.2	28	32.7
77	59.7	27	32.1
76	59.1	26	31.6
75	58.6	25	31.0
74	58.0	24	30.5
73	57.5	23	29.9
72	56.9	22	29.4
71	56.4	21	28.8
70	55.8	20	33.8
69	55.3	19	33.2
68	54.7	18	32.7
67	54.2	17	32.1
66	53.6	16	31.6
65	53.1	15	31.0
64	52.5	14	30.5
63	52.0	13	29.9
62	51.4	12	29.4
61	50.9	11	28.8
60	50.3	10	22.8
59	49.8	9	22.2
58	49.2	8	21.7
57	48.7	7	21.1
56	48.1	6	20.6
55	47.5	5	20.0
54	47.0	4	19.5
53	46.4	3	18.9
52	45.9	2	18.4
51	45.3	1	17.8
		0	17.3

英語（リスニング）　2022年度　本試験　（100点満点）

（解答・配点）

問題番号（配点）	設問	解答番号	正解	配点	自己採点欄
第1問（25）	A	1 [1]	③	4	
		2 [2]	②	4	
		3 [3]	②	4	
		4 [4]	①	4	
	B	5 [5]	④	3	
		6 [6]	④	3	
		7 [7]	①	3	
小　計					
第2問（16）		8 [8]	③	4	
		9 [9]	②	4	
		10 [10]	④	4	
		11 [11]	③	4	
小　計					
第3問（18）		12 [12]	①	3	
		13 [13]	③	3	
		14 [14]	④	3	
		15 [15]	①	3	
		16 [16]	④	3	
		17 [17]	①	3	
小　計					

（注）　＊は，全部正解の場合のみ点を与える。

問題番号（配点）	設問	解答番号	正解	配点	自己採点欄
第4問（12）	A	18 [18]	②	4*	
		19 [19]	④		
		20 [20]	①		
		21 [21]	③		
		22 [22]	②	1	
		23 [23]	⑤	1	
		24 [24]	②	1	
		25 [25]	③	1	
	B	26 [26]	②	4	
小　計					
第5問（15）		27 [27]	③	3	
		28 [28]	③	2*	
		29 [29]	②		
		30 [30]	⑤	2*	
		31 [31]	④		
		32 [32]	④	4	
		33 [33]	④	4	
小　計					
第6問（14）	A	34 [34]	②	3	
		35 [35]	④	3	
	B	36 [36]	②	4	
		37 [37]	②	4	
小　計					
合　計					

解　説

第1問

A

問1　1　正解－③

〈放送内容〉

M：There weren't very many people on the bus, so I sat down.

〈全訳〉

男性「バスにはあまり多くの人がいなかったので，私は着席した」

① 話し手はバスの中で席を見つけられなかった。
② 話し手が乗ったバスには誰もいなかった。
❸ 話し手はバスの中で席を取った。
④ 話し手の乗ったバスには多くの人がいた。

〈ポイント〉

正解は③。音声中の There weren't very many people（あまり多くの人がいなかった）と，I sat down（私は座った）が正しく聞き取れれば，正解は③に決まる。

問2　2　正解－②

〈放送内容〉

M：Susan, I left my phone at home.　Wait here.　I'll be back.

〈全訳〉

男性「Susan，僕は電話を家に忘れてきちゃったよ。ここで待っていて。戻ってくるよ」

① 話し手は Susan に戻るように頼むだろう。
❷ 話し手は自分の電話を取ってくるだろう。
③ 話し手は自分の電話を置いていくだろう。
④ 話し手は Susan を待つだろう。

〈ポイント〉

正解は②。男性は「電話を家に忘れてきた（left my phone at home）」ので，Susan に「ここで待っていて（Wait here.）」と頼み，「戻ってくるよ（I'll be back.）」と言っていることから，男性はこれから家に電話を取りに戻ろうとしていることがわかるので，②が正しい。

問3　3　正解－②

〈放送内容〉

M：I didn't lose my map of London.　I've just found it in my suitcase.

〈全訳〉

男性「私は自分のロンドンの地図を紛失しませんでした。先ほどスーツケースの中に見つけました」

① 話し手は自分のスーツケースをロンドンで見つけた。
❷ 話し手はロンドンの地図を持っている。
③ 話し手はロンドンでスーツケースを紛失した。
④ 話し手はロンドンの地図を買う必要がある。

〈ポイント〉

正解は②。男性は「自分のロンドンの地図を無くさなかった（didn't lose my map of London）」，「それをスーツケースの中に見つけた（found it in my suitcase）」と言っているので，②が正解となる。

問4　4　正解－①

〈放送内容〉

M：Claire usually meets Thomas for lunch on Fridays, but she's too busy this week.

〈全訳〉

男性「Claire はたいてい金曜日に Thomas と会って昼食をとりますが，彼女は今週は忙しすぎます」

❶ Claire は今週の金曜日は Thomas と会って昼食をとることができない。
② Claire は金曜日に Thomas と昼食をとることがめったにない。
③ Claire はたいてい金曜日に Thomas と会わない。
④ Claire は今週の金曜日に Thomas と昼食をとるだろう。

〈ポイント〉

正解は①。前半部が正しく聞き取れていれば，後半の but 以下は「しかし彼女は今週は忙しすぎる（ので金曜日に Thomas と会って昼食をとることができない）」という意味であることがわかるので，①が正解となる。

— 英 L 175 —

B

問5 ⬛5 **正解－④**

〈放送内容〉

M：Kathy ate two pieces, and Jon ate everything else. So, nothing's left.

〈全訳〉

男性「Kathy は二切れ食べましたが，Jon はそれ以外の全部を食べました。だから何も残っていません」

〈ポイント〉

正解は④。Kathy が二切れ，Jon がそれ以外の全部を食べたので，結局「何も残されていない（nothing's left）」ことから，ピザが一切れも残っていない④が正解。

問6 ⬛6 **正解－④**

〈放送内容〉

M：Look at that bird on the lake. It's under the tree.

〈全訳〉

男性「湖面にいるあの鳥を見て。木の下にいるよ」

〈ポイント〉

正解は④。最初の発言から，鳥は「湖面に（on the lake）」いることがわかるので，②か④が正解となる。on は「…の上に（接して）」が基本の意味。2番目の発言から，鳥は「木の下に（under the tree）」いることがわかるので，②は誤りとなり，④が正解に決まる。

問7 ⬛7 **正解－①**

〈放送内容〉

M：I prefer this one. There's no belt, and it's longer.

〈全訳〉

男性「僕はこちらの方が好きだな。ベルトがないし，長めだからね」

〈ポイント〉

正解は①。男性が好むのは，「ベルトがない（There's no belt）」ものなので，②や④ではない。そして「長め（longer）」のものなので，③でもないことから，正解は①に決まる。

第2問

問8 ⬛8 **正解－③**

〈放送内容〉

W：Oh, I forgot. Where should these towels go?

M：In the basket on the bottom shelf.

W：The one beside the bottles?

M：No, the other one.

Question:

　Where should the woman put the towels?

〈全訳〉

女性「ああ，忘れてたわ。これらのタオルはどこにしまったらいいの？」

男性「下の棚のカゴの中だよ」

女性「ビンの隣りにあるカゴ？」

男性「いや，もう1つの方さ」

〈問い〉

　「女性はどこにタオルを置くべきか」

〈ポイント〉

正解は③。タオルを置くべき場所は，「（一番）下の棚のカゴの中（In the basket on the bottom shelf）」なので，①や②ではない。また，「ビンの隣りにあるカゴ（The one beside the bottles）」，つまり④ではなく，「もう1つのカゴ（the other one）」なので，正解は③に決まる。

問9 ⬛9 **正解－②**

〈放送内容〉

W：Are you ready to order, sir?

M：Yes, I'd like the fried noodle set.

W：Certainly. Would you like rice with that?

M：Well … . It comes with two side dishes, so that's enough.

Question:

　What did the man order?

〈全訳〉

女性「ご注文はお決まりでしょうか？」

男性「はい，焼きそばセットをお願いします」

女性「かしこまりました。ライスはお付けしますか？」

男性「えーと…。副菜が2つ付いているから，それで十分です」

〈問い〉

　「男性は何を注文したのか」

〈ポイント〉

正解は②。男性が注文した「焼きそばセット（the fried noodle set）」は，「副菜が2つ付いている（It

— 英 L 176 —

comes with two side dishes)」ことから，③や④では
ない。そして男性は「それで十分（that's enough）」，
つまりライスは要らないと答えているので，①も誤り
で，正解は②となる。

問10 ⌈10⌉ 正解ー④

〈放送内容〉

M：Can I put this shirt in the dryer?

W：No, look at the square symbol. It's crossed out.

M：Do I have to iron it?

W：Well, this symbol shows that you can.

Question:

　Which picture shows what they are looking at?

〈全訳〉

男性「このシャツを乾燥機に入れてもいい？」

女性「だめよ，四角いマークを見て。×印が付いてい
　　　るでしょ」

男性「アイロンをかけなければならないの？」

女性「えーと，このマークだからできるわね」

〈問い〉

　「彼らが見ているものを示しているのはどの絵か」

〈ポイント〉

　正解は④。2人が見ている絵は，「四角いマーク（the
square symbol）」に「×印が付いている（It's crossed
out.）」ことから，②や③ではない。また，「アイロン
をかけなければならないの？（Do I have to iron it?）」
と「えーと，このマークだからできるわね（Well, this
symbol shows that you can.）」というやり取りから，
アイロンマークに×印が付いている①も誤りなので，
正解は④に決まる。

問11 ⌈11⌉ 正解ー③

〈放送内容〉

W：I'd rather not sit near the exit.

M：But not too near the screen, either.

W：Isn't the sound better at the back?

M：Do you think so? Let's sit there, then.

Question:

　Which seats will the speakers choose?

〈全訳〉

女性「私は出口のそばには座りたくないわ」

男性「でもスクリーンにあまり近いのもね」

女性「音は後ろの方がいいんじゃない？」

男性「そう思う？　じゃあそこに座ろう」

〈問い〉

　「話し手たちはどの座席を選ぶだろうか」

〈ポイント〉

　正解は③。女性がまず「私は出口のそばには座りた
くないわ（I'd rather not sit near the exit.）」と言っ
ていることから，④は除外される。続いて男性が「で
もスクリーンにあまり近いのも（嫌だ）ね（But not
too near the screen, either.）」と言うことから，①も
正解でないことがわかる。続いて女性が「音は後ろの
方がいいんじゃない？（Isn't the sound better at the
back?）」と言うと，男性は「そう思う？　じゃあそこ
に座ろう（Do you think so? Let's sit there, then.）」
と応じる。2人が座るのは「そこ（there）」であるが，
これは「後ろ（the back）」にある席を指すので②で
はない。したがって正解は③に決まる。

— 英 L 177 —

第3問

問12　[12]　正解－①

〈放送内容〉

W：It's just about to rain.

M：Then I'm leaving right now, so I won't get wet.

W：You can't get to the train station before it starts raining.

M：I think I can.

W：Well, the rain won't last long anyway.　I'm waiting here.

M：Once it starts, I don't think it'll stop that soon.

〈全訳〉

女性「今にも雨が降り出しそうだわ」

男性「じゃあ僕は今すぐ出発するよ。濡れると嫌だから」

女性「雨が降り出すまでに駅に着けないわよ」

男性「着けると思うな」

女性「どうかしら。雨はどうせ長続きしないでしょう。私はここで待つわ」

男性「いったん降り始めたら，そうすぐにはやまないと思うな」

〈問い〉

「少年は何をすることになりそうか」

① 鉄道の駅へ急ぐ

② 少女と共に学校に残る

③ 少女に自分を待つように言う

④ 雨がやむのを待つ

〈ポイント〉

　正解は①。雨が降り出しそうな状況（It's just about to rain.）で，少年は濡れると嫌なのですぐに出発すると言う（Then I'm leaving right now, so I won't get wet.）。少女は，降り始めるまでに駅に着けない（You can't get to the train station before it starts raining.）と言って，出発するのをためらうが，少年は「着けると思うな（I think I can.）」と応じるところから，少年はすぐに駅へ行こうとしていることがわかる。その後で少女が，雨は長続きしないからここで待つ（Well, the rain won't last long anyway.　I'm waiting here.）と言うと，少年は「いったん降り始めたら，そうすぐにはやまないと思うな（Once it starts, I don't think it'll stop that soon.）」と応じる。少年の最後の言葉は，「ここで待つよりも，すぐに出発する方がよい」という趣旨と考えられることから，正解は①に決まる。

〈主な語句・表現〉

　be just about to － 「まさに－しようとしている」／ get wet「濡れる」／ last long「長く続く」／ that

soon「それほど早く」　that は副詞。

問13　[13]　正解－③

〈放送内容〉

M：The doctor says I need to come back in two weeks.

W：The first available appointment is March 2nd at 5. How's that?

M：I'm afraid that's no good.　How about the next day?

W：There are openings at 11:30 and 4.　Which is better?

M：Hmm, I guess I'll come in the morning.

〈全訳〉

男性「先生は2週間後に再来院の必要があるとおっしゃっています」

女性「予約できるのは一番早くて3月2日の5時です。いかがでしょう」

男性「あいにくそれはだめです。翌日はどうでしょう」

女性「11時半と4時に空きがあります。どちらがよろしいですか」

男性「えーと，午前中に来ようと思います」

〈問い〉

「男性が医者のところに行く日はいつか」

① 3月1日

② 3月2日

③ 3月3日

④ 3月4日

〈ポイント〉

　正解は③。再来院の日時として，受付の女性から3月2日を提案された（The first available appointment is March 2nd at 5. How's that?）が，男性はその日は都合が悪い（I'm afraid that's no good.）ので，翌日，つまり3月3日に予約可能か尋ねる（How about the next day?）。女性がその日に予約可能な時間が2つあることを知らせる（There are openings at 11:30 and 4.）と，男性は午前の枠，つまり11:30を選択する（I guess I'll come in the morning.）。したがって男性が予約したのは3月3日の11:30であるから，正解は③に決まる。

〈主な語句・表現〉

　in two weeks「2週間後に；2週間経ったら」／ The first available appointment「一番最初の利用可能な予約」／ opening图「空き」

— 英 L 178 —

問 14 14 正解 — ④

〈放送内容〉

M：That's a nice handbag! Where did you get it?

W：At the new department store.

M：I want to buy one just like that for my mother's birthday.

W：Actually, I'm going there with my sister tomorrow to find a shoulder bag for my aunt.

M：Can I go with you?

W：Of course.

〈全訳〉

男性「それは素敵なハンドバッグだね！　どこで買ったの？」

女性「新しくできたデパートよ」

男性「母の誕生日にそういうのを買ってあげたいな」

女性「実は，おばにショルダーバッグを見つけてあげるために明日私は妹と一緒にそこへ行くの」

男性「一緒に行ってもいい？」

女性「もちろんよ」

〈問い〉

「男性は何をすることになりそうか」

① 自分の妹と一緒にショルダーバッグを買う

② 自分のおばのために誕生日プレゼントを選ぶ

③ 自分の母と一緒に店を見つける

④ 自分の母にハンドバッグを買ってあげる

〈ポイント〉

正解は④。女性が持っているハンドバッグを素敵だ（That's a nice handbag!）と思った男性が，女性に買った場所を尋ねる（Where did you get it?）と，女性は新しいデパートで買った（At the new department store.）と答える。男性が，女性と同じようなハンドバッグを自分の母親の誕生日に買ってあげたい（I want to buy one just like that for my mother's birthday.）と言うと，女性は明日そのデパートに行く予定がある（I'm going there with my sister tomorrow）と答える。それを聞いた男性が，女性に同行したい（Can I go with you?）と言うと，女性は快諾する（Of course.）。したがって男性は明日デパートへ行くことになるが，その目的は「女性と同じようなハンドバッグを自分の母親に買ってあげる」ことと考えられるので，正解は④に決まる。

〈主な語句・表現〉

one just like that「それと全く同じようなもの（ハンドバッグ）」／ Of course.「もちろん；いいですよ」

問 15 15 正解 — ①

〈放送内容〉

W：How do I get to the museum?

M：You mean the new city museum?

W：Yeah, the one featuring American art.

M：That museum displays works from Asia, not from America.

W：Really? I saw American art on their website once.

M：That was a temporary exhibit, on loan from another museum.

W：Too bad.

〈全訳〉

女性「美術館へはどう行けばいいでしょうか」

男性「新しい市立美術館のことですか？」

女性「ええ，アメリカ美術を展示しているところです」

男性「その美術館が展示しているのはアジアの作品で，アメリカではありませんよ」

女性「本当ですか。そこのウェブサイトでアメリカ美術を見たことがあったのですが」

男性「あれは別の美術館から貸し出された期間限定の展示だったんですよ」

女性「それは残念だわ」

〈問い〉

「なぜ女性はがっかりしているのか」

① アメリカ美術が展示されていない。

② アジア美術が今日は展示されていない。

③ 美術館は現在は無期限で閉館している。

④ ウェブサイトが一時的に閲覧できない。

〈ポイント〉

正解は①。女性ががっかりしている（Too bad.）のは，男性に「あれは別の美術館から貸し出された期間限定の展示だったんですよ（That was a temporary exhibit, on loan from another museum.）」と言われたためであるが，「あれ（That）」とは，その直前の女性の発言の中の「アメリカ美術（American art）」を指している。つまり女性は，「アメリカ美術が期間限定の展示だった」，つまり「現在ではアメリカ美術の展示が行われていない」ことにがっかりしていることになるので，正解は①に決まる。

〈主な語句・表現〉

feature 動「…を呼び物にする」／ display 動「…を展示する」／ temporary 形「一時的な」／ exhibit 名「展示（会）」／ on loan「借りて」／ Too bad.「残念だ」

— 英 L 179 —

問 16　16　正解－④

〈放送内容〉

M：Hey, I can't log in.

W：Did you put in the right password?

M：Yes, I did. I retyped it several times.

W：And is your username correct?

M：I think so … . It's my student number, isn't it?

W：Yes. But is that your student number?

M：Uh-oh, I entered two zeros instead of one.

〈全訳〉

男性「ねえ，ログインできないよ」

女性「パスワードを正しく入れた？」

男性「うん，入れたよ。何度も打ち直したんだ」

女性「じゃあユーザー名は正しいの？」

男性「そう思うけど…。それって学生番号だよね？」

女性「そうよ。でもそれはあなたの学生番号なの？」

男性「しまった，ゼロを1つじゃなくて2つ打っちゃったよ」

〈問い〉

「なぜ少年は苦労しているのか」

① 彼はユーザー名を入力しなかった。

② 彼は正しいパスワードを使わなかった。

③ 彼は自分のパスワードを忘れた。

④ 彼は自分のユーザー名を誤って打ち込んだ。

〈ポイント〉

　正解は④。少年はコンピューターにログインできず（Hey, I can't log in.）に苦労している。少女はまずパスワードの誤りを疑う（Did you put in the right password?）が，少年は何度も打ち直しているから間違いないと思っている（Yes, I did. I retyped it several times.）。続いて少女はユーザー名の誤りを疑う（And is your username correct?）。ユーザー名は学生番号と同じである（"It's my student number, isn't it?" "Yes."）が，少女がコンピューターのログイン画面に打ち込まれた番号を見て，それが正しい学生番号なのか問いかける（But is that your student number?）と，少年は「しまった，ゼロを1つじゃなくて2つ打っちゃったよ（Uh-oh, I entered two zeros instead of one.）」と答える。最後の発言は，少年が学生番号，つまりユーザー名を誤って入力していたことを意味していることから，正解は④に決まる。

〈主な語句・表現〉

　put in ...「…を書き込む［入力する］」／ retype 動「…をタイプで打ち直す」／ uh-oh 間「ああ（こりゃいけない）」／ enter 動「…を入力する」／ mistype 動「…

を間違ってタイプする」

問 17　17　正解－①

〈放送内容〉

W：How was the concert yesterday?

M：Well, I enjoyed the performance a lot, but the concert only lasted an hour.

W：Oh, that's kind of short. How much did you pay?

M：About 10,000 yen.

W：Wow, that's a lot! Do you think it was worth that much?

M：No, not really.

〈全訳〉

女性「昨日のコンサートはどうだった？」

男性「それがね，演奏はとても楽しめたけど，コンサートは1時間で終わっちゃったんだ」

女性「あら，それはちょっと短いわね。いくら払ったの？」

男性「1万円くらいだよ」

女性「まあ，それは高いわね！　それだけの価値があったと思う？」

男性「いや，あまりなかったね」

〈問い〉

「男性はコンサートについてどう思っているか」

① もっと長く続くべきだった。

② 予想通りの長さだった。

③ 演奏はかなり下手だった。

④ 価格はもっと高くてもおかしくなかった。

〈ポイント〉

　正解は①。女性からコンサートの感想を尋ねられた（How was the concert yesterday?）男性は，よかった点として(A)「演奏がよかった（I enjoyed the performance a lot）」こと，悪かった点として(B)「コンサートの時間が短かった（the concert only lasted an hour）」ことを挙げる。そして女性から料金に見合う価値があったか尋ねられる（Do you think it was worth that much?）と，男性は(C)「（料金に見合う価値は）あまりなかった（No, not really.）」と答える。したがって(A)，(B)，(C)の内容のいずれかと合うものが正解になる。選択肢の①は(B)と同内容であるから，これが正解となる。

　②は(B)と矛盾する内容なので誤り。③は(A)と合わない。④は「価格は（1万円より）もっと高いこともありえた［高くてもよかった］」という意味で，これは(C)のような価格の高さへの不満を述べた表現ではないので，やはり正解にはなれない。

— 英 L 180 —

〈主な語句・表現〉

performance 图「演奏」／ last an hour「1時間続く」／ kind of ...「多少［いくらか］…」／ was worth that much「それだけの（金額分の）価値があった」／ not really「それほどでもない」

第4問

A

問 18 ～ 21　正解　$\boxed{18}$ - ②, $\boxed{19}$ - ④
$\boxed{20}$ - ①, $\boxed{21}$ - ③

〈放送内容〉

I always enjoy the holidays. One of my happiest memories is about a snowy night just before Christmas. As the hall clock struck nine, there was a loud knock at the door. "Who could it be?" we wondered. My father went to the door, and in a surprised voice we heard, "Oh, my ... look who's here!" We all ran to the hall, and there was my favorite uncle with his arms full of gifts. He surprised us with a visit. Then, he helped us decorate our Christmas tree. We had so much fun.

〈全訳〉

私はいつも祝日を楽しく過ごします。一番楽しかった思い出の1つに，クリスマス直前の雪の日の夜の出来事があります。玄関の広間の時計が9時を打つ（= ②）と，ドアに大きなノックの音がしました。「いったい誰かな」と私たちは思いました。父がドアのところに行き（= ④），驚いた声で「おやまあ…誰かと思えば」と言うのが私たちには聞こえました。みんなで玄関へ走って行くと，私の大好きなおじさんがいて，腕にプレゼントをいっぱい抱えていました（= ①）。おじさんは突然やってきて私たちを驚かせたのです。それからおじさんは私たちがクリスマスツリーの飾り付けをする（= ③）のを手伝ってくれました。私たちはとても楽しく過ごしました。

〈ポイント〉

各イラストに対応する記述が，全訳中の下線部であることがわかれば，② → ④ → ① → ③ の順に起こったことがわかる。

〈主な語句・表現〉

hall 图「玄関（の広間）」／ strike 働「〈時を〉打って知らせる」／ my 圊「まあ；おや」／ look ＋疑問詞節「…かを（見て）確かめよ」／ with his arms full of ...「腕に…をいっぱい抱えて」

問 22 ～ 25　正解　$\boxed{22}$ - ②, $\boxed{23}$ - ⑤
$\boxed{24}$ - ②, $\boxed{25}$ - ③

〈放送内容〉

Here are all the items that were donated last week. Please help me sort them into the proper boxes. First, summer clothes go into Box 1, whether they are for men or for women. In the same way, all winter clothes for men and women go into Box 2. Box 3 is for children's clothes, regardless of the season they're worn in. Shoes and bags should be put into Box 4. All other items go into Box 5.

〈全訳〉

ここに先週寄付された品物がすべてあります。これらを仕分けして正しい箱に入れるのを手伝ってください。まず夏服は，男物でも女物でも1番の箱に入れます。同じように，男女の冬服はすべて2番の箱に入れます（= A）。3番の箱には，着る季節に関係なく，子供服が入ります（= B）。靴やバッグは4番の箱に入れてください。その他の品物はすべて5番の箱に入れます（= C）。

集められた品物

品番	区分	品物	箱の番号
0001	男性用	ダウンジャケット	$\boxed{22}$
0002	男性用	ベルト	$\boxed{23}$
0003	女性用	スキーウェア	$\boxed{24}$
0004	男児用	スキーウェア	$\boxed{25}$
0005	女児用	コート	
0006	男性用	コットンセーター	

①　1番の箱
②　2番の箱
③　3番の箱
④　4番の箱
⑤　5番の箱

〈ポイント〉

下線部(A)から，表の中で，「区分（Category）」が「男性用（Men's）」または「女性用（Women's）」で，「品物（Item）」が「冬服（winter clothes）」である「ダウンジャケット（down jacket）」と「スキーウェア（ski wear）」は，2番の箱に入ることがわかる。これに該当するのは，「品番（Item number）」が0001と0003の2点である。したがって $\boxed{22}$ と $\boxed{24}$ は ② が正解となる。

下線部(B)から，「子供服（children's clothes）」はすべて3番の箱に入ることがわかる。「子供服」とは，「区分」の項が「男児用（Boys'）」または「女児用（Girls'）」になっている服のことであるから，「品番」が0004と

— 英 L 181 —

0005 の 2 点である。したがって 25 は ③ が正解となる。

下線部(C)から，「その他の品物 (other items)」は 5 番の箱に入ることがわかる。「その他の品物」とは，ここまでの内容から，「服 (clothes)」でも「靴 (shoes)」でも「バッグ (bags)」でもないものを指すので，「品物」の項の「ベルト (belt)」のことだとわかる。したがって 0002 は 5 番の箱に入ることになるので，23 は ⑤ が正解となる。

〈主な語句・表現〉

donate 動「…を寄付する」／ sort A into B「A を B に分類する」／ regardless of ...「…に関係なく」

B

問 26 　26 　正解 − ②

〈放送内容〉

① There are so many books to choose from, but one I think would be good is a science fiction novel, *Exploring Space and Beyond*, that was published last month. It can be read in one sitting because it's just 150 pages long.

② I read a review online about a book that was published earlier this year, titled *Farming as a Family*. It's a true story about a man who decided to move with his family to the countryside to farm. It's an easy read ... around 200 pages.

③ I know a really good autobiography called *My Life as a Pop Star*. It's 300 pages in length. I think it would be an interesting discussion topic for our group. I learned a lot when I read it several years ago.

④ I heard about a new book, *Winning at the Olympics*. It features Olympic athletes who won medals. It has so many interesting photographs and some really amazing true-life stories. It's 275 pages long.

〈全訳〉

① 選べる本はたくさんありますが，私がよいと思うのは，先月出版された（→ B ○）Exploring Space and Beyond という空想科学小説（→ C ×）です。わずか 150 ページの長さ（→ A ○）なので，一気に読むことができます。

② 私はオンラインで，今年になって出版された（→ B ○）Farming as a Family というタイトルの本の書評を読みました。これは農業をするために家族と一緒に地方に移り住むことを決めた 1 人の男性につい

ての実話（→ C ○）です。平易な読み物で，だいたい 200 ページくらいです（→ A ○）。

③ 私は My Life as a Pop Star と呼ばれる大変優れた自叙伝（→ C ○）を知っています。長さは 300 ページです（→ A ×）。これは私たちのグループにとって興味深い討論のテーマになると思います。私はこれを数年前に読んだ（→ B ×）時に，たくさんのことを学びました。

④ 私は Winning at the Olympics という新刊（→ B ○）の話を聞きました。これはメダルを獲得したオリンピック選手にスポットライトを当てた話です。とてもたくさんの面白い写真や，いくつかの本当に驚く実話の物語（→ C ○）が収録されています。長さは 275 ページです（→ A ×）。

〈問い〉

「『26』があなたが選ぶ可能性が最も高い本である」

〈ポイント〉

正解は ②。全訳中の下線部分が正しく聞き取れればよい。各条件の適否をまとめると以下のようになる。

書名	条件A	条件B	条件C
① *Exploring Space and Beyond*	○	○	×
② *Farming as a Family*	○	○	○
③ *My Life as a Pop Star*	×	×	○
④ *Winning at the Olympics*	×	○	○

〈主な語句・表現〉

sitting 名「一座りの時間；一仕事」／ review 名「書評」／ earlier this year「今年これまでに」／ farm 動「農業をする」／ an easy read「平易な読み物」／ autobiography 名「自叙伝」／ length 名「長さ」／ feature 動「…を特集する；呼び物にする」／ true-life 形「事実に基づく」

— 英 L 182 —

第5問
〈放送内容〉

Today I'll introduce a recent work model based on "gig work." Do you know this term? This model utilizes the spread of smartphones and the internet. It enables businesses to connect with and hire freelance workers through digital platforms. These workers are called gig workers, who do individual jobs, or gigs, on short-term contracts.

Let's look at some benefits of the gig work model. This model is attractive to companies because they can save on operating costs, and they can easily hire a more skilled workforce through digital platforms. The workers have the opportunity to control the numbers and types of projects according to their preferences, with the freedom to choose their schedule and workload. However, their income can be unstable because it is based on individual payments instead of a regular salary.

The gig work model is expanding to include various types of work. It has become common for local service jobs such as taxi and delivery drivers. There is now increasing demand for highly specialized project work, not only domestically but also internationally. For example, a company that needs help with its advertising can hire international consultants who work remotely in different countries. In fact, a large number of U.S. companies are already taking advantage of digital platforms to employ an international workforce.

The gig work model is challenging us to rethink the concepts of permanent employment, and full-time and part-time work. Working on a contract basis for multiple companies may give gig workers additional income while maintaining their work-life balance. As more and more people enter the gig job market, this work model will undoubtedly expand as a work model for future generations.

〈全訳〉

本日は、「ギグワーク」に基づく最近の労働モデルを紹介します。この用語をご存知ですか。このモデルは、スマートフォンとインターネットの普及を利用します。これは企業がデジタルプラットフォームを通じてフリーランスの労働者とつながり、彼らを雇うことを可能にします。これらの労働者はギグワーカーと呼ばれ、彼らは個々の仕事、つまりギグを、短期間の契約で行います。

ギグワークモデルがもたらす利益をいくつか見ていきましょう。企業は業務費用を節約し、デジタルプラットフォームを通じてより熟練した労働者を容易に雇うことができるので、このモデルは企業にとって魅力があります。労働者は自分の好みに応じて、プロジェクトの数や種類を自分で決める機会を得て、スケジュールと仕事の量を自由に選ぶことができます。しかしながら、一定の給料ではなく個々の報酬が収入源となるため、収入は不安定になる可能性があります。

ギグワークモデルは拡大して、さまざまな職種を含むようになっています。これはタクシーや宅配運転手のような地域のサービス業でよく見られるようになっています。現在では国内に限らず国際的にも、高度に専門的なプロジェクト作業への需要が高まっています。たとえば、宣伝活動への援助を必要としている会社は、違う国でテレワークをしている国際的コンサルタントを雇うことができます。事実、多くの米国の企業はすでにデジタルプラットフォームを利用して、国際的な労働者を雇用しています。

ギグワークモデルは私たちに、終身雇用、そして常勤・非常勤の仕事という概念についての再考を促しています。ギグワーカーは、契約ベースで多数の企業で働くことにより、仕事と生活のバランスをとりながら収入を増やすことができるかもしれません。ギグジョブ市場に参入する人々が増えるにつれて、このワークモデルは将来の世代のワークモデルとして、間違いなく拡大していくでしょう。

ワークシート

ギグワークモデル：21世紀のワークモデル

○「ギグワーク」とは何か。

・ギグワークモデルは 27 によって特徴づけられる。

○ギグワークのもたらす利益

企業にとって	28	熟練労働者
労働者にとって	仕事の選択	29

○ギグワークの拡大

地域の 30 ≫≫ 専門的な 31 ➡

問 27 [27] 正解－③

① 一定の給料を得るために完成されなければならない個々の仕事
② デジタルプラットフォームの開発者に開かれている就業の機会
③ **独立した労働者によって行われる一時的な仕事**
④ 契約期間によって決定されることのない労働形態

〈ポイント〉

正解は③。空所には，ギグワークモデルの特徴を端的に示す表現が入る。この特徴は，講義のスクリプトの第1段落第4文（It enables businesses ...）と最終文（These workers are ...）で述べられていて，そこには「これ（＝ギグワークモデル）は企業がデジタルプラットフォームを通じて<u>フリーランスの労働者</u>とつながり，彼らを雇うことを可能にします。これらの労働者はギグワーカーと呼ばれ，彼らは個々の仕事，つまりギグを，<u>短期間の契約</u>で行います」とある。1つめの下線部の「フリーランスの労働者（freelance workers）」と③の中の「独立した労働者（independent workers）」とは同内容であり，2つめの下線部の「短期間の（short-term）」と③の中の「一時的な（temporary）」もほぼ同じ意味であることから，③は上に引用した文の内容を端的に示したものと考えられるので，これが正解となる。他の選択肢のようなことは，講義の中では述べられていない。

問 28 ～ 31 正解 [28]－③，[29]－②
　　　　　　　　　[30]－⑤，[31]－④

① 宣伝活動
② 柔軟な勤務時間
③ より低い経費
④ プロジェクト作業
⑤ サービス業
⑥ 安定した収入

〈ポイント〉

[28]には，「企業にとって（For Companies）」「ギグワークのもたらす利益（Benefits of Gig Work）」となるもので，「熟練労働者（skilled workers）」と並ぶものが入る。「ギグワークのもたらす利益」については，第2段落（Let's look at ...）で述べられている。第2文（This model is attractive ...）に「企業は<u>業務費用を節約し（save on operating costs）</u>，デジタルプラットフォームを通じてより熟練した労働者を容易に雇うことができるので，このモデルは企業にとって魅力が

あります」とあることから，下線部の内容と合っている③の「より低い経費（lower expenses）」が正解となる。

[29]には，「労働者にとって（For Workers）」「ギグワークのもたらす利益」となるもので，「仕事の選択（choice of work）」と並ぶものが入る。第2段落第3文（The workers have ...）に「労働者は自分の好みに応じて，プロジェクトの数や種類を自分で決める機会を得て，<u>スケジュールと仕事の量を自由に選ぶことができます（with the freedom to choose their schedule and workload）</u>」とあることから，下線部の内容を端的に表したと考えられる②の「柔軟な勤務時間（flexible hours）」が正解となる。

[30]と[31]には，「ギグワークの拡大（Expansion of Gig Work）」のプロセスと関連する語が入る。「ギグワークの拡大」については第3段落（The gig work model ...）で述べられている。第2文（It has become common ...）に「これはタクシーや宅配運転手のような<u>地域のサービス業（local service jobs）</u>でよく見られるようになっています」とあることから，[30]には⑤の「サービス業（service jobs）」が入る。また第3文（There is now ...）に「現在では国内に限らず国際的にも，高度に<u>専門的なプロジェクト作業（highly specialized project work）</u>への需要が高まっています」とあることから，[31]には④の「プロジェクト作業（project work）」が入る。

問 32 [32] 正解－④

① 企業は終身雇用を通じてより熟練した労働者を育成できる。
② ギグワーカーは収入の増加を確実にするために仕事と生活のバランスを犠牲にする。
③ 契約の欠如が企業と労働者を結びつける際の主要な障害である。
④ **ギグワークモデルは社会の仕事に対する見方に関する新しい議論を推し進めている。**

〈ポイント〉

正解は④。最終段落第1文（The gig work model ...）に「ギグワークモデルは私たちに，終身雇用，そして常勤・非常勤の仕事という概念についての再考を促しています」とある。④はこれと基本的に同内容と考えられることから，④が正解となる。他の選択肢はいずれも，講義の内容と合わない。

— 英 L 184 —

問33　[33]　正解―④

〈放送内容〉
The growing effects of gig work on employment and markets differ regionally. Look at the two graphs containing data from the major English-language online labor platforms. They show the top five countries in terms of percentages of all gig employers and gig employees. What trend can we see here?

〈全訳〉
　ギグワークが雇用と市場に及ぼす影響の高まりには地域差があります。主要な英語圏のオンライン労働プラットフォームのデータを含むこの2つのグラフを見てください。これらは，ギグワークの全雇用者と労働者の割合における上位5ヵ国を示しています。ここにはどのような傾向が見られるでしょう。

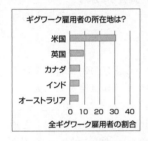 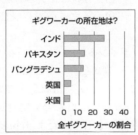

① 南アジア諸国におけるギグワーカーの大多数は高度な専門家である。
② カナダと米国は，オンラインプラットフォームサービスを獲得しようと競い合っている。
③ ギグワークに対する全世界的な需要は，雇用できる労働者の数を上回っている。
④ 国境を越えて労働者を雇うのが容易なことは，ギグワークのもたらす利益の1つである。

〈ポイント〉
　正解は④。与えられた2つのグラフから，ギグワークにおいては④のように「(英米に多い雇用者が)国境を越えて(南アジアに多い)労働者を雇うことが容易」であることが読み取れる。このことは，最初の講義のスクリプトの第3段落第3文(There is now ...)から最終文(In fact, ...)で述べられている「ギグワークの国際化」という内容と合っている。また同時に，第2段落第2文(This model is ...)の「企業は業務費用を節約し，デジタルプラットフォームを通じてより熟練した労働者を容易に雇うことができるので，このモデルは企業にとって魅力があります」という記述の下線部分の内容とも合っている。下線部分は，「ギグワークのもたらす利益の1つ」として述べられていることから，正解は④に決まる。他の選択肢のようなことは，グラフからも講義からも読み取れない。

〈主な語句・表現〉
第1段落 (Today I'll introduce ...)
　utilize動「…を利用する」／ business名「企業；会社」／ freelance形「自由契約で働く」／ contract名「契約」
第2段落 (Let's look at ...)
　attractive形「魅力的な」／ save on ...「…を節約する」／ operating cost「運営費；業務費」／ skilled形「熟練した」／ workforce名「従業員」／ according to ...「…に応じて」／ preference名「好み」／ workload名「仕事量」／ unstable形「不安定な」／ be based on ...「…に基づいている」／ individual形「個々の」／ payment名「支払金；報酬」／ instead of ...「…の代わりに」
第3段落 (The gig work model is expanding ...)
　expand動「拡大する」／ increasing demand「増加する需要」／ highly specialized「高度に専門化した」／ domestically副「国内で」／ advertising名「宣伝(活動)」／ take advantage of ...「…を利用する」／ employ動「…を雇う」
最終段落 (The gig work model is challenging ...)
　challenge O to ―「O が―するよう挑む[刺激する]」／ permanent employment「終身雇用」／ on a contract basis「契約ベースで」／ multiple形「多数の」／ additional形「追加の」／ work-life balance「仕事と生活のバランス」／ undoubtedly副「疑いなく」
問33
　the effects of A on B「AのBに対する影響」／ regionally副「地域的に」／ in terms of ...「…の点で」／ employer名「雇用者」／ employee名「従業員」／ trend名「傾向」

第6問

A

〈放送内容〉

Julia : Oh, no. I'm out of butter.

Tom : What are you making, Julia?

Julia : I was going to make an omelet.

Tom : How about using olive oil instead?

Julia : But, Tom, the recipe says to use butter.

Tom : Why don't you just change the recipe?

Julia : I don't like cooking that way.

Tom : I just throw together whatever is in the refrigerator. For me, cooking is a creative act.

Julia : Not for me. I need to follow a recipe.

Tom : I like to think about how the ingredients will combine.

Julia : I don't have to think about it if I follow a recipe precisely. I use measuring spoons, a measuring cup, and a step-by-step recipe. You like my food, don't you?

Tom : Absolutely. Your beef stew is especially delicious.

Julia : See? There is something to be said for sticking to a plan. And without butter I cannot make an omelet.

Tom : OK. So, what are you going to do with those eggs?

Julia : How about boiled eggs? Where's the recipe?

〈全訳〉

① Julia「あらやだ。バターを切らしてしまったわ」

② Tom「何を作っているの，Julia？」

③ Julia「オムレツを作るつもりだったのよ」

④ Tom「代わりにオリーブオイルを使えば？」

⑤ Julia「でもね，Tom，レシピではバターを使うことになっているのよ」

⑥ Tom「レシピを変えればいいじゃないか」

⑦ Julia「そういう料理の仕方は好きじゃないわ」

⑧ Tom「僕は冷蔵庫に入っているものはなんでも寄せ集めちゃうな。僕にとって，料理は創作なんだよ」

⑨ Julia「私はそうじゃないわ。私はレシピに従わないとだめなの」

⑩ Tom「僕はいろいろな素材が混ざり合ってどうなるかを考えるのが好きなんだ」

⑪ Julia「レシピに正確に従えばそんなことを考える必要はないわ。私は計量スプーン，計量カップ

を使って，レシピの順番通りに作っていくの。あなたは私の料理が好きでしょう？」

⑫ Tom「もちろんだよ。君の作るビーフシチューは特においしいね」

⑬ Julia「でしょ？ 計画を忠実に守ることには長所があるのよ。だからバターがないとオムレツは作れないの」

⑭ Tom「わかったよ。それじゃあ，そこにある卵をどうするんだい？」

⑮ Julia「ゆで卵はどう？ レシピはどこかしら」

問34　34　正解－②

〈問い〉

「Tom が一番言いたいことは何か」

① ある種の料理は作るのが難しい。

② 想像は料理の重要な一部だ。

③ 味付けに欠かせない食材がある。

④ うまくいくレシピは，いくつもの段階からなる。

〈ポイント〉

　正解は②。レシピにこだわらずに自由に料理を作ることを好む Tom は⑧の発言で，「僕は冷蔵庫に入っているものはなんでも寄せ集めちゃうな。僕にとって，料理は創作なんだよ（cooking is a creative act）」と述べている。また，⑩の発言でも，「僕はいろいろな素材が混ざり合ってどうなるかを考えるのが好きなんだ（I like to think about how ...）」と述べている。したがってこれらの下線部の内容と合っている②が正解となる。他の選択肢のようなことは，Tom の発言からは読み取れない。

問35　35　正解－④

〈問い〉

「Julia は料理についてどう考えているか」

① 創作的な料理を作ることは，レシピに従うよりも楽しい。

② 気持ちのこもった料理が最も優先するべきものだ。

③ 計量に関する間違いは起こりやすい。

④ 食べ物を調理するには，明確な指示が必要だ。

〈ポイント〉

　正解は④。⑨の中の「私はレシピに従わないとだめなの（I need to follow a recipe.）」，⑪の中の「レシピに正確に従えばそんなことを考える必要はないわ（I don't have to think about it if I follow a recipe

— 英 L 186 —

precisely.)」，⑬の中の「計画を忠実に守ることには長所があるのよ（There is something to be said for sticking to a plan.)」，⑮の中の「レシピはどこかしら（Where's the recipe?)」などの発言からわかるように，Juliaはレシピに従って料理を作ることが大切だと考えている。したがってこれと同内容である④が正解となる。④の中の「明確な指示（clear directions)」が「レシピ」に相当する表現であることがわかればよい。

〈主な語句・表現〉

be out of ...「…を切らしている」／ How about −ing?「−してはどうか」／ instead 副「代わりに」／ say to −「−しなさいと言う」／ Why don't you ...?「…したらいいじゃないか」／ whatever is in ...「…の中にあるものはなんでも」／ refrigerator 名「冷蔵庫」／ creative act「創造行為」／ ingredient 名「食材」／ combine 動「結合する」／ precisely 副「正確に」／ measuring spoon [cup]「計量スプーン [カップ]」／ step-by-step 形「段階的な」／ Absolutely.「まったくその通りだ」／ there is something to be said for ...「…には長所が（少しは）ある」／ stick to a plan「計画を忠実に実行する」

B
〈放送内容〉

Anne ： Hey, Brian. Look at that beautiful red coral necklace. Ooh ... expensive.

Brian ： Anne, red coral is endangered. They shouldn't be selling that.

Anne ： So, how are they going to make money?

Brian ： There're lots of ways to do that if we consider ecotourism.

Anne ： Yeah ... ecotourism ... . What do you think, Donna?

Donna ： Well, Anne, ecotourism supports the local economy in a good way while protecting the environment.

Brian ： Right. So, we shouldn't buy coral; it'll become extinct.

Anne ： Oh, come on, Brian. How about the people relying on the coral reefs?

Brian ： But, Anne, those coral reefs take millions of years to regrow. We should support more sustainable ways to make money.

Donna ： Hey Hiro, didn't you buy some photos of coral reefs?

Hiro ： Yeah, taken by a local photographer. They are beautiful.

Donna ： That's ecotourism. We shouldn't impact the environment so much.

Hiro ： But that's not enough to support people relying on coral reefs for income.

Brian ： Hiro has a point. They should find other ways to make money while still preserving the reefs.

Anne ： I'm not sure if we are in a position to tell them how they should make their money.

Hiro ： Anne's right. Selling coral is their local tradition. We should respect that.

Donna ： But, at the expense of the environment, Hiro?

Hiro ： The environment is important, but if we protect it, I don't think the economy is supported.

Brian ： Anyway, we're on vacation. It's a nice day.

Donna ： Let's hit the beach!

〈全訳〉

① Anne 「ねえ，Brian。あの美しいアカサンゴのネックレスを見て。うわあ…高いわ」

② Brian 「Anne，アカサンゴは絶滅危惧種なんだよ。売ってちゃいけないんだ」

③ Anne 「それじゃあ，お店はどうやってお金を稼ぐの？」

④ Brian 「エコツーリズムを考えればその方法はたくさんあるよ」

⑤ Anne 「ああ…エコツーリズムね…。Donna，あなたはどう思う？」

⑥ Donna 「そうね，Anne，エコツーリズムは環境を保護すると同時に地元経済を良い形で支えるわ」

⑦ Brian 「そのとおり。だから僕たちはサンゴを買うべきではないんだ。絶滅してしまうよ」

⑧ Anne 「ちょっと待ってよ，Brian。サンゴ礁に頼っている人たちはどうなの？」

⑨ Brian 「でもね，Anne，ああいったサンゴ礁は再生するのに何百万年もかかるんだ。もっと持続可能な形でお金を稼ぐ方法を僕たちは支持するべきだよ」

⑩ Donna 「ねえ Hiro，あなたはサンゴ礁の写真を買ったんじゃないの？」

— 英 L 187 —

⑪ Hiro	「うん，地元の写真家が撮ったものだよ。美しい写真だね」
⑫ Donna	「それがエコツーリズムよ。私たちは環境に大きな負荷をかけてはいけないのよ」
⑬ Hiro	「でもそれだけではサンゴ礁に頼って収入を得ている人たちを支えるには不十分だよ」
⑭ Brian	「Hiro の言うことも一理あるね。そういった人たちは礁を保護しながらもお金を稼ぐ他の方法を見つけるべきなんだよ」
⑮ Anne	「私たちがそういった人たちにどうやってお金を稼ぐべきかを言える立場にあるのかしら」
⑯ Hiro	「Anne の言うとおりだよ。サンゴを売ることは地元の伝統だからね。それは尊重しないと」
⑰ Donna	「でも，環境を犠牲にしてまでそうするべきなの，Hiro？」
⑱ Hiro	「環境は大事さ。でもそれを保護すれば，経済が支えられるとは思わないね」
⑲ Brian	「何はともあれ，僕たちは休暇中さ。いい天気だね」
⑳ Donna	「海辺に行きましょう！」

問36 36 **正解ー②**

〈ポイント〉

正解は②。絶滅危惧種であるアカサンゴのネックレスを売っている店の前で，「環境に負荷をかける経済活動に反対し，エコツーリズムに賛成する意見」と，「経済活動を重視し，エコツーリズムを疑問視する意見」が，4人の間で交わされる。エコツーリズムに対する各人の考えを表す発言を抜き出すと，次のようになる。

Anne	⑧「ちょっと待ってよ，Brian。サンゴ礁に頼っている人たちはどうなの？」 ⑮「私たちがそういった人たちにどうやってお金を稼ぐべきかを言える立場にあるのかしら」 → 経済活動を重視して，エコツーリズムの推進に消極的な態度をとっている。
Brian	②「アカサンゴは絶滅危惧種なんだよ。売ってちゃいけないんだ」 ④「エコツーリズムを考えればその方法はたくさんあるよ」

	⑦「僕たちはサンゴを買うべきではないんだ。絶滅してしまうよ」 ⑨「もっと持続可能な形でお金を稼ぐ方法を僕たちは支持するべきだよ」 ⑭「そういった人たちは礁を保護しながらもお金を稼ぐ他の方法を見つけるべきなんだよ」 → 一貫してエコツーリズムに**賛成**の立場。
Donna	⑥「エコツーリズムは環境を保護すると同時に地元経済を良い形で支えるわ」 ⑫「それがエコツーリズムよ。私たちは環境に大きな負荷をかけてはいけないのよ」 ⑰「でも，環境を犠牲にしてまでそうするべき（＝サンゴの販売を尊重するべき）なの，Hiro？」 → 一貫してエコツーリズムに**賛成**の立場。
Hiro	⑬「でもそれだけではサンゴ礁に頼って収入を得ている人たちを支えるには不十分だよ」 ⑯「Anne の言うとおりだよ。サンゴを売ることは地元の伝統だからね。それは尊重しないと」 ⑱「環境は大事さ。でもそれを保護すれば，経済が支えられるとは思わないね」 → エコツーリズムの推進にやや消極的な立場。

したがって，エコツーリズムに賛成しているのは，Brian と Donna の2人なので，正解は②となる。

問37 37 **正解ー②**

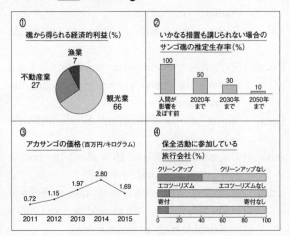

〈ポイント〉

　正解は②。②の「いかなる措置も講じられない場合のサンゴ礁の推定生存率」のグラフは，サンゴ礁の生存率が減少を続けており，2050年までに10パーセント程度に落ちることを示している。このことは，Brianの②の「アカサンゴは絶滅危惧種なんだよ。売ってちゃいけないんだ」や，⑦の「僕たちはサンゴを買うべきではないんだ。絶滅してしまうよ」という発言の根拠となりうるので，②が正解となる。

　①の「礁から得られる経済的利益」の内訳や，③の「アカサンゴの価格」の変化や，④の「保全活動に参加している旅行会社」の活動別の割合を示すグラフは，いずれも Brian の発言の直接の根拠とはなり得ない。

〈主な語句・表現〉

　coral 图「サンゴ」／ endangered 形「絶滅の危機にさらされた」／ extinct 形「絶滅した」／ come on「〈相手の発言への不信感を表して〉そんな；まさか」／ rely on ... (for 〜)「(〜のことで) …に頼る」／ reef 图「礁」／ regrow 動「再生する」／ sustainable 形「持続可能な」／ impact 動「…に大きな影響を与える」／ have a point「もっともだ；一理ある」／ preserve 動「…を保護する」／ I'm not sure if ...「…かどうかはよくわからない」／ be in a position to −「−できる立場にある」／ at the expense of ...「…を犠牲にして」／ hit the beach「浜にたどり着く」

2021 年度

大学入学共通テスト 第 1 日程

英語（リスニング）

解答・解説

■2021 年度（令和 3 年度）第 1 日程「英語（リスニング）」得点別偏差値表
下記の表は大学入試センター公表の平均点と標準偏差をもとに作成したものです。

平均点　56.16　　　標準偏差　16.45　　　　　　　受験者数　474,484

得 点	偏差値	得 点	偏差値
100	76.7	50	46.3
99	76.0	49	45.6
98	75.4	48	45.0
97	74.8	47	44.4
96	74.2	46	43.8
95	73.6	45	43.2
94	73.0	44	42.6
93	72.4	43	42.0
92	71.8	42	41.4
91	71.2	41	40.8
90	70.6	40	40.2
89	70.0	39	39.6
88	69.4	38	39.0
87	68.7	37	38.4
86	68.1	36	37.7
85	67.5	35	37.1
84	66.9	34	36.5
83	66.3	33	35.9
82	65.7	32	35.3
81	65.1	31	34.7
80	64.5	30	34.1
79	63.9	29	33.5
78	63.3	28	32.9
77	62.7	27	32.3
76	62.1	26	31.7
75	61.5	25	31.1
74	60.8	24	30.4
73	60.2	23	29.8
72	59.6	22	29.2
71	59.0	21	28.6
70	58.4	20	28.0
69	57.8	19	27.4
68	57.2	18	26.8
67	56.6	17	26.2
66	56.0	16	25.6
65	55.4	15	25.0
64	54.8	14	24.4
63	54.2	13	23.8
62	53.6	12	23.2
61	52.9	11	22.5
60	52.3	10	21.9
59	51.7	9	21.3
58	51.1	8	20.7
57	50.5	7	20.1
56	49.9	6	19.5
55	49.3	5	18.9
54	48.7	4	18.3
53	48.1	3	17.7
52	47.5	2	17.1
51	46.9	1	16.5
		0	15.9

英語(リスニング)　　2021年度　第1日程　　（100点満点）

（解答・配点）

問題番号（配点）	設問		解答番号	正解	配点	自己採点欄
第1問（25）	A	1	1	②	4	
		2	2	④	4	
		3	3	③	4	
		4	4	②	4	
	B	5	5	②	3	
		6	6	①	3	
		7	7	③	3	
小　　計						
第2問（16）		8	8	②	4	
		9	9	④	4	
		10	10	①	4	
		11	11	①	4	
小　　計						
第3問（18）		12	12	①	3	
		13	13	②	3	
		14	14	③	3	
		15	15	④	3	
		16	16	①	3	
		17	17	②	3	
小　　計						

（注）　＊は，全部正解の場合のみ点を与える。

問題番号（配点）	設問		解答番号	正解	配点	自己採点欄
第4問（12）	A	18	18	①	4*	
		19	19	②		
		20	20	③		
		21	21	④		
		22	22	①	1	
		23	23	②	1	
		24	24	①	1	
		25	25	⑤	1	
	B	26	26	②	4	
小　　計						
第5問（15）		27	27	②	3	
		28	28	①	2*	
		29	29	②		
		30	30	⑤	2*	
		31	31	④		
		32	32	④	4	
		33	33	①	4	
小　　計						
第6問（14）	A	34	34	③	3	
		35	35	③	3	
	B	36	36	①	4	
		37	37	②	4	
小　　計						
合　　計						

解　説

第1問

A

問1　1　正解 — ②

〈放送内容〉

M：Can I have some more juice? I'm still thirsty.

〈全訳〉

男性「ジュースをもう少しいただけますか。私はまだ喉が渇いています」

① 話し手はジュースが欲しくない。

② 話し手はジュースを求めている。

③ 話し手はジュースを出している。

④ 話し手はジュースを飲まないだろう。

〈ポイント〉

　正解は②。Can I have ...? は「…をいただけますか？」という依頼の表現。2つの発言が正しく聞き取れれば，話し手は喉が渇いていてジュースを飲みたがっていることがわかるので，②が正解。

問2　2　正解 — ④

〈放送内容〉

M：Where can we go this weekend? Ah, I know. How about Sunset Beach?

〈全訳〉

男性「今週末どこに行けるかな？　あ, そうだ。サンセット・ビーチはどうだい？」

① 話し手はそのビーチを見つけたいと思っている。

② 話し手はそのビーチについて知りたいと思っている。

③ 話し手はそのビーチの地図を見たいと思っている。

④ 話し手はそのビーチを訪れたいと思っている。

〈ポイント〉

　正解は④。最初の発言（Where can we go ...）から，男性は「今週末に行くことのできる場所」を考えていることがわかる。そして最後の発言（How about ...?）では，サンセット・ビーチを提案している。したがって男性は今週末にサンセット・ビーチに行くことができる，つまりこのビーチを訪れたいと考えていることになるので，④が正解となる。

問3　3　正解 — ③

〈放送内容〉

M：To start working in Hiroshima next week, Yuji moved from Chiba the day after graduation.

〈全訳〉

男性「来週広島で仕事を始めるため，Yuji は卒業した翌日千葉から引っ越した」

① Yuji は千葉に住んでいる。

② Yuji は千葉で勉強している。

③ Yuji は来週仕事を始めるだろう。

④ Yuji は来週卒業するだろう。

〈ポイント〉

　正解は③。前半部（To start working in Hiroshima next week）が「未来のこと」，後半部（Yuji moved from Chiba the day after graduation）が「過去のこと」を述べている点に注意する。①や②や④は，「Yuji は卒業した翌日千葉から引っ越した」という内容と合わない。したがって正解は③に決まる。

問4　4　正解 — ②

〈放送内容〉

M：I won't give David any more ice cream today. I gave him some after lunch.

〈全訳〉

男性「今日は David にこれ以上アイスクリームを与えないよ。昼食後に与えたからね」

① David は今日話し手にアイスクリームを与えた。

② David は今日話し手からアイスクリームを与えられた。

③ David は今日話し手からアイスクリームを与えられるだろう。

④ David は今日話し手にアイスクリームを与えるだろう。

〈ポイント〉

　正解は②。最初の発言から「David は今日（現在以降）話し手からアイスクリームを与えられない」ことが，次の発言から「David は今日（現在までに）話し手からアイスクリームを与えられた」ことが聞き取れれば，正解は②に決まる。

— 英 L 193 —

B

問5 　5 　正解－②

〈放送内容〉

W：Almost everyone at the bus stop is wearing a
　　hat.

〈全訳〉

女性「バス停にいるほとんどすべての人が帽子をかぶっ
　　ている」

〈ポイント〉

　正解は②。バス停で帽子をかぶっているのは「ほと
んどすべての人（Almost everyone）」なので，5人中
4人が帽子をかぶっている②が正解。「ほとんど」と
あることから，全員が帽子をかぶっている①は正解に
なれない。

問6 　6 　正解－①

〈放送内容〉

W：Nancy already has a lot of striped T-shirts and
　　animal T-shirts.　Now she's buying another
　　design.

〈全訳〉

女性「Nancy はすでにたくさんのしま模様のTシャツ
　　や動物柄のTシャツを持っている。今彼女は別
　　の柄を買おうとしている」

〈ポイント〉

　正解は①。Nancy が買おうとしているTシャツは，
④のような「しま模様（striped）」ではなく，②や③
のような「動物（animal）柄」でもないので，正解は
①に決まる。

問7 　7 　正解－③

〈放送内容〉

W：The girl's mother is painting a picture of herself.

〈全訳〉

女性「少女の母親は，自分の絵を描いている」

〈ポイント〉

　正解は③。絵を描いているのは「少女の母親（The
girl's mother）」なので，①や②は誤り。また，母親
が絵に描いているのは「自分自身（herself）」なので，
④も誤り。したがって③が正解。

第2問

問8 　8 　正解－②

〈放送内容〉

M：Maria, let me get your water bottle.

W：OK, mine has a cup on the top.

M：Does it have a big handle on the side?

W：No, but it has a strap.

Question:
　Which water bottle is Maria's?

〈全訳〉

男性「Maria，君の水筒は僕が持つよ」

女性「ええ，私のはてっぺんにカップが付いているわ」

男性「側面に大きなハンドルが付いているかい？」

女性「いいえ，でもストラップは付いているわ」

〈問い〉

　「Maria の水筒はどれか」

〈ポイント〉

　正解は②。Maria の水筒は，「てっぺんにカップが付
いている（mine has a cup on the top）」ので，①で
はない。また，「側面に大きなハンドルが付いていない
（Does it have a big handle on the side？／No）」ので，
③でもない。そして「ストラップが付いている（it has
a strap）」ので，④でもない。したがって正解は②に
決まる。

問9 　9 　正解－④

〈放送内容〉

W：What about this animal one?

M：It's cute, but robots should be able to do more.

W：That's right.　Like the one that can clean the
　　house.

M：Exactly.　That's the best.

Question:
　Which robot will the man most likely vote for?

〈全訳〉

女性「この動物型のはどうかしら」

男性「かわいいけど，ロボットはそれだけじゃだめで
　　しょ」

女性「そうね。家の掃除ができるとかね」

男性「そのとおり。それが一番だね」

〈問い〉

　「男性はどのロボットに投票する可能性が最も高いか」

〈ポイント〉

　正解は④。男性が投票するのは，「家の掃除がで
きるロボットなど（Like the one that can clean the

— 英 L 194 —

house.)」であることから, ④ である可能性が最も高い。

問10 　10　正解─①

〈放送内容〉

M：Don't you need garbage bags?

W：No, they'll be provided.　But maybe I'll need these.

M：Right, you could get pretty dirty.

W：And it's sunny today, so I should take this, too.

Question:

What will the daughter take?

〈全訳〉

男性「ゴミ袋はいらないのかい？」

女性「ええ, それは支給されるの。でもこれは必要かもしれないわ」

男性「そうだね, かなり汚れるかもしれないからね」

女性「それに今日は晴れているからこれも持っていくべきね」

〈問い〉

「娘は何を持っていくか」

〈ポイント〉

正解は①。「ゴミ袋は必要ない（Don't you need garbage bags? ／ No, ...）」ことから, ② や ③ は誤りとなる。また,「それに今日は晴れているからこれも持っていくべきね（And it's sunny today, so I should take this, too.）」の「これ（this）」が指すものは, 晴れている時に役立つものなので, 日よけとなる帽子のことと考えられるので, 帽子を含んでいない ④ も誤りであることから, 正解は ① に決まる。「でもこれは必要かもしれないわ（But maybe I'll need these.）」の「これ（these）」とは, 後の「そうだね, かなり汚れるかもしれないからね」という発言から考えて, ① に含まれる「手袋（gloves）」のことと考えることができる。

問11 　11　正解─①

〈放送内容〉

M：Excuse me, where's the elevator?

W：Down there, next to the lockers across from the restrooms.

M：Is it all the way at the end?

W：That's right, just before the stairs.

Question:

Where is the elevator?

〈全訳〉

男性「すみません, エレベーターはどこにありますか？」

女性「あちらの方で, トイレの向かい側にあるロッカーの隣にあります」

男性「ずーっと行って, 突き当たりですか？」

女性「そうです, 階段のすぐ手前です」

〈問い〉

「エレベーターはどこにあるか」

〈ポイント〉

正解は①。エレベーターは,「ロッカーの隣（next to the lockers）」で「トイレの向かい側に（across from the restrooms）」あることから, ① か ③ が候補になる。さらに, 現在いる場所から「ずーっと行って（all the way）」,「突き当たりに（at the end）」あり,「階段のすぐ手前（just before the stairs）」であることから, 正解は ① に絞られる。

第3問

問 12　12　正解－①

〈放送内容〉

M：Hello, Tina. What are you doing these days?

W：Hi, Mr. Corby. I'm busy rehearsing for a musical.

M：Really? When's the performance?

W：It's April 14th, at three. Please come!

M：I'd love to! Oh ... no, wait. There's a teachers' meeting that day, and I can't miss it. But good luck!

W：Thanks.

〈全訳〉

男性「やあ，Tina。最近はどうしているの？」

女性「こんにちは，Corby 先生。ミュージカルのリハーサルで忙しくしています」

男性「本当かい？　いつ上演するの？」

女性「4月14日の3時です。ぜひ来てください」

男性「喜んで。あ，いや，待って。その日は教員会議があって，休むことはできないんだ。でも頑張ってね」

女性「ありがとうございます」

〈問い〉

「先生は4月14日に何をしなければならないか」

① 会議に出席する

② リハーサルを行う

③ 生徒と面会する

④ ミュージカルを見る

〈ポイント〉

　正解は①。4月14日に関して先生は，「その日は教員会議があって，休むことはできないんだ（There's a teachers' meeting that day, and I can't miss it.）」と言っていることから，正解は①に決まる。

〈主な語句・表現〉

be busy - ing「－するのに忙しい」／rehearse 動「リハーサル（rehearsal）をする」／miss 動「…に欠席する」／good luck「がんばって」

問 13　13　正解－②

〈放送内容〉

M：Where do these boxes go?

W：Put them on the shelf, in the back, and then put the cans in front of them, because we'll use the cans first.

M：How about these bags of flour and sugar?

W：Oh, just leave them on the counter. I'll put them in the containers later.

〈全訳〉

男性「これらの箱はどこに置くの？」

女性「棚の奥の方に置いて。それから缶をその前に置いてちょうだい。缶を最初に使うから」

男性「これらの小麦粉と砂糖の袋はどうするの？」

女性「ああ，調理台の上に置いたままでいいわ。後で容器に入れるから」

〈問い〉

「最初に片付けられるのは何か」

① 袋

② 箱

③ 缶

④ 容器

〈ポイント〉

　正解は②。会話の内容から以下の点が聞き取れればよい。

・箱（boxes）→ 棚の奥の方（on the shelf, in the back）

・缶（cans）→ 箱の前（in front of them）

・袋（bags）→ 調理台の上に置いたまま（just leave them on the counter）で，後で容器（containers）に入れる。

　したがって，最初に片付けられるのは箱なので，②が正解となる。

〈主な語句・表現〉

shelf 名「棚」／in the back「後ろに；奥に」／How about ...?「…はどうするのか」／flour 名「小麦粉」発音は flower（花）と同じ。／container 名「容器」／put O away「O を片付ける」

問 14　14　正解－③

〈放送内容〉

W：I didn't know the meeting was canceled. Why didn't you tell me?

M：Didn't you see my email?

W：No. Did you send me one?

M：I sure did. Can you check again?

W：Just a minute .... Um ... there's definitely no email from you.

M：Uh-oh, I must have sent it to the wrong person.

〈全訳〉

女性「会議が中止になったなんて知らなかったわ。なぜ教えてくれなかったの？」

男性「僕の電子メールを見なかったのかい？」

女性「ええ。送ってくれた？」

— 英 L 196 —

男性「確かに送ったよ。もう一度チェックしてくれる？」
女性「ちょっと待って…。うーん…あなたからの電子
　　　メールは絶対に届いていないわ」
男性「しまった，きっと違う人に送っちゃったんだ」
〈問い〉
　「会話によると，正しいのはどれか」
　　① 男性は電子メールを間違えなかった。
　　② 男性は女性に電子メールを送った。
　　❸ 女性は男性から電子メールを受け取らなかった。
　　④ 女性は間違った電子メールを受け取った。
〈ポイント〉
　正解は③。女性から「あなたからの電子メールは絶
対に届いていないわ（there's definitely no email from
you.）」と言われた男性は，「しまった，きっと違う人
に送っちゃったんだ（Uh-oh, I must have sent it to
the wrong person.）」と答えていることから，正解は
③に決まる。
〈主な語句・表現〉
　sure 副「確かに」／um 間「ウーン；いや」
definitely 副「絶対に」／uh-oh 間「うわー；しまった」／
must have p.p.「…したに違いない」

　　問15 　15 　正解－④
〈放送内容〉
M：I've decided to visit you next March.
W：Great! That's a good time. The weather should
　　be much warmer by then.
M：That's good to hear. I hope it's not too early for
　　the cherry blossoms.
W：Well, you never know exactly when they will
　　bloom, but the weather will be nice.
〈全訳〉
男性「今度の３月にそちらへ行くことにしたよ」
女性「それはいいわ。いい時期よ。その時までにはずっ
　　　と暖かくなっているはずだから」
男性「それはよかった。桜の開花に早すぎなければい
　　　いな」
女性「そうねえ，いつ開花するかは正確にはわからな
　　　いけど，良い天気になるでしょう」
〈問い〉
　「女性は弟の計画をどう思っているか」
　　① 彼は日本を訪れる時期を決める必要はない。
　　② 彼は桜の花を見るためにもっと早く来るべきだ。
　　③ 彼が来る時には桜が咲いているだろう。
　　❹ 彼が来る時にはそれほど寒くはないだろう。

〈ポイント〉
　正解は④。今度の３月に訪日するという弟の計画
について姉は「その時までにはずっと暖かくなってい
るはずだ（The weather should be much warmer by
then.）」と答えていることから，この内容と合ってい
る④が正解となる。姉は①のようなことは述べてい
ない。また，「いつ（桜が）開花するかは正確にはわ
からない（you never know exactly when they will
bloom）」と言っていることから，②や③も誤りである。
〈主な語句・表現〉
　it's not too early for ...「（３月は）…にとって早
すぎることはない」／cherry blossom「桜の花」／
bloom 動「開花する」

　　問16 　16 　正解－①
〈放送内容〉
W：Hey, did you get a ticket for tomorrow's baseball
　　game?
M：Don't ask!
W：Oh no! You didn't? What happened?
M：Well ... when I tried to buy one yesterday, they
　　were already sold out. I knew I should've tried
　　to get it earlier.
W：I see. Now I understand why you're upset.
〈全訳〉
女性「ねえ，明日の野球の試合のチケットは手に入っ
　　　たの？」
男性「聞かないでよ」
女性「あらやだ。ダメだったの？　どうしたのよ？」
男性「それがさ…昨日買おうとしたら，すでに売り切
　　　れだったんだ。もっと早く手に入れようとしな
　　　きゃいけなかったのはわかってたけど」
女性「なるほど。あなたがなぜそんなにご機嫌斜めな
　　　のかやっとわかったわ」
〈問い〉
　「なぜ男性は機嫌が悪いのか」
　　❶ 彼はチケットを手に入れることができなかった。
　　② 彼はチケットを手に入れるのが早すぎた。
　　③ 女性が彼のためにチケットを手に入れてくれ
　　　なかった。
　　④ 女性は彼よりも前にチケットを手に入れた。
〈ポイント〉
　正解は①。男性の２回目の発言（Well ... when I
tried ...）に「それがさ…昨日買おうとしたら，（チケッ
トは）すでに売り切れだったんだ。もっと早く手に入

— 英 L 197 —

れようとしなきゃいけなかったのはわかってたけど」とあり，その後で女性（I see. Now ...）が「なるほど。あなたがなぜそんなにご機嫌斜めなのかやっとわかったわ」と応じることから，下線部の内容と合っている①が正解となる。

〈主な語句・表現〉
be sold out「売り切れである」／should've（= should have）p.p.「…すべきだった（がしなかった）」

問17　17　正解−②

〈放送内容〉
W：Look! That's the famous actor—the one who played the prime minister in that film last year. Hmm, I can't remember his name.
M：You mean Kenneth Miller?
W：Yes! Isn't that him over there?
M：I don't think so. Kenneth Miller would look a little older.
W：Oh, you're right. That's not him.

〈全訳〉
女性「見て！　あの人は有名な俳優だわ。去年の例の映画で首相を演じた人よ。ふーむ，名前が思い出せないわ」
男性「Kenneth Miller のことかい？」
女性「そうだわ。あそこにいるのは彼じゃない？」
男性「そうじゃないと思うな。Kenneth Miller はもう少し老けているだろうね」
女性「ああ，その通りだわ。彼じゃないわね」

〈問い〉
「女性は何をしたのか」
① 首相の名前を忘れた。
❷ ある男性を別人と間違えた。
③ 男性に俳優の名前を教えた。
④ 最近古い映画を見た。

〈ポイント〉
正解は②。女性はある男性を見かけて，有名な俳優 Kenneth Miller だと思うが，連れの男性に Kenneth Miller はもう少し老けていると言われて，「ああ，その通りだわ。彼じゃないわね（Oh, you're right. That's not him.）」と答える。つまり女性は，ある男性を別人と取り違えたことになるので，②が正解となる。女性は「俳優の名前を忘れた」とは言えるが，「(俳優が演じた) 首相の名前を忘れた」とは言えないので，①は誤り。③や④のようなことも女性はしていない。

第4問

A

問18〜21　正解　18 −①，19 −②
　　　　　　　　　20 −③，21 −④

〈放送内容〉
　One hundred university students were asked this question: How do you spend most of your time outside of school? They were asked to select only one item from five choices: "going out with friends," "playing online games," "studying," "working part-time," and "other." The most popular selection was "going out with friends," with 30 percent choosing this category. Exactly half that percentage of students selected "working part-time." "playing online games" received a quarter of all the votes. The third most selected category was "studying," which came after "playing online games."

〈全訳〉
　100人の大学生にこう聞きました。「あなたは学外の時間の大部分をどのように過ごしていますか？」彼らは5つの選択肢「友人と出かける」，「オンラインゲームをする」，「勉強する」，「アルバイトをする」，「その他」の中から1つだけ選ぶよう求められました。最も多く選ばれたのは「友人と出かける」で，30パーセントの学生がこのカテゴリーを選びました。ちょうどその半分の割合の学生が，「アルバイトをする」を選びました。「オンラインゲームをする」は全体の4分の1の票を得ました。選ばれることが3番目に多かったカテゴリーは「勉強する」で，これは「オンラインゲームをする」の次でした。

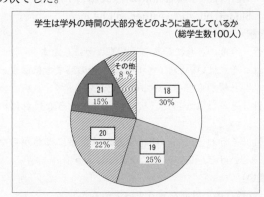

① 友人と出かける
② オンラインゲームをする
③ 勉強する
④ アルバイトをする

〈ポイント〉

　第3文（The most popular selection ...）に「最も多く選ばれたのは『友人と出かける』で，30パーセントの学生がこのカテゴリーを選びました」とあることから，[18]が①の「友人と出かける」に決まる。第4文（Exactly half that percentage ...）に「ちょうどその半分の割合の学生が，『アルバイトをする』を選びました」とあることから，（30÷2＝）15パーセントの[21]が④の「アルバイトをする」に決まる。第5文（"playing online games" ...）に「『オンラインゲームをする』は全体の4分の1の票を得ました」とあることから，25パーセントの[19]が②の「オンラインゲームをする」であることがわかる。そして最終文（The third most selected category ...）に「選ばれることが3番目に多かったカテゴリーは『勉強する』で，これは『オンラインゲームをする』の次でした」とあることから，3番目に高い割合（22%）で，「オンラインゲームをする（[19]）」の次に来ている[20]が③の「勉強する」である。

　以上により正解は①→②→③→④に決まる。

〈主な語句・表現〉

　work part-time「アルバイトをする」／with 30 percent choosing ...「30パーセント（の学生が）…を選ぶ」付帯状況の表現。／exactly half that percentage「ちょうどその半分の比率」／quarter图「4分の1」／vote图「投票」／the third most selected category「3番目に最も多く選ばれたカテゴリー；上から3番目のカテゴリー」／come after ...「（順序が）…の次に来る」

　問22～25　正解　[22]－①，[23]－②
　　　　　　　　　　[24]－①，[25]－⑤

〈放送内容〉

We've discounted some DVD titles. Basically, the discount rate depends on their release date. The price of any title released in the year 2000 and before is reduced 30%. Titles that were released between 2001 and 2010 are 20% off. Anything released more recently than that isn't discounted. Oh, there's one more thing! The titles with a star are only 10% off, regardless of their release date, because they are popular.

〈全訳〉

　一部のDVDタイトルは割引きすることにしたんだ。基本的に，割引率はリリース年によって変わるよ。2000年以前にリリースされたタイトルの値段はどれも30パーセント引きなんだ。2001年から2010年にリリースされたタイトルは20パーセント引きだよ。それより後にリリースされたものはすべて値引きなしね。ああ，それからもう1つ。星印の付いたタイトルは，リリース年に関係なく10パーセントしか引かないんだ。人気タイトルなんでね。

タイトル	リリース年	割引率
Gilbert's Year to Remember	1985	
★ Two Dogs and a Boy	1997	[22]
Don't Forget Me in the Meantime	2003	[23]
★ A Monkey in My Garden	2007	[24]
A Journey to Another World	2016	
A Moment Frozen in a Memory	2019	[25]

　① 10%
　② 20%
　③ 30%
　④ 40%
　⑤ 割引なし

〈ポイント〉

　表の中の割引率（Discount）の4箇所を埋める。最終文（The titles with a star ...）に「星印の付いたタイトルは，人気タイトルなので，リリース年に関係なく10パーセントしか引かない」とあることから，[22]と[24]には①が入る。第4文（Titles that were released ...）に「2001年から2010年にリリースされたタイトルは20パーセント引き」とあることから，[23]は②に決まる。第5文（Anything released more recently ...）に「それよりも最近にリリースされたものはすべて値引きなし」とある。「それよりも最近に（more recently than that）」というのは，「2010年よりも後に」と同じ意味であるから，[25]には⑤が入ることになる。

〈主な語句・表現〉

　discount動「…を割り引いて売る」图「割引（率）」／title图「（DVDの）商品；タイトル」／discount rate「割引率」／release图「発売」動「…を発売する」／the year 2000 and before「2000年以前」／is reduced 30%「30パーセント分減らされる」／are 20% off「20パーセント割り引かれる」／one more thing「さらにもう1つのこと」／regardless of ...「…に関係なく」

— 英 L 199 —

B

問 26 26 正解 − ②

〈放送内容〉

① I love *It's Really Funny You Should Say That!* I don't know why it's not higher in the rankings. I've seen a lot of musicals, but none of them beats this one. It's pretty serious, but it does have one really funny part. It's performed only on weekdays.

② You'll enjoy *My Darling, Don't Make Me Laugh.* I laughed the whole time. It's only been running for a month but already has very high ticket sales. Actually, that's why they started performing it on weekends, too.

③ If you like comedies, I recommend *Sam and Keith's Laugh Out Loud Adventure*. My friend said it was very good. I've seen some good reviews about it, too, but plan carefully because it's only on at the weekend.

④ Since you're visiting New York, don't miss *You Put the 'Fun' in Funny*. It's a romance with a few comedy scenes. For some reason, it hasn't had very good ticket sales. It's staged every day of the week.

〈全訳〉

① 僕は It's Really Funny You Should Say That! が大好きさ。なぜランクがもっと高くないのかわからないよ。僕はたくさんのミュージカルを見てきたけど、これに勝るものはないな。かなりシリアスだけど、本当に可笑しいところが1箇所あるんだ。上演は平日のみだよ。

② My Darling, Don't Make Me Laugh は面白いよ。僕は始終笑いっぱなしだったよ。上演開始からまだ1ヵ月だけど、既にチケットの売り上げがとても好調なんだ。実際、そのために週末も上演を始めたよ。

③ もしコメディーが好きなら、私は Sam and Keith's Laugh Out Loud Adventure を勧めるわ。友達がとてもいいと言ってた。私もいくつかそれについての良いレビューを見たことがあるわ。でも週末にしかやってないから、計画を立てる際は注意してね。

④ ニューヨークを訪れているのだから、You Put the 'Fun' in Funny を見逃してはダメよ。これはロマンスで、コメディーシーンも少しあるわ。どういうわけか、チケットの売り上げはあまり良くないの。毎日欠かさず上演しているわ。

ミュージカルのタイトル	条件A	条件B	条件C
① It's Really Funny You Should Say That!		×	
② My Darling, Don't Make Me Laugh			
③ Sam and Keith's Laugh Out Loud Adventure			×
④ You Put the 'Fun' in Funny		×	

(「×」は明らかに条件に合わないもの)

〈問い〉

「『 26 』があなたが選ぶ可能性が最も高いミュージカルである」

〈ポイント〉

①については、「なぜランクがもっと高くないのかわからないよ（I don't know why ...）」とあるので、条件Bが満たされないことから正解になれない。

②については、「僕は始終笑いっぱなしだったよ（I laughed ...）」という発言から条件Aが、「上演開始からまだ1ヵ月だけど、既にチケットの売り上げがとても好調なんだ」という発言から条件Bが、「そのために週末も上演を始めたよ（つまり平日にも公演がある）」という発言から条件Cが満たされていることがわかる。3つの条件すべてが満たされているので、これが正解となる。

③については、「でも週末にしかやってないから、計画を立てる際は注意してね（plan carefully because ...）」とあるので、条件Cに合わない。

④については、「どういうわけか、チケットの売り上げはあまり良くないの」とあるので、条件Bに合わない。

〈主な語句・表現〉

beat 動「…にまさる；…をしのぐ」／ the whole time「その間ずっと」副詞句として働く。／ that's why ...「だから…だ」／ review 名「批評；評論」／ it's only on at the weekend「それは週末にしか上演しない」 be on で「上演中である」という意味。／ for some reason「何らかの理由で；どういうわけか」／ stage 動「〈劇を〉上演する」

第5問

〈放送内容〉

What is happiness? Can we be happy and promote sustainable development? Since 2012, the *World Happiness Report* has been issued by a United Nations organization to develop new approaches to economic sustainability for the sake of happiness and well-being. The reports show that Scandinavian countries are consistently ranked as the happiest societies on earth. But what makes them so happy? In Denmark, for example, leisure time is often spent with others. That kind of environment makes Danish people happy thanks to a tradition called "hygge," spelled H-Y-G-G-E. Hygge means coziness or comfort and describes the feeling of being loved.

This word became well-known worldwide in 2016 as an interpretation of mindfulness or wellness. Now, hygge is at risk of being commercialized. But hygge is not about the material things we see in popular images like candlelit rooms and cozy bedrooms with hand-knit blankets. Real hygge happens anywhere —in public or in private, indoors or outdoors, with or without candles. The main point of hygge is to live a life connected with loved ones while making ordinary essential tasks meaningful and joyful.

Perhaps Danish people are better at appreciating the small, "hygge" things in life because they have no worries about basic necessities. Danish people willingly pay from 30 to 50 percent of their income in tax. These high taxes pay for a good welfare system that provides free healthcare and education. Once basic needs are met, more money doesn't guarantee more happiness. While money and material goods seem to be highly valued in some countries like the US, people in Denmark place more value on socializing. Nevertheless, Denmark has above-average productivity according to the OECD.

〈全訳〉

幸福とは何でしょう。私たちは幸福になって持続性のある発達を促進することができるのでしょうか。幸福と健康のための経済的持続性を得る新たな方法を開発するために，2012 年以来，世界幸福度報告が国連の機関によって発行されています。この報告は，スカンジナビア諸国が世界中で常に最も幸福な社会として格付けされていることを示しています。でも何が彼らをそれほど幸福にしているのでしょう。たとえばデンマークでは多くの場合，余暇は人と一緒に過ごします。H-Y-G-G-E と綴る hygge と呼ばれる伝統のおかげで，このような環境がデンマークの人々を幸福にしているのです。hygge とは安らぎや快適といった意味で，人から愛されている感じを表すものです。

この言葉は，心配りや健康の 1 つの解釈として，2016 年に世界中で有名になりました。今や hygge は商業化の危機にさらされています。しかし hygge とは，ろうそくに照らされた部屋や，手編みの毛布が敷かれた居心地の良い寝室のような，通俗的なイメージに見られる有形の物を表すのではありません。本物の hygge は，あらゆる場所に生じるのです。公的な場にも私的な場にも，屋内にも屋外にも，ろうそくがあってもなくても，それは生じるのです。hygge の本質は，平凡で不可欠な仕事を意義深く喜びに満ちたものにしながら，愛する人々とつながった生活を送ることなのです。

デンマークの人々は，基本的必需品についての心配がないために，生活の中のこのような小さい hygge な物事に価値を見出すのがより上手なのかもしれません。デンマークの人々は，収入の 30 から 50 パーセントの税金を納めることをよしとしています。このような高額の税金によって，医療や教育を無償で提供する優れた福祉制度がまかなわれているのです。基本的な必要が満たされてしまうと，お金が増えれば幸福も増えるとは限りません。米国などの一部の国では，貨幣や有形の財が重んじられているようですが，デンマークの人々は人との交わりをより重視しているのです。それにもかかわらず，OECD によるとデンマークの生産性は平均を上回っています。

ワークシート

○世界幸福度報告

・目的：幸福と健康 ☐27☐ を促進すること。

・スカンジナビア諸国：常に世界で最も幸福（2012 年以来）

　なぜか？　⇒　デンマークの **hygge** な生活様式

　　　　　　　　　　⬇ 2016 年に世界中に広まった

○ hygge の解釈

	hygge の 通俗的イメージ	デンマークの 本物の hygge
何か	☐28☐	☐29☐
どこにあるか	☐30☐	☐31☐
いかなるものか	特別	平凡

— 英 L 201 —

問 27　[27]　正解－②
　① …を超える持続可能な発展目標
　② …を支える持続可能な経済
　③ …のための持続可能な自然環境
　④ …に挑む持続可能な社会

〈ポイント〉

　正解は②。ワークシート内の空所[27]に②を入れると，世界幸福度報告の目的（Purpose）は，「幸福と健康を支える持続可能な経済を促進すること（To promote … well-being）」となる。これは，スクリプトの第1段落第3文（Since 2012, …）の「幸福と健康のための経済的持続性を得る新たな方法を開発するために，2012年以来，世界幸福度報告が国連の機関によって発行されています」という記述の下線部と合うために，この報告の目的として適切な表現となる。他の選択肢を選んでも，スクリプトの内容と合わない。

問 28～31　正解　[28]－①，[29]－②
　　　　　　　　　　[30]－⑤，[31]－④

　① 財
　② 関係
　③ 仕事
　④ すべての場所に
　⑤ 屋内に
　⑥ 屋外に

〈ポイント〉

　空欄[28]には，「hyggeの通俗的イメージ（Popular Image of Hygge）」とは「何か（What）」を表す語が入る。これについては，スクリプトの第2段落第2文（Now, hygge is …）と第3文（But hygge is not about …）に「今やhyggeは商業化の危機にさらされています。しかしhyggeとは，ろうそくに照らされた部屋や，手編みの毛布が敷かれた居心地の良い寝室のような，通俗的なイメージに見られる有形の物を表すのではありません」とあることから，下線部の「有形の物（material things）」がhyggeの通俗的イメージであると考えられる。そして最終段落第5文（While money and material goods …）に「米国などの一部の国では，貨幣や有形の財が重んじられているようですが，デンマークの人々は人との交わりをより重視しているのです」とあり，この中の「有形の財（material goods）」が，上の「有形の物」を言い換えたものと考えられる。したがってこれに最も近い①の「財（goods）」が正解となる。

　空欄[29]には，「デンマークの本物のhygge（Real Hygge in Denmark）」とは「何か（What）」を表す語が入る。これについては，スクリプトの第2段落最終文（The main point …）に「hyggeの本質は，平凡で不可欠な仕事を意義深く喜びに満ちたものにしながら，愛する人々とつながった生活（a life connected with loved ones）を送ることなのです」とある。また，上に引用した最終段落第5文（While money and material goods …）の中に「デンマークの人々は人との交わり（socializing）をより重視しているのです」とある。これらの下線部と同じ内容を表すと考えられるのが，「関係；結びつき」という意味の②のrelationshipsである。したがってこれが正解。

　空欄[30]には「hyggeの通俗的イメージ」が「どこにあるか（Where）」を示す語が入る。上の[28]の解説でも述べたように，スクリプトの第2段落第3文（But hygge is not about …）に「しかしhyggeとは，ろうそくに照らされた部屋や，手編みの毛布が敷かれた居心地の良い寝室のような，通俗的なイメージに見られる有形の物を表すのではありません」とあり，下線部が「hyggeの通俗的イメージ」の例である。これらはいずれも屋内にあることから，⑤の「屋内に（indoors）」が正解となる。

　空欄[31]には，「デンマークの本物のhygge」が「どこにあるか（Where）」を示す語が入る。スクリプトの第2段落第4文（Real hygge happens …）に「本物のhyggeは，あらゆる場所に（anywhere）生じるのです。公的な場にも私的な場にも，屋内にも屋外にも，ろうそくがあってもなくても，それは生じるのです」とあることから，下線部とほぼ同じ意味である④の「すべての場所に（everywhere）」が正解となる。

問 32　[32]　正解－④
　① デンマークの人々は，生活水準を維持するため高い税金に反対している。
　② デンマークの人々が基本的な必要に費やすお金は，人との交わりに費やすお金よりも少ない。
　③ デンマークの人々の収入は，ぜいたくな生活を奨励できるくらい多い。
　④ デンマークの人々の福祉制度は，彼らが意義深い生活を送るのを可能にする。

〈ポイント〉

　正解は④。④の中の「意義深い生活を送る（live meaningful lives）」とは，スクリプトの第2段落最終文（The main point …）の「hyggeの本質は，平凡で

— 英 L 202 —

不可欠な仕事を意義深く喜びに満ちたものにしながら，愛する人々とつながった生活を送ることなのです」に対応する表現と考えられる。そして下線部のような，「（お金や有形の財よりも）平凡な日常の中で人とのつながりを大切にする生き方」を可能にしているのは，最終段落第3文（These high taxes ...）にあるように，「税金は高いが，医療や教育が無償で受けられる充実した福祉制度」にあると考えられる。以上により，正解は④に決まる。

問33 33 正解 — ①
〈放送内容〉
Here's a graph based on OECD data. People in Denmark value private life over work, but it doesn't mean they produce less. The OECD found that beyond a certain number of hours, working more overtime led to lower productivity. What do you think?
〈全訳〉
ここにOECDのデータに基づくグラフがあります。デンマークの人々は仕事よりも私生活を重んじますが，だからと言って生産性が劣るわけではありません。ある時間数を超えると，超過勤務の増加は生産性の低下につながることをOECDは発見しました。あなたはどう思いますか。

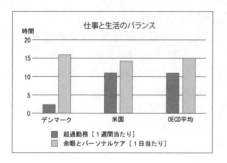

① デンマークの人々は，生産性を維持している一方で，超過勤務はより少ない。
② デンマークの人々は，収入は保証されているものの，より働くことを楽しむ。
③ OECD諸国の人々は，超過勤務がより多いので，より生産性が高い。
④ 米国の人々は，生活様式は贅沢だが，余暇は最も多い。

〈ポイント〉
正解は①。①の中の「デンマークの人々は生産性を維持している」の部分は，最初のスクリプトの最終段落最終文（Nevertheless, Denmark has ...）に「それにもかかわらず，OECDによるとデンマークの生産性は平均を上回っています」とあることと合っている。また，①の中の「超過勤務はより少ない」の部分は，図においてデンマークの「超過勤務［1週間当たり］」が，米国やOECD平均よりも低いことから正しいとわかる。したがって①が正解となる。
②は「より働くことを楽しむ」の部分が誤り。③のようなことは，図からも講義のスクリプトからも読み取れない。④は「余暇は最も多い」が誤り。

〈主な語句・表現〉
第1段落
sustainable 形「持続可能な；持続性のある」／ sustainability 名「持続可能性」／ for the sake of ...「…のために［の］」／ well-being 名「幸福；健康」／ consistently 副「一貫して；いつも」／ be ranked as ...「…として位置［ランク］づけられている」／ thanks to ...「…のおかげで」／ coziness 名 <cozy 形「居心地のよい」

第2段落
interpretation 名「解釈」／ mindfulness 名「注意深さ；気配り」／ wellness 名「健康であること」／ be at risk of ...「…の危険にさらされている」／ commercialize 動「…を商業化する」／ material 形「物質的な；有形の」／ candlelit 形「ろうそくの灯に照らされた」／ hand-knit 形「手編みの」／ loved one「最愛の人」／ make O meaningful and joyful「Oを意義深く喜びに満ちたものにする」

最終段落
be better at ...「…がより得意［上手］である」／ appreciate 動「…の価値を認める；…をありがたく思う」／ willingly 副「進んで；快く」／ pay O in tax「Oを税金の形で払う」／ pay for ...「…の代金を払う」／ welfare system「福祉制度」／ free 形「無料の」／ once 接「いったん…すると」／ meet 動「〈必要を〉満たす」／ guarantee 動「…を保証する」／ material goods「有形の財」／ value 動「…を尊重する」／ place more value on ...「…をより重んじる」／ socialize 動「社交的に交際する」／ above-average 形「平均を上回る」／ productivity 名「生産性」／ according to ...「…によると」

第6問

A

〈放送内容〉

Jane : Are you all right, Sho? What's wrong?

Sho : Hey, Jane. It turns out a native French-speaking host family was not available ... for my study abroad program in France.

Jane : So you chose a host family instead of the dormitory, huh?

Sho : Not yet. I was hoping for a native French-speaking family.

Jane : Why?

Sho : Well, I wanted to experience real spoken French.

Jane : Sho, there are many varieties of French.

Sho : I guess. But with a native French-speaking host family, I thought I could experience real language and real French culture.

Jane : What's "real," anyway? France is diverse. Staying with a multilingual family could give you a genuine feel of what France actually is.

Sho : Hmm. You're right. But I still have the option of having a native speaker as a roommate.

Jane : In the dormitory? That might work. But I heard one student got a roommate who was a native French speaker, and they never talked.

Sho : Oh, no.

Jane : Yes, and another student got a non-native French-speaking roommate who was really friendly.

Sho : Maybe it doesn't matter if my roommate is a native speaker or not.

Jane : The same applies to a host family.

〈全訳〉

① Jane「Sho, どうしたの？　何かあったの？」

② Sho「やあ, Jane。結局フランス語を母国語とするホストファミリーが見つからなくてね…フランスの留学プログラムのことさ」

③ Jane「それじゃああなたは寮じゃなくてホストファミリーを選んだわけね？」

④ Sho「まだなんだ。フランス語を母国語とする家庭を希望していたんだけど」

⑤ Jane「なぜ？」

⑥ Sho「えーと, 本物のフランス語の話し言葉を経験したかったのさ」

⑦ Jane「Sho, フランス語といってもいろいろあるのよ」

⑧ Sho「そうだろうね。でもフランス語を母国語とするホストファミリーと一緒なら, 本物の言葉と本物のフランス文化が体験できると思ったんだ」

⑨ Jane「そもそも『本物』って何なの？　フランスは多様性のある国よ。多言語を話す家庭に滞在すれば, 現実のフランスが実感できると思うわ」

⑩ Sho「ふーむ。君の言うとおりだ。でも僕にはネイティブスピーカーをルームメイトにする選択肢がまだ残っているさ」

⑪ Jane「寮のこと？　それはうまくいくかもしれないけど, ある学生が, フランス語を母国語にする人と同室になったけど, 一度も話さなかったという話を聞いたわ」

⑫ Sho「そりゃひどい」

⑬ Jane「ええ, そして別の学生のルームメイトは, フランス語は話すけどネイティブではない人で, とても人なつっこかったそうよ」

⑭ Sho「ルームメイトがネイティブスピーカーかどうかは大事ではないのかもしれないね」

⑮ Jane「同じことはホストファミリーにも言えるわね」

問34　34　正解ー**③**

〈問い〉

「Jane が主に言いたいことは何か」

① フランス語を母国語とするホストファミリーは, 最高の経験を提供してくれる。

② ネイティブではない寮のルームメイトがいる方が勉強になる。

③ **ネイティブスピーカーと一緒に暮らすことを優先事項にするべきではない。**

④ 寮は最高の言語経験を提供してくれる。

〈ポイント〉

　正解は③。フランスに留学して, ホームステイをしてネイティブスピーカーと暮らすことを希望していた Sho に, Jane は「フランス（語）の多様性」,「フランス語のネイティブスピーカーのルームメイトと同室になってもうまくいかなかった学生の例」, そして「フランス語のネイティブスピーカーではない学生と同室になって楽しく過ごせた学生の例」などを話す。そして Sho は最後の⑭で「ルームメイトがネイティブスピーカーかどうかは大事ではないのかもしれないね」と述べて, Jane は⑮で「同じことは<u>ホストファミリーにも</u>

― 英 L 204 ―

言えるわね」と応じる。⑭と⑮のやり取りから，Jane は，「ホームステイをするのであれ，寮生活をするのであれ，ネイティブスピーカーと一緒に暮らすことが大事なことなのではない」という考えを持っていることがわかる。したがって ③ が正解となる。

　① のようなことは，Jane の発言からは読み取れない。② は，Jane の⑬の発言内容に近いと感じるかもしれないが，Jane は「ネイティブではない寮のルームメイトがいてうまくいった事例もあった」と述べているのであって，② のように「ネイティブではない寮のルームメイトがいる方が勉強になる」と述べているわけではない。Jane は⑪の発言で，「フランス語のネイティブスピーカーのルームメイトと（寮で）同室になってもうまくいかなかった」という事例を紹介しているので，④ のように考えることもできない。

問 35　[35]　正解 ― ③

〈問い〉

「Sho はどのような選択を行う必要があるのか」

① 語学プログラムを選ぶべきか文化プログラムを選ぶべきか

② 留学プログラムを選ぶべきか否か

③ ホストファミリーのところに滞在するか，寮に滞在するか

④ ネイティブのフランス語を話す家庭に滞在するか否か

〈ポイント〉

　正解は ③。会話の内容から，Sho は当初，(A)「フランス語のネイティブスピーカーと一緒に暮らすか否か」，そして(B)「ホームステイをするか寮生活をするか」という 2 種類の選択を行う必要があったことがわかる。そして，Jane との会話を通じて Sho は，(A)の選択は重要ではないことに気づいたので，Sho が行うべき選択は(B)のみになる。したがって ③ が正解。

〈主な語句・表現〉

　It turns out (that) ...「…ということがわかる」／ instead of ...「…の代わりに；…ではなく」／ dormitory 图「寮」／ French-speaking 厖「フランス語を話す」／ spoken French「フランス語の話し言葉」／ variety 图「種類；変種」／ diverse 厖「多様な」／ multilingual 厖「多言語を使う」／ genuine 厖「本物の」／ option 图「選択肢」／ work 動「うまくいく」／ it doesn't matter if ...「…かどうかは大事ではない」／ The same applies to ...「同じことは…にも当てはまる」

B

〈放送内容〉

Yasuko ：Hey, Kate! You dropped your receipt. Here.

Kate ：Thanks, Yasuko. It's so huge for a bag of chips. What a waste of paper!

Luke ：Yeah, but look at all the discount coupons. You can use them next time you're in the store, Kate.

Kate ：Seriously, Luke? Do you actually use those? It's so wasteful. Also, receipts might contain harmful chemicals, right Michael?

Michael：Yeah, and that could mean they aren't recyclable.

Kate ：See? We should prohibit paper receipts.

Yasuko ：I recently heard one city in the US might ban paper receipts by 2022.

Luke ：Really, Yasuko? But how would that work? I need paper receipts as proof of purchase.

Michael：Right. I agree. What if I want to return something for a refund?

Yasuko ：If this becomes law, Michael, shops will issue digital receipts via email instead of paper ones.

Kate ：Great.

Michael：Really? Are you OK with giving your private email address to strangers?

Kate ：Well ... yes.

Luke ：Anyway, paper receipts are safer, and more people would rather have them.

Yasuko ：I don't know what to think, Luke. You could request a paper receipt, I guess.

Kate ：No way! There should be NO paper option.

Michael：Luke's right. I still prefer paper receipts.

〈全訳〉

① Yasuko 「ねえ，Kate ！　レシートを落としたわよ。ほら」

② Kate 「ありがとう，Yasuko。ポテトチップ 1 袋にしてはとても大きいわね。大変な紙の浪費だわ！」

③ Luke 「うん，でもほら，割引クーポンがこんなにたくさん付いているよ。次にお店に来たときに使えるね，Kate」

— 英 L 205 —

④ Kate 「本気なの，Luke？ 本当にこれらを使うの？ 大変な無駄だわ。それに，レシートには有害な化学物質が含まれてるかもしれないのよ。そうでしょ，Michael？」
⑤ Michael「そうだね，つまりそれらは再生利用できないかもしれないんだ」
⑥ Kate 「ほらね。紙のレシートは禁止すべきなのよ」
⑦ Yasuko 「アメリカのある都市が 2022 年までに紙のレシートを禁止するかもしれないっていう話を最近聞いたわ」
⑧ Luke 「本当かい，Yasuko？ でもそれはうまくいくのかな？ 僕には購入証明として紙のレシートが要るけどね」
⑨ Michael「そうだね。賛成だ。返金してもらうために返品したい場合はどうするんだい？」
⑩ Yasuko 「これが法律になれば，お店は紙のレシートの代わりにデジタル式のレシートを電子メールで発行することになるのよ，Michael」
⑪ Kate 「すばらしいわ」
⑫ Michael「本当かい？ 君は自分のメールアドレスを他人に教えても構わないのかい？」
⑬ Kate 「えーと…いいわよ」
⑭ Luke 「なんにせよ，紙のレシートの方が安全だから，それがいいと思う人の方が多いだろうね」
⑮ Yasuko 「私はどう考えたらいいかわからないわ，Luke。紙のレシートを請求してもいいとは思うけど」
⑯ Kate 「ダメよ。紙の選択肢はゼロにすべきだわ」
⑰ Michael「Luke の言うとおりだ。僕はやはり紙のレシートの方がいいな」

問 36　36　正解―①
〈ポイント〉
　正解は①。「会話が終わった時点」での見解が問われるので，各学生の最後の発言に注意するとわかりやすい。具体的には以下のようになっている。
　Yasuko は⑮で，「私はどう考えたらいいかわからないわ，Luke。紙のレシートを請求してもいいとは思うけど」と言っている。したがって，Yasuko はレシートの電子化についての賛否を明らかにしていない。
　Kate は⑯で，「ダメよ。紙の選択肢はゼロにすべきだわ」と言っている。したがって Kate はレシートの電子化について賛成であることがわかる。

　Luke は⑭で「なんにせよ，紙のレシートの方が安全だから，それがいいと思う人の方が多いだろうね」と言っている。Luke は⑧の中でも「僕には購入証明として紙のレシートが要るけどね」と言っていることから，レシートの電子化に反対であることがわかる。
　Michael は⑰で「Luke の言うとおりだ。僕はやはり紙のレシートの方がいいな」と言っている。したがって Michael はレシートの電子化に反対であることがわかる。
　以上により，レシートの電子化に賛成しているのは Kate のみなので，①が正解となる。

問 37　37　正解―②

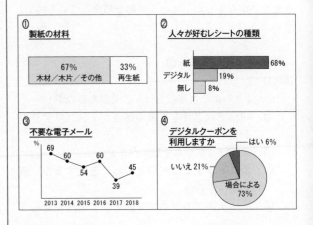

〈ポイント〉
　正解は②。Luke の⑭の「なんにせよ，紙のレシートの方が安全だから，それ（＝紙のレシート）がいいと思う人の方が多いだろうね」という意見に合っている②が正解。①については，④の中の「それに，レシートには有害な化学物質が含まれてるかもしれないのよ」という発言と関連性があるとは言えるが，この発言をしたのは Kate なので誤り。③の「不必要な電子メール」については，⑩の「これが法律になれば，お店は紙のレシートの代わりにデジタル式のレシートを電子メールで発行することになるのよ」と関連性があるとは言えるが，これは Yasuko の発言なので誤り。④は，「デジタルクーポンについては，使うかどうかは場合によると答える人が大多数である」という趣旨の図だが，このようなことを述べた学生はいないので，これも正解になれない。

〈主な語句・表現〉

a bag of chips「ポテトチップ 1 袋」／What a waste of paper!「何という紙の無駄でしょう」／discount coupon「割引クーポン」／next time SV「この次 S が V する時に」／Seriously「本気なの？」／wasteful形「無駄の多い」／harmful chemical「有害な化学物質」／right Michael?「そうでしょ, Michael ？」／recyclable形「再生可能な」／prohibit動「…を禁止する」／ban動「…を禁止する」／work動「機能する；うまくいく」／proof of purchase「購入証明」／What if SV?「S が V したらどうなるだろうか」／refund名「払い戻し（金）」／issue動「…を発行する」／via前「…経由で；…によって」／would rather ＋原形「どちらかといえば…したい」／what to think「どう考えたらいいか」／No way!「（絶対）だめだ」

① 20230706